后发国家的启蒙辩证法

一种批判的文化哲学

李 河 ◎ 著

中国社会科学院大学哲学院学科创新成果
中国社会科学院中国文化研究中心"文化中国书系"出版项目

中国书籍出版社
China Book Press

图书在版编目（CIP）数据

后发国家的启蒙辩证法：一种批判的文化哲学 / 李河著.
— 北京：中国书籍出版社，2022.4
ISBN 978-7-5068-8966-7

Ⅰ.①后… Ⅱ.①李… Ⅲ.①文化哲学—研究 Ⅳ.①G02

中国版本图书馆CIP数据核字(2022)第047052号

后发国家的启蒙辩证法：一种批判的文化哲学

李河 著

责任编辑	王 淼
责任印制	孙马飞 马 芝
封面设计	程 跃
出版发行	中国书籍出版社
地　　址	北京市丰台区三路居路97号（邮编：100073）
电　　话	（010）52257143（总编室）　（010）52257140（发行部）
电子邮箱	eo@chinabp.com.cn
经　　销	全国新华书店
印　　刷	三河市顺兴印务有限公司
开　　本	787毫米×1092毫米　1/16
字　　数	245千字
印　　张	15.75
版　　次	2022年4月第1版
印　　次	2022年4月第1次印刷
书　　号	ISBN 978-7-5068-8966-7
定　　价	60.00元

版权所有　翻印必究

序言：基于"居间性"意识的文化哲学批判

本书是文化哲学的论著。将其定名为"批判的文化哲学"，是说它不仅要"批判"一些文化现象，而且要对文化哲学的自身进行"批判"，也就是说，它要把文化哲学自身的成立理由作为悬而未决的问题来追问，这样的追问是有先例的。1837年黑格尔的弟子干斯博士在为他的老师编纂完《历史哲学讲演录》后写到："当一部'历史哲学'新著作行世的时候，第一个自然发生的问题便是，为什么在所谓'实践哲学'的各部门中，独独这门学问最后予以研究，最少予以适当的讨论。"[①] 干斯在这里的追问方式显然是哲学的，即我们在进入任何学科进行学术探讨时，首先要对该学科成立的理由有所反思。

干斯认为，历史哲学在（自亚里士多德以后的）实践哲学中一向被耽搁的原因主要在于，常人心目中的历史不像其他领域那样容易让人见到某种"稳定而不变的存在"，这里充斥着太多"人生祸福的变迁不定"，很难"发现各种规律、观念、神圣和永恒的东西"，因此很难成为思想的对象。当然，干斯认为黑格尔最后解决了这个问题，使历史成为哲学的分支。[②]

干斯对历史哲学成立理由的追问与本书关心的文化哲学存在重要的关联。在黑格尔历史哲学那里，世界精神的具体进展是以各个民族的文化为其环节的。英国分析的马克思学者G.A.柯亨在《卡尔·马克思的

---

① 参见干斯博士为黑格尔《历史哲学》撰写的序言。《历史哲学》中译本王造时译，上海书店出版社，2001年版。

② "历史哲学"的术语最早出自伏尔泰，1765年他撰写了长篇论文《历史哲学》，将其作为导论收入《论各民族的精神与风俗》（简称《风俗论》）。但黑格尔将历史纳入严格的哲学逻辑体系。在黑格尔之后，马克思恩格斯的历史思想以"唯物史观"著称。

历史理论——一个辩护》（1978年）一书提出：黑格尔的"历史思想结构可以概括如下：历史是世界精神的历史，它在自我认识中经历着成长的过程，它的动力和载体是文化，当这种文化促进的增长超过了该文化的容量时，它就要衰亡。"① 因此，"历史"与"文化"在黑格尔的精神哲学那里应该含义互通、所指侧重不同的用语。追问历史哲学成立的理由可以在很大程度上覆盖文化哲学的成立理由。

然而黑格尔毕竟没有一个"文化哲学"，在他身后，观念论哲学走向没落，但与"文化"相关的各门学科（如人类学、社会学、精神分析理论、文本解释学、符号学）反倒四面开花繁荣起来。然而，这种繁荣给专门的文化学科以及文化哲学的发展带来了麻烦。因为"文化"覆盖的对象内容横无际涯汗漫无边，若不对它进行节制性的约定和说明，文化哲学就会变成一个毫无约束力的学科。出于这个考虑，本书第一章尝试从新的角度对"文化"概念进行界定，提出了"文化概念光谱轴"暨"文化概念三重构"的说法。这算是一个探索。

但即使对"文化"概念有所界定，"文化哲学"依然不能像经济学、社会学那样，更不要说像数学、物理学那样，成为一个普遍性、稳定性的学科。这当然是因为"文化"难以用物理性、确定性的指标来测量，故而本书对它的约定难以为所有人同意，更重要的原因在于，"文化哲学"从根本上说属于近现代不断出现的所谓"交叉学科"。"交叉学科"用法国思想家德勒兹的说法，就是把两个思想"邻域"（neigbor plane）的"边

---

① 参见该书中译本，岳长龄译，重庆出版社，1982年版，第27—28页。值得注意的是，柯亨还认为，"马克思的历史思想保留了黑格尔的结构，但赋予它新的内容。……对马克思来说：历史是人类产业的历史，它在生产力推动下发展，它的动力和载体是经济结构，当这种经济结构促进的增长超过了它的容量时，它就要衰亡。"

缘域"（borderlands）关联建构成第三域。①这种边缘域的链接建构在近现代日益成为学科发展的普遍现象。尤其是上世纪下半叶以来，社会史学、文化政治学、媒体政治经济学、生态经济学、生态政治学等通过"交叉""跨域"而产生的学科令人眼花缭乱。这些交叉学科大多是从某些主流学科的边缘域碰撞发展起来，因而都显示出某种非主流、非普遍和非稳定的特性。

这种非主流、非普遍和非稳定性学科不是对传统主流学科的反动或否定，而可以是"增补"（supplement）。海德格尔曾从哲学角度对传统学科的构成进行了这样的描述："存在总是存在者的存在。依照分门别类的存在领域，存在者整体可以成为对某些特定事情区域进行揭示和界说的园地，这些事情包括历史、自然、生命、此在、语言之类，又可以在相应的学科探索中专题化为对象。科学研究简单概略地把这些事情的区域发掘并固定下来，借事情区域的基本结构把这些区域制定出来……并将那些如此这般生长出来的'基本概念'（fangdamental concepts）确定和保持为展开这些区域的指导线索。"②假定这个说法成立，我们会发现，近现代各门主要学科，尤其是通常被列为一级学科的部门，即使其学科对象和与之对应的"基础概念"在本质上是"建构性"的，③但也会因其属于对"事情区域的基本结构"的初阶分类，因而显示出较强的普遍

---

① Alejandro Lugo, Reflections on the Border Theory, Culutre and Nation, in The Border Theory: The Limits of Cultural Politics, edited by Scott Michaelsen, University of Minnesoda Press, 1997, p44.

② 海德格尔：《存在与时间》，陈嘉映、王庆节译，三联书店，1987年版，第12页。

③ 索绪尔：《普通语言学教程》，高名凯译，商务印书馆，1980年版。索绪尔在谈到语言学建构时说了一段十分重要的话："别的科学都是对预先确定的对象进行工作，接着就可以从不同的观点去加以考虑。但我们的领域里，情况却不是这样。……那远不是对象在观点之前，人们将会说，这是观点创造的对象，而且我们也没法预先知道，在这种种看法中，哪一种比其他的优越。"参见该书第28页。

性和稳定性。物理学、化学是如此，人文社会科学中的经济学、社会学和法学也是如此。但交叉学科则不同，它们多是在上述基础学科的"邻域"之间出现的，就此而言它们是二阶或多阶学科划分的产物。由于这个原因，它们不是按照初阶分类原则形成的，而可能是不同学科在一些偶然的瞬间碰撞的产物，这就使它们的学科对象缺乏恒定的客观性，更显现出不稳定的建构特性。因此，"多阶性—持续建构性"构成了这些所谓"交叉学科＝新兴学科"的产生条件，[1]基于这个理由，我们说这些交叉学科是对传统基础学科的增补。事实上我们注意到，一些传统学科越发达，它分蘖出的新学科越丰富。

"文化哲学"就是这样的交叉学科，其中的"文化"主题涉及18世纪兴起的思辨的"历史哲学"，19世纪下半叶为抗衡（自然）科学主义而出现的"精神科学"或"文化科学"，还涉及兴起于20世纪上半叶的"文化批判理论"或下半叶的后现代批判理论。不仅如此，它还会接触和使用文化人类学、发展社会学等领域的材料，其学科内容的"交叉"特性不可谓不明显。正因为此，文化哲学的逻辑统一性主要不是体现在它的对象或材料领域，而是体现在它的哲学把握方式上。谈到这种把握方式，其首要特征应当是"批判"，因为唯有"批判"，尤其是对我们日用而不知的观念前提的批判，才是"使哲学成为哲学"的本质规定。笔者一直认为，"哲学"区别于比如说"宗教"的根本特征不在于它是否提出了一组关于世界图景或人生意义的信念，而在于它是否为这些信念提供了批判性的论证。康德的"批判"是这样的，马克思的"批判"也是这样的。我们注意到，20世纪上半叶德国法兰克福学派和20世纪

---

[1] 关于"后—学科性"，参见约翰·阿米蒂奇等编：《文化政治学读本》，游建荣译，商务印书馆，2018年版，第15页。

下半叶法国后现代理论都以"批判"为第一主题词，①这个"主题词"至少可以追溯到马克思。马克思酷爱"批判"这一术语，他在《〈黑格尔法哲学批判〉导言》中强调"武器的批判"，②他的《资本论》副标题是"政治经济学批判"，而《神圣家族》《德意志意识形态》的书名后面都可以毫无疑义地加上"批判"一词。笔者以为，"批判"在马克思身后不应仅仅成为欧洲知识界专擅的东西。笔者心目中的"文化哲学"，其重心不在于其对象的稳定性，而应在于其"批判"精神的透彻性。

批判需要立场。本书的立场在本序言标题里被表达为"居间性"（in-betweenness）。这个概念源于笔者近年来研究的"激进解释学"（radical hermeneutics）或"解构论解释学"（de-constructive hermeneutics）。所谓"居间性"是相对于那种由"原本中心论"信念支撑的"二元对立"信念而言的，这个概念看似抽象，但不难理解。我们可以用一个翻译研究的案例进行解释。

历来的语际翻译都面临一大难题，即如何使译本达到原本的程度。但无论怎样努力，现实中的"译本"总是难以等同于"原本"。美国学者奈达描述过一个翻译实验：丹麦《政治家报》编辑 J.V. 詹森用 700 丹麦单词写了一篇森林漫步的优美散文，然后将这段文字交给瑞典、德国、意大利、英国、法国等国的著名译者连续转译，当他最后要求一位丹麦学者将这篇文字从法文译回丹麦文时遭到拒绝，对方称不愿为这些"童稚之语"浪费时间。这个试验展示了一个翻译现实：尽管原本 A ≈ 译本 B ≈ 译本 C ≈ 译本 D……，但译本 N ≠ 原本 A。③

---

① 马丁·杰指出："法兰克福学派的批判的社会理论乃是一种文化和意识形态的批判理论。"参见欧力同、张伟：《法兰克福学派研究》，重庆出版社，1982 年版，第 262 页。很多法兰克福学派中人喜欢在自己的著作标题中加上"批判"一词。

② 马克思、恩格斯：《马克思恩格斯选集：第一卷》，中共中央马克思恩格斯列宁斯大林著作编译局，人民出版社，1972 年版，第 9 页。

③ E.Nida, Toward the Scicence of Translation, p1.

面对这样的实验，学界一直持有二元对立态度："原本中心论"要求译者要深研翻译的工艺学，要严格遵守翻译伦理；而"译者中心论"则认为翻译就是再创造，译者也具有必要的自主性。这两派观点多年来反诘论辩，观点固化，它们完全看不到德里达后来揭示的那个事实：这种"不可译性"恰好刻画了自然语言的自身特性，即自然语言在传播具有"自我延异""自身殊异化"的特性。毫无疑问，这样的看法是在"原本中心论"与"译者中心论"两极立场"之间"（between A and B）出现的。换句话说，"居间性"意识通过将"二元对立"的立场悬搁起来，将它们所遮蔽的"事情"显现出来。就此而言，"居间性"是一种真正的现象学的立场。

需要指出，这种"居间性"意识是秉持"原本中心论"的知识群体最缺乏和忽视的。因为它是"原本"的所属者，只关心"译本"或"译者"是否对"原本"忠实，却难得关心"译本"和"译者"所处的世界。

我们的知识界就生活在这样的"译本世界"，多年来我们总喜欢从"原本中心"或"译者中心"两个对立角度去处理学术问题。然而，与先发国家知识群体比较，我们后发国家的知识群体会更强烈地感受到自己的"居间性"处境，这个"居间性"触发一批我们绕不开的学术主题，如传统与现代之间、东方与西方之间、特殊主义与普遍主义之间、外来思想与学术主体性之间等等。这种"居间性"在消极的意义上经常变为无所适从的"两可性"（ambiguity），这是许多学者苦恼困窘的根源。但更有一些人习惯于对"二元对立"的立场"选边站"。笔者以为，我们应以积极的态度来对待这种"居间性"，即绝不把任何一极视为不需经过反思批判的定论。"居间性"就是以这种批判态度成为一种超越性的视角，这应该就是孔子所说的"执其两端而用其中"的意思。

汉字的"间"真正具有异乎寻常的生命力。空间浩瀚广袤无垠，若其中没有"间"就没有万物所处、生命所居的地点；时间绵延川流不息，若其中没有"间"则不能成为生命和记忆的单位。基于这样的态度，本书对一些后发国家的重要文化主题进行辨析批判，探讨了诸如"文化政治学意义的文化与文化经济学意义的文化""传统意义的传统与（现代）发明的传统""纵向传统与横向传统""去中心化写作与自我中心化写作""无国别话语的写作与国别性话语的写作"等等。所有这些话题都围绕着一个核心主题，即所谓"后发国家的启蒙辩证法"。

上世纪40年代，霍克海默和阿多尔诺在《启蒙的辩证法》一书对西方启蒙以来"理性走向反面"的整体状况进行批判。在他们看来，启蒙运动本来期许着理性与自由之间的订约，即理性越发展，自由越有保障。但以后一两个世纪的情况恰恰相反，"理性的运用"变成"理性的误用"或"工具理性的滥用"。如果说理性与自由的关系是启蒙辩证法批判描述的对象，那么后发国家尤其是许多具有惨痛殖民记忆的国家，其理性与自由的矛盾就常常表现为外源性现代性与其自主性意识的矛盾，这种矛盾造成了有待我们正视并深入思考的现象，其中许多是后发国家知识界共有的带有普遍性的问题。

"居间性"同时会引发相当多的令我们困扰但又暂时无解的问题。因而这里最适用的方法应该是"以矛盾的方式来思考矛盾"。譬如本书第八章探讨的"金岳霖难题"，那是一个对我们来说选择哪一种答案都可能遇到同等反对理由的难题。这样的难题唯有在我们真正获得了学术自主能力后才会自然消解。从这个意义看，"金岳霖难题"或随后提到的"赛义德难题"根本不具备理论上的答案，它们的回答最终依赖于我们学术共同体的实践。

本书最后一章标题是"人类中心主义的终结？——面向未来的书写"。它初看起来属于科技哲学，与本书的文化哲学主题似乎有些游离。但正如该章引言所说，"居间"不仅指我们处于先发国家与后发国家之间、现代与传统之间、普遍主义与特殊主义之间，更重要的是，我们还处于"未来"与"过去"之间。我们每天都经历着"过去"与"未来"，领略着"过去"与"未来"的差异，有时甚至是"重大的差异"。但今日"过去"与"现在"的差异之重大是人类史上少有的,因为它涉及"自然人类是否过时""人类中心主义是否过时"这样的根本性追问。造成这些追问的根本原因是现代科技的发展,它使一向受人"役使"、一向作为人的"代理者"的技术把自然人类的身体和智能当作改造乃至"替代"对象。当"人类中心主义"受到挑战后,数百年的"人文主义",从基础性的哲学观念到基本的文本生产传播和接受方式也发生了空前变化。身处这样的"过去"与"未来"之"间",哲学不能不有所反应。甚至可以说,这是当代哲学唯此为大的课题。

在这一章里,本书揭示了"后人文书写"的几大特征,指出我们正进入一个"没有时代性的时代"!在这个时代,传统哲学中的那些根本性问题需要在新的论域中进行重新追问。这显然是文化哲学中最为吸引人的部分,也是文化哲学中最具有批判性的部分。

目录

序言：基于"居间性"意识的文化哲学批判 / 1

第一章　文化概念辨析：经济的 vs. 政治的 / 1
　　第一节　"文化"的定义及其界定方法 / 1
　　第二节　"文化"（culture）与"文明"（civilization）的用法 / 6
　　第三节　"文化概念光谱轴"与文化解释的"两可性" / 10

第二章　多样性视域中的文化概念：消极的 vs. 积极的 / 15
　　第一节　作为人类基本生态的"文化多样性" / 16
　　第二节　作为理论范式的"文化多样性"：思辨哲学复线有机论模式 / 24
　　第三节　反抗文化趋同："为争取承认而斗争"的"文化多样性"观念 / 30

第三章　传统与时间：重复不可重复之物 / 34
　　第一节　引言：关于"传统"的几个"教条" / 34
　　第二节　"传统意义的传统"与"现代传统"的区别 / 36
　　第三节　"根系性""向来我属性"是"传统意义传统"的生存论基础 / 41
　　第四节　传统与"回归的重复"（backward repetition） / 42
　　第五节　"原本中心论"和传统至上主义：一切解释无所逃于传统 / 47
　　第六节　"逆时性因果观"的解释学："原本中心论"到"述者决定论" / 52

第四章　传统与知识权力 / 56
　　第一节　"前行的重复"：传统在义理解释中陷入自我疏异化 / 56
　　第二节　自然语言的义理解释导致自我疏异化："一落言诠，便失真谛" / 61

第三节　判教：传统名义下的知识权力运作——解释学（hermeneutics）

　　　　源于判教 / 65

第五章　传统与空间：特殊主义 vs. 普遍主义 / 72

　　第一节　引言：传统问题触发的"空间转向"问题 / 72

　　第二节　空间如何成为与"传统"有关的课题：从伽德默尔回到卡西尔 / 74

　　第三节　传统的复数与单数形式：人类学视角与政治神学视角的差异 / 78

　　第四节　传统的建构：黑格尔和胡塞尔论选择希腊为"精神家园" / 82

　　第五节　明天近，昨天远：横向传统 vs. 纵向传统 / 85

　　第六节　传统角逐的新游牧时代，传统流通决定传统流传 / 87

第六章　文化解释的"两可性"与当代世界的文化之争 / 89

　　第一节　《文化多样性公约》：发达国家第二集团与美国的文化冲突 / 89

　　第二节　文化 vs. 贸易：发达国家第二集团与美国文化冲突的由来 / 92

　　第三节　发达国家第二集团与发展中国家的"合纵"之举 / 96

　　第四节　把"我"变成"我们"：法国等将文化诉求变为国际政策 / 99

第七章　民族主义与文化民族主义 / 101

　　第一节　"民族"概念辨析：种族的、政治的与文化的 / 102

　　第二节　当代若干文明型国家把历史遗产转化为文化资本 / 108

　　第三节　亨廷顿的忧虑：秉持"排他性"价值的民族主义带来挑战 / 112

第八章　后发国家的理论叙事：金岳霖难题 vs. 赛义德难题 / 116

　　第一节　"金岳霖难题"——后发国家学界遇到的普遍问题 / 117

　　第二节　"金岳霖难题"的"两难"特性 / 123

　　第三节　"金岳霖难题"的普遍性：以东欧中亚"民族哲学"为例 / 125

　　第四节　"赛义德难题"带来的挑战 / 130

　　第五节　结论 / 133

第九章　后发国家的启蒙辩证法：自主性 vs. 外来性 / 135

第一节　启蒙叙事：无国界话语 vs. 国别性话语 / 135

第二节　两种启蒙叙事：原发型 vs. 后发型 / 137

第三节　后发国家的启蒙困境：工具理性 vs. 价值主体性 / 144

第四节　异时代的同时代性：后发国家的启蒙辩证法 / 152

第五节　从"理性为王"走向批判理性 / 156

第十章　人类中心主义的终结？——面向后人文时代的书写 / 163

第一节　从"代理"到"替代"的技术是当今时代面临的根本性问题 / 164

第二节　"替代"主题的浮现：伊哈布·哈桑的"后人类/后人文"概念 / 169

第三节　Posthuman 的"后人类"含义："替代"人体自然的两条技术线路 / 172

第四节　Posthuman 的"后人文"含义："替代"传统人文科学的两条路径 / 180

第五节　从"代理"到"替代"的技术提出了哪些哲学问题？ / 186

附录1　先锋哲学：An untimely thinking / 193

附件2　"强制阐释论"与阐释的开放性 / 206

第一章　文化概念辨析：经济的 vs. 政治的

本书旨在批判性地探讨文化哲学的若干基本问题。这项工作首先需要回答：什么是"文化"？或者更准确地说：什么是我们所理解的"文化"？以及我们是根据何种理由来界定"文化"的？这是项相当具有挑战性的工作，后文将会看到，"文化"不像自然客体那样可以按统一的、确定的物理量化标准来界定和测量，它更像一个概念的变形虫，让你无法捕捉它的准确形象，因此关于"文化"的定义林林总总五花八门。部分是由于这个原因，文化领域不少学者在"文化"概念使用上也表现出较强的随意性。然而哲学是使概念清晰起来的学问，因此文化哲学首先就应当对文化展开哲学性的追问和界定。

第一节　"文化"的定义及其界定方法

1. 缺乏学术约束力的"文化"概念

黑格尔在《精神现象学》一书的序言中说过："熟知的东西所以不是真正知道的东西，正因为它是熟知的。"[①] 这个"熟知非真知"的说法用在"文化"概念最为恰当。我们知道，如今无论在国际还是在国内"文化"都是个高频语词。在国际上，从上世纪上半叶法兰克福文化批判理论的兴起，一直到1980年代初联合国教科文组织倡导将"文化"或"人文"指数纳入人类发展测量体系，"文化"成为许多复合语词的母词，冠以"文化多元主义"（cultural pluralism）、"文化产业"、"文化创意经济"

[①] 黑格尔：《精神现象学》，贺麟、王久兴译，商务印书馆，1981年版，第20页。黑格尔在《逻辑学》第二版序言也表述了类似的观点。

以及"文化多样性"（cultural diversity）等名目的著作论文、研究报告汗牛充栋。几年前，笔者从2000年后出版的百余篇英语文献遴选20篇译为中文，做成一部文化学科的基本读本（basic readings）。选编时深感文化研究在国际上是门热度很高的显学。再看国内，自上世纪80年代"文化热"之后，直至本世纪初以来，文学艺术界自不必提，从经济领域到政治领域，从国内领域到外交领域，言必称"文化"俨成风气。

然而，政策领域与大众传媒领域的火热局面里也透露出一个窘况，很少有人能在清楚明白的意义上使用"文化"。不同领域中的"文化"所指是不尽一致的，更有一些"文化"的界定是相互冲突的。造成这种现象的重要原因在于，"文化"概念的用法具有极高的广谱性，这就给其内涵界定带来很大困难。太多国内学者喜欢搬出互联网上的一个说法：自上世纪50年代起，国内外学界为文化提出的定义多达160余种。言下之意，一千个人有一千个文化定义。

与此同时，文化研究无论在科研还是教学领域，无论在欧美国家还是我国，至今仍是没有得到体制承认的学科。1915年，德国化学家奥斯瓦尔德指出，既然"社会科学研究"（Study of Social Scicence）在19世纪中叶可以找到"社会学"（Sociology）这个专业术语，"文化科学"（Study of Cultural Sciences）也应该使用"文化学"（Culturology）的专有名称。他的建议得到了美国人类学大师莱斯利·怀特的呼应，他在1949年出版的《文化科学》一书大力推荐Culturology一名，书中特别提到30年代有几位中国学者大力倡导"文化学"，如中央大学社会学系主任黄文山就主张，所谓社会进步从根本上说就是文化的进化和文明的发展，应创立融合哲学、人类学、历史学和社会学的文化学。时至21世纪，一些当代学者大力倡导文化学建构，武汉大学教授郭齐勇出版《文化学概论》，中央党校文史部也开设文化学课程。然而，在教育部现行《学科目录》，文化研究或文化学甚至尚未列入二级学科。

造成冰火两重天吊诡局面的原因很多，有一点不容回避："文化"

是个言人人殊的概念，"文化研究"因为过大的广谱性反倒缺乏人们普遍承认的具体对象，几乎什么内容都可以往"文化"的筐子里装。"文化"之所以成为如此缺乏约束力和收缩性的概念，乃在于它从根本上说是个以人类精神外化为前提的、几乎至大无外的软对象，很难用传统的"种加属差"的方式来定义，更难按照统一的物理量化标准来测量。唯一可行的界定方法应当是"用法原则"，即晚期维特根斯坦所说的"语词的意义在于其用法"。①从研究角度说，"文化"语词的"用法"或"定义"多样，全然由于文化研究者的学科背景不同（如哲学、历史学、人类学、社会学、经济学以及政治学等），研究目的殊异。所以，任何谈论"文化"主题的学者，如果不先行澄清其学科背景和使用文化概念的相关范式，其文化研究必定是个缺乏反思约束力的杂烩。

2. 广义和狭义的"文化"概念

（1）人类学广义"文化"概念承诺的三个范畴

虽然"文化"依不同学科、不同视角而有不同的"用法定义"，但人们依然可以从跨学科、跨范式的角度对其进行简化聚类，通常所说广义、狭义的文化定义就是这种聚类的结果。所谓广义"文化"概念早在英国人类学创始人泰勒那里就已得到了经典表述，他在1871年出版的《原始文化》一书指出："文化或文明，就其广泛的民族学意义来讲，是个复合整体，包括知识、信仰、艺术、道德、法律、习俗以及作为一个社会成员的人所习得的其他一切能力和习惯。"②一个多世纪后，当代美国文化人类学家C.恩伯也大体在这个意义上指出："大多数人类

---

① 维特根斯坦：《哲学研究》，李步楼译，商务印书馆，1996年版，第22页、第54页。

② 泰勒（1832—1917），英国人类学家。1896年在牛津大学创办世界上第一个人类学系，被誉为"人类学之父"。引文出自他的《原始文化：神话、哲学、宗教、语言、艺术和习俗发展之研究（重译本）》，连树声译，广西师范大学出版社，2005年版，第1页。

学家认为，文化包含了后天习得的，作为一个特定社会和民族所特有的一切行为模式、观念和态度。"① 不过，这两个定义大多聚焦于某个社会群体具有的精神习得物层面，相比之下，英国人类学功能学派大师马林诺夫斯基的看法更为全面，他指出：特定的"文化"包括"物质设备"（如器物、建筑、工具等）、"精神方面"（如习惯、风俗、道德和宗教等）、"语言"以及"社会组织或制度"等几个方面。② 这些从器物、语言、习俗和信念方面的习得物对特定国家、民族和人群中的个人具有一定的塑造和规范作用。

需要注意的是，上述"文化"概念主要是人类学或社会学的，因而其"文化"概念蕴含着特定的"文化所属者"含义，这种蕴含是由三个"特定"范畴来支撑的：

其一，特定人群（或社会）："文化所属者"可以大到一个国家甚至"超国家"集团，也可以是国家内部的各个民族，还可以是一个自然区域、一个村落的群体。

其二，特定地域：特定人群在空间上承诺着"特定地域"的概念。

其三，特定的流传物：特定人群在时间上承诺着自古流传至今、累世积淀而成的物质精神成果。

不难看到，人类学对"文化"概念的表述与一般哲学有个最大的不同：哲学表述的"文化"更多强调它是人类精神及其外化，在此基础上谈论一种统一的"全球文化"也是可能的。但人类学的广义"文化"定义一开始就极为关注其"地方性"（the local），这里孕育着以后出现各种文化特殊主义的全部理由。

---

① C.恩伯：《文化的变异》，杜杉杉译，辽宁人民出版社，1988年版，第33页。

② 参见马林诺夫斯基：《文化论》，费孝通译，中国民间文艺出版社，1987年版，第二部分"文化的各方面"。据译者费孝通先生的译序所言，该文于1938年以中译本首发。

当然，我们可以用哲学话语将人类学的广义文化定义改写为："文化"是一种整体性的、历史上自然形成和传承的、具有凝聚力特性的"民族精神"或"群体意识"。

（2）解释学和符号学的狭义"文化"概念

与广义"文化"对应的是其狭义概念，它特指某一社会群体、某些创造性的个人所提供的具象文化表达（expression）。19世纪下半叶德国哲学家狄尔泰聚焦的"本文"（text）概念，20世纪上半叶德国思想家W.本雅明所说的"艺术作品"（art work），还有德国符号哲学家卡西尔所说的"象征"（symbol），都与此相关。这些具象表达既可以是艺术家或相关从业者有意为之但又不逢迎市场和大众的创造性作品，也可以是一些原本在历史上无意识形成、现在被视为意义表达物的产品，而在20世纪下半叶文化产业和文化市场兴盛后，这种文化表达更体现为由个体或文化企业创造的、以盈利或占领市场份额为目的的海量文化娱乐产品。大体来看，传统型社会文化产品较为稀缺，反倒会推崇精英和天才的文化作品，而对其文化作品的市场化是极为鄙视的；而现代社会文化产品较为丰富多样，精英文化反倒面临生存困境。但无论怎么说，一个社会的文化创造力通常是由其文学艺术作品或文化娱乐产品的多样性程度来衡量的。

回顾文化史，我们不难发现，以 hermeneutics 之名出现的解释学[①]是在19世纪下半叶步入繁荣期的，而以 cultural semiotics 之名出现的文化符号学则在20世纪中叶以后如日中天，这两门相关而又不同的学科的兴起和发展与近现代文化表达的高度发展是相互呼应的。

---

① Hermeneutics 在国内学界有不同译名，如解释学、阐释学或诠释学。这些译法各有道理，也各有不足。但对国内学者来说，最重要的是要意识到 hermeneutics 与 exegesis 的区别，前者是一种与解释或阐释有关的哲学，而后者则通译为解经学或释经学，是一门具体的解释技术学科。当国内有学者呼吁要建立"中国解释学"时，他们心目中的解释学多半是指古代研究音韵、文字或训诂的"小学"。

3. 广义与狭义"文化"概念的关系

广义和狭义的"文化"概念是高度相关的：任何特定国家民族的"民族精神""群体意识"或"价值信念"都可以作为独特的生命体验而在具体的文学艺术作品或文化娱乐产品得到不同程度的表达，为此任何文化作品或产品在解释学、符号学那里都被刻画为基于生命体验的"表达（物）/ 被表达（意义）"（Life expression/expressed），人们通过对这些作品或产品的"理解—解释"，让自己的生命体验与作品形成交流融合。

从"表达/被表达"关系理解"文化"已成为国际学界的主流看法，在 2005 年通过的《保护和促进文化表现形式多样性公约》，"文化表现形式"在英语即写作"culture expression"，它成为公约保护和促进的直接对象。

第二节 "文化"（culture）与"文明"（civilization）的用法

"文化"在用法上还常与"文明"一词纠缠在一起。汉语"文化"与"文明"两个语词存在着近义关联，西语中的 culture（通译为"文化"）与 civilization（通译为"文明"）也存在着密切的用法关联。2005 年联合国教科文组织大会批准相关的"文化多样性"（culture diversity）法规时，我国对外媒体还在广泛使用"文明多样性"（civilization diversity）这样的表述。为此，有必要对"文化"和"文明"这两个概念的用法联系和区别进行说明。

中国先秦文献中就已多见"文明""文化"两个近义词。《易经·贲卦·象传》："刚柔交错，天文也；文明以止，人文也。观乎天文，以察时变，观乎人文，以化成天下。"这一条解释同时使用了"文明"与"文化"。其中，"文明"的本义或为"纹理焕然"，后衍生为"文教之明"，而"文化"

则是"人文化成"的意思。汉代刘向在《说苑·指武》中首先使用"文化"这一复合词:"圣人之治天下,先文德而后武功。凡武之兴,为不服也。文化不改,然后加诛。"显然,中国古人也是在文义相近的意义上使用"文明""文化"的,而这与西方的传统相当接近。

相对于中文,西语中的"文化"(culture)与"文明"(civilization)也存在着相关而又不同的用法,这在近现代西方思想史中表现得尤为明显。中文译为"文化"的英文语词 culture 源于拉丁文 cultura,意为"田野耕作",这个词后来衍生为对田野农作物的关心(care)、培育(cultivation)和耕种等,至今英语中的"农业"还写作 agri-culture,而"鸟类饲养"则写为 avi-culture。Culture 自 17 世纪以后逐渐演化为对人类精神和内心品质的教化培育,有些类似于《中庸》所说,"天之生物必因其材而笃焉,栽者培之,倾者覆之"。不单是与"心灵教化培育有关",英语 culture 一词中的 cult 部分还具有理念、偶像的痴迷崇拜的意思。简言之,写作 culture 的文化是个在词源上与"自然""乡村"密切相关、在用法上与心灵培育有关的概念。

相形之下,中文译为"文明"的 civilization 则源于古拉丁文 civis,该词对应于希腊语的 polites,意为城邦国家的市民或公民,其形容词 civillis 意味市民的、国民的,或政治的、法律的、礼仪的,它由此派生出的"文明"含义往往与城市化的法律制度和礼仪教养等有关。正因为此,至今考古学通常用"文明"来指称阶级、城市或国家出现以后的人类历史,如"古代埃及文明""苏美尔文明""古印度文明"或"古代中国文明"等表述;而之前的历史则往往用"文化"来标识,如史前考古学中的"尼安德特文化""良渚文化""仰韶文化"等。[①] 也正是基于这样的理解,20 世纪的历史思想家汤因比、雅斯贝尔斯以及 90 年代的政治学大师亨

---

① 参见汤因比:《历史研究》,曹未风等译,上海人民出版社,1986 年版,第 43 页,第 85—98 页。

廷顿都曾对诸如"科技文明""西方文明""伊斯兰文明""中国文明""印度文明""东正教文明"等进行考察。亨廷顿还依据相关理论提出"文明冲突"理论。他像汤因比一样认为,"文明"作为叙事单位通常大于"国别性文化":"文明是最大的'我们',在所归属的文明中我们在文化上感到安逸,它使我们区别于所有在它之外的'各个它们'。……大多数文明包含一个以上国家或其他政治实体。在现代世界,大多数文明包括两个或两个以上的国家。"①

一般来说,在城市或国家出现之后的历史叙事里,"文化"和"文明"两个词是可以互换的,譬如将"苏美尔文明"替换为"苏美尔文化"、"玛雅文明"替换为"玛雅文化"都是没什么问题的。此外,由于"文明"或"文化"通常用来表示"某些"历史叙事整体,因此法国年鉴派大师布罗代尔指出,它们在西语中通常会以复数形式存在,即写作 civilizations 或 cultures。②

需要说明的是,18世纪启蒙运动以后的德国和法国,不少思想家倾向于将"文明"(civilization)与"文化"(culture)两个概念区别使用。布罗代尔说到,"就我们所知,civilization(文明)首先出现在1766年的一本出版物里。……从产生之时起,它指的是一种关于思想、技术、道德和社会进步的世俗理想。'文明'就是'启蒙'。'文明'越在地球上普及,人们越能看到战争、奴役、征服和苦难的消失"。显然,这里的"文明"主要是指基于理性科学之上的物质成就和精神成果,它因此成为"野蛮""蒙昧"的反义词,它成为当时崇尚理性进步论的法国思想家钟爱的语汇。③相形之下,德国学者所青睐的则是"文化"(culture),

---

① 参见亨廷顿:《文明的冲突与世界秩序的重建》,周琪等译,新华出版社,2005年版,第26—27页,第28页。
② 参见布罗代尔:《论历史》,刘北成等译,北京大学出版社,2008年10月版。
③ 同上书,第200—201页。

在保留其与"文明"相近的"进步"含义的同时，德国人更强调这个概念的精神和价值培养层面的含义。布罗代尔说，德国人习惯于将精神（Geist）与自然（Natur）对立起来，因此他们将人作用于自然的客观手段归结为"文明"，而将人的精神、价值和理想等归于"文化"。譬如托马斯·曼说过，"当文明意味着机械化时，文化就是真正的精神性"；"今天的人们应当提防文明摧毁文化，提防技术摧毁人"。当初，德国历史哲学家斯宾格勒也正是在这个意义上说，"文明是死了的文化，文化是活着的文明"。①

其实，上述思想家对"文明"与"文化"的不同用法只是某种选择性的偏重。深受人类学影响的布罗代尔认为，"文明"从根本上说就是"一个空间"或者说"一个场所"中的"各种各样的'财产'，即体现了文化一致性的房屋样式及其建筑材料和屋顶形状，到诸如弓箭制作技术、方言、饮食口味、特殊技能、信仰结构、性交方式，甚至指南针、纸、印刷术等等文化特征"。②如此看来，布罗代尔对"文明"即civilization的界定与上一节我们谈到的广义加狭义的"文化"概念具有明显的同构性，它们都假定着"特定人群""特定地域"和"特定流传物"三个支撑性范畴。

与法国启蒙思想家相比，德国启蒙运动的部分浪漫派思想家十分崇尚前现代乡村生活、田野生长的自然魅力，强调"精神"的活力性、超越性和神秘性。相形之下，他们对现代理性的"文明"概念则抱以批判态度，因而在语词上重culture而轻civilization。而civilization恰恰是以崇尚理性为宗旨的法国启蒙思想家的最爱，他们用civilization所标识的"文明"来贬斥"野蛮"或"蒙昧"，"文明"遂含摄了"进步"的含

---

① 托马斯·曼和斯宾格勒的说法均引自布罗代尔：《论历史》，刘北成等译，北京大学出版社，2008年版，第203页、210页。

② 布罗代尔：《论历史》，刘北成等译，北京大学出版社，2008年版，第226页。

义。德国浪漫派和法国启蒙理性对"文化"和"文明"的不同解读被后人概括为德法"Culture vs. Civilization"的论争，它一直延续到20世纪初。1918年德国学者斯宾格勒在《西方的没落》一书指出："文明是死去的文化，文化是活着的文明。"①

与此同时，历史思想家还有另一种关于"文化／文明"的用法，即把"文明"当作超越国别文化或涵括多国文化的最大文化单位。英国历史哲学家汤因比在《历史研究》绪论专门讨论"历史研究的单位"，指出："最近几个世纪里，很想自给自足的民族主权国家的发展引使历史学家们选择了国家作为研究历史的一般范围。但是在欧洲没有一个民族或民族国家能够说明它自己的问题……应该可以说历史研究的可以自行说明问题的单位既不是一个民族国家，也不是另一个极端上的人类全体，而是我们称之为社会（文明）的某一群人类。"②接下来汤因比指出，人类历史上共存在过而是余个文明，目前仍然存活的有西方社会、东正教社会、伊斯兰教社会、印度社会和以中国为中心的远东社会等等。这个区分在20世纪下半叶深深影响了美国著名学者亨廷顿，他将"文明"理解为"包含两个以上国家"的"最大的文化单位"，③并据此推出了他的"文明冲突"理论。

第三节 "文化概念光谱轴"与文化解释的"两可性"

"文化"不仅具身为特定表达物，它作为表达物还具有特定的功能。人们通常说，任何文化作品或产品，无论一部小说、一幅绘画、一段旋

---

① 斯宾格勒：《西方的没落》，韩炯编译，北京出版社，2012年版，第32页。

② 汤因比：《历史研究》，曹未风等译，上海人民出版社，1986年版，第1页和第14页。

③ 亨廷顿：《文明的冲突与世界秩序的重建》，周琪等译，新华出版社，2005年版，第26—27页。

律还是一个游戏，总以满足人们的精神需求为宗旨。"满足精神需求"是其最广义的功能，该功能可进一步细分为三个重要维度：其一，塑造人们的文化素养、道德意识、精神追求，提升人们对文化表达的理解力、鉴赏力和创造力；其二，满足大众的日常感官欲望的娱乐需求；其三，促进人们对特定群体（如国家民族或各种社团）的精神文化认同或价值认同。一般而言，文学艺术或文化哲学—人类学意义的"文化"概念主要关注上述第一个功能；而文化产业—文化经济学主要关注上述第二个功能；以民族国家为本位的文化政治学则主要关注其第三个功能。这三个功能可以构成如下"文化概念的光谱轴"：

"文化冲突"—"文明冲突" ← "意识形态"—"文化主权" ← 国家、阶层本位的文化认同 ← 文化政治学层面的文化认同 ← | 人类学社会学层面的文化概念　中间项　一般文学艺术文化作品 | → 文化经济学层面的文化产品 → 满足感官娱乐需求 → 传媒革命浪潮 → 文化市场化—市场文化化

图 1-3-1　文化概念光谱轴

1. 中间项：文化哲学—人类学意义的"文化"概念

中间项即一般文学艺术、文化哲学—人类学意义的文化作品或产品概念，它表现着人们对这一概念的常规性认识，其要素包括"文化"的那两层基本含义：其一，它是指一个群体的独特风俗、传统和生活方式等；其二，它是指带有一个群体文化内涵的符号性产品。——正是以中间项为纵轴，向左向右展开了"文化作品或产品"的两个向度的功能，它们提示着人们对"文化"进行"两可解释"（ambiguous interpretation）的可能性。

2. 左侧项的展开逻辑：文化政治学意义的"文化"概念

任何文化哲学—人类学群体的生活方式、风俗传统和价值信念都同时具有"精神文化认同"的功能，这种认同在文化上把"我/他"或者"我

们/他们"区别开来。在大多数情况下，这种区别是非政治性的，譬如一个俱乐部与另一个俱乐部的文化认同差异，一个地区与一个地区的文化认同差异等。然而，一旦这种区别实现了从文化领域向政治领域的跳跃，"文化认同"便会高调转化为对立阶层本位或对立国家本位的"文化认同"，"我/他"区别就会极化为"友/敌"之分，由此显示出强烈的政治博弈含义，派生出诸如"意识形态""文化主权"等文化政治诉求，由此演变为在不同阶层、不同族群、不同国家之间彼此排斥的"文化冲突"，甚至最终导向政治和军事冲突。显然，循着这个线索，文化哲学—人类学意义的"文化多样性"变成了政治学意义的"文化冲突"或"文明冲突"。

正因为存在着这样的逻辑，在2005年联合国《保护和促进文化表现形式多样性公约》（以下简称《文化多样性公约》）的酝酿过程中，许多国家尤其是发展中国家在讨论"文化多样性"概念时明显表现出维护"文化主权""国家文化认同"的强烈政治动机，它们担心接受公约会使自己的民族文化主权受到削弱，自己的群体受到来自发达国家（即使是发达国家第二集团）的过度影响，还担心该公约会刺激唤起自己国内那些次国家民族共同体即少数民族的民族主义或文化多元主义诉求。也是由于这个原因，在2013年公布的133个《文化多样性公约》批约国名单中，我们看不到沙特、伊朗、俄罗斯这些国家的名字。还是因为这个原因，上世纪60年代起在法国为中心的欧美学界兴起的后现代批判理论对传统上远离政治领域的文艺作品、人文知识体系、社会流行观念等进行"微观政治学"批判，揭示出社会各观念领域中潜在的权力要素或权力结构，对包括"欧洲中心论""西方中心论""男权中心论"或"所指中心论"等各种中心论的批判，构成了这个思潮的主要内容。

3. 右侧项的展开逻辑：文化经济学意义的"文化"概念

然而在现代社会，"文化"不仅仅是、甚至主要不是文化政治的博弈场所。在休闲社会普遍到来的时代，文化作品或产品的满足人们精神和感官娱乐需求的功能日益凸显，在传媒技术革命浪潮的推动下，现代社会"文化市场化—市场文化化"进程大大加快。现代娱乐业成功启动了现代人类心理中的成瘾机制，使文化娱乐产品在吸引力上大大超越传统的衣食住行产品。大多数人对食物和衣着的需求尚有最低的满足阈限，但他们对娱乐产品的需求却是时时存在并且没有满足阈限的。正是因为这个原因，这种"文化"作品或产品表现出较强的去政治化含义，日益成为文化产业或文化经济学的关注对象。

上述"文化概念光谱轴"所展现的政治学意义的文化和经济学意义的文化并不是截然二分的。一方面，人们在对文化娱乐产品的深度分析中可以揭示出其深层文化政治意蕴，正是在这个意义上，法兰克福学派思想家阿多尔诺批判美国的"文化工业"使文化成为资本自身的实现手段，成为资本主义意识形态和技术统治时代的组成部分，而媒体批判学家波兹曼也警告说，一个社会的"文化精神萎缩"不仅来源于外部强力对文化发展的干预，而且也来自那种"让文化变成一种滑稽戏"的娱乐至死取向；[①]另一方面，那些政治意味明显的文化认同诉求也只有凭借具有强烈吸引力和传播力的文化产品形式才能达成其政治目的。但即使如此，我们在很多场合看到的依然是政治学意义的文化与经济学意义的文化的对立。大量观察表明，越是发达的国家越会注重文化的市场化，将文化创意、生产、流通和消费理解为一个经济过程；反过来看，越是传统型国家越会强调文化的"例外"特点，以致将"例外状态"视为文化生产和传播的常态。

从整体上看，"文化概念光谱轴"展示了对"文化"概念的三重构（three-fold structure）理解，即文化哲学—人类学、文化政治学、文化

[①] 尼尔·波兹曼（1931—2003）：纽约大学媒体生态学专业创始人。1984年发表《娱乐至死》，此处引文出自该书第十一章"赫胥黎的警告"，参见《娱乐至死》，章艳译，广西师范大学出版社，2004年版，第201页。

经济学的三个维度的理解，人们在极简的含义上也可以把它们概括为关于"文化"的"左中右"三种向度的理解。这个"三重构"构成了本书进行文化哲学批判的基本叙事框架，具有重要的理论价值。

其一，对"文化"的文化哲学—人类学理解，是传统思辨哲学和人类学对不同地区、不同民族文化精神及其表达物或艺术产品的基本理解方式，这种理解是中性的，对各个国家一视同仁的。

其二，对"文化"的文化政治学理解则在逻辑上涵盖文化认同、文化主权、文化安全、文化例外、文化特殊以及文化相对主义等诸多议题，在2005年《文化多样性公约》酝酿过程中，发展中国家阵营对于该公约是否承认和保护发展中国家的文化主权、文化安全问题高度关注，而发达国家中弱于美国的第二集团国家如法国、加拿大等则也从文化主权角度与美国的文化市场化、文化全球化主张进行博弈。这都是当代文化批判不可回避的话题。

其三，对"文化"的文化经济学理解则在逻辑上涵盖了文化产业、文化创意、文化市场、文化全球化、文化普遍主义等多个议题。美国作为文化产业巨无霸一向坚持这个主题，发达国家第二国家的法国虽然借助"文化例外"的文化政治学立场来反对美国的文化全球化，但在面对发展中国家时，则多是强调文化经济学、文化普遍主义的立场。而发展中国家一方面希望借助文化经济的发展强化自己的文化生产能力，另一方面又担心发达国家借助文化经济来施加其影响。

第二章　多样性视域中的文化概念：消极的 vs. 积极的

我们在上一章辨析"文化"和"文明"概念时指出，文化或文明赖以得到支撑的范畴包括特定人群、特定地域和特定流传物——即世代积淀而成的历史遗产和传统。正是"特定"这个重要因素使"文化"与今天学界广泛谈论的"地方性"形成了本质的关联，"地方性"是"文化"在存在样态上呈现出多样性的首要原因。因而，处理"文化"概念不讨论"地方性"是定义中的矛盾，而讨论"地方性"必然会引向关于"多样性"的议论，这个议论在上世纪 80 年代的国际社会成为热潮，其理论叙事最终演化为具有重要国际法地位的国际政策成果，即《文化多样性公约》。

需要说明的是，"文化多样性"一词有两种相关但又存在差异的用法：一个是文化哲学或文化人类学意义的用法，它在英语中一般表述为 culture diversity，这个描述性语词旨在刻画人类创造的精神文化世界形态各异、各具特色的抽象特点；另一个是文化政策学意义的用法，在 2005 年联合国教科文组织通过的《文化多样性公约》，文化哲学领域的"文化多样性"（culture diversity）表述就被扩展为"文化表现形式（或表达形式）多样性"（diversity of culture expressions）。这里，复数形式出现的名词"表现形式"（expressions）将"文化多样性"从抽象的性质描述对象转化为有形的政策管理或规制对象，它们可以是并非出于商业目的而创作的文学艺术文本，也可以是某些文化商品，还可以是历史上流传下来的一切可视为表达物的物质的和非物质的遗存。

在梳理"文化多样性"概念的谱系时，笔者不无惊异地发现，所谓"文化多样性"在文化哲学和文化人类学中其实是一个相当晚近才出现的理论概念，以它为主题的、具有经典参考价值的专章论述不会早于上世纪 50 年代。在此之前，"文化多样性"更多是以一种"自在的"或非反思的理论范式的形式存在于思辨哲学家关于历史或文化的论述中，"现有理论范式，后有理论命名"，构成了"文化多样性"概念发生史的基本轮廓。本书拟从以下几方面对其构成要素进行溯源分析：其一，作为人类生存事实的"文化多样性"；其二，18 世纪起思辨哲学中出现的文化多样性理论"范式"；其三，20 世纪下半叶以来，面临现代性、全球化的多重压力，文化多样性"为争取承认而斗争"。

第一节　作为人类基本生态的"文化多样性"

　　文化的多样性本来是人们司空见惯的生存事实，是不同民族不同国家物质生活和精神生活的基本生态。中国和西方世界古来对此都有明确的认识。西汉成书的《礼记·王制》有云："五方之民，言语不通，嗜欲不同，达其志，通其欲，东方曰寄，南方曰象，西方曰狄鞮，北方曰译。"这段谈论翻译的文字，刻画了先秦时期中国古人对五方风物、民俗差异、语言隔绝情况的认识。由于"言语不通"，当时的王朝分设"寄""象""狄鞮"和"译"四个官职，负责与东南西北各民族和国家的交流传译工作。以后，中央王朝都专设与"四夷"打交道的机构，如秦汉时期的蛮夷邸、魏晋南北朝时期的四夷馆、隋唐四方馆、宋代的都亭驿、元明的会同馆以及明清的四夷馆（清代改称四译馆）等等。

　　西方古代社会也是如此。古希腊许多城邦贸易发达，商路往来于意大利、埃及、两河流域以及印度，对各方民族国家文化差异早就有所认知，古希腊第一部史书希罗多德的《历史》便记载了大量与希腊诸城邦大相径庭的波斯地区的政治制度和风土人情。

　　不同地域、不同人群自古以来创造了不同的文化或文明，构成后来世代人群生存的基本人文生态，这就是作为原初事实的"文化多样性"。

1. 雅斯贝尔斯论古代文明、轴心文明的"同步发生之谜"：原生文明多样性

德国历史哲学家斯宾格勒（1880—1936）和法国年鉴学派历史思想家布罗代尔（1902—1985）在考察人类文明起源时，都关注到古埃及、古印度、古巴比伦、古中国、古希腊等多个大河文明和海洋文明，并从文化地理学角度提出，受制或顺应于一定的地理环境或条件，这些文明及其影响下的文化圈或文化带呈现出不同的文化特征。英国历史哲学家汤因比（1889—1975）从人类历史的整体性分析了二十来种[1]比较成熟的文明的兴起与衰落，为我们呈现出不同文化及其在不同时代的影响力。提出所有文明成就都是自然对人类的挑战和人类的回应[2]。

在此语境下，德国哲学家雅斯贝尔斯（1883—1969）在上世纪40年代提出了所谓"文明同步发生之谜"。[3]需要注意的是，国内学界谈到雅斯贝尔斯历史思想时，大多聚焦于其"轴心文明"的论述，而忽略了他的另外一个重要论题，那就是"文明同步发生之谜"。

雅斯贝尔斯"轴心文明"理论大意是说，公元前800年到前200年之间，中国、印度和西方三个地区各自独立完成了四五个结构相似的文明革命，出现了高度集中的组织和发达的技术成就，产生了各自具有文

---

[1] 汤因比把人类发展史作为整体来研究，从人类史角度研究不同文化及其在不同时代的影响力。他在其《历史研究》中系统分析了21种比较成熟的文明——西方社会、东正教社会（东正教—拜占庭社会、东正教俄罗斯社会）、阿拉伯社会、伊朗社会、古印度社会、远东社会（中国社会、朝鲜—日本社会）、希腊社会、叙利亚社会、印度社会、中国社会、米诺斯社会、苏美尔社会、赫梯社会、巴比伦社会、埃及社会、安第斯社会、墨西哥社会、尤卡坦社会和玛雅社会。

[2] 汤因比在《历史研究》一书发展了斯宾格勒在《西方的没落》中提到的文化形态史观，提出一种根据挑战和回应来分析各种文明的循环和衰落的历史哲学。

[3] 参见卡尔·雅斯贝尔斯：《历史的起源与目标》，魏楚雄等译，华夏出版社，1989年版，第21页、第24页。

明开辟意义的思想家,如中国的孔子和老子,印度的释迦牟尼,伊朗的琐罗亚斯德,希腊的荷马等。这些思想家在这短短几个世纪中的不同地方接连出现,并且不知道彼此的存在①。他们模塑了各自文明的特质,开启了各自文明发展的方向,并启迪和影响了世界其他地区的文明生存。

为什么会如此?世界上几个重要地区在相近的时间为什么会几乎同步独立发生形态各异的文明?这正是雅斯贝尔斯谈论"轴心文明"的深层问题关切。还有一点需要强调,雅斯贝尔斯所说的"文明同步发生之谜"不仅针对公元前800至前200年的所谓"轴心时代",而且还扩展到"轴心时代"之前的数千年文明史。他说:"除轴心文明外,在全部世界历史中,可能只有另外一种情况也可称为同步发生之谜,即古代文明的起源。那个问题是:尽管有两千多年的间隔,为什么在尼罗河流域、美索不达米亚流域、印度河流域和黄河流域,会几乎同样出现从史前民族到古代文明的发展。"②

雅斯贝尔斯的这个谜题,侧面佐证了作为地域性整体的文明单位的多样性,即假定世界各地区的人类文明是多中心、多节点诞育并存、发展繁荣的。不同自然条件、文化生境造就了不同文明中心色彩斑斓的物质文化和精神文化,构成丰富多彩的世界文化生态。这些文明中心之间一向发生着交往、冲突、征战及经贸往来,出现了多个文化特质各异的文化圈层或者文化带。这是典型的历史哲学家对文明或文化多样性的理解模式。相对而言,人类学家、民族学家则重点关注某一地域、特定群体中各种文化特质的多样性,如地方信仰、特定的建筑、方言音乐、服饰饮食等等。这种多样性在近代文明之前是相当地方、相当纯粹的。

---

① 卡尔·雅斯贝尔斯:《历史的起源与目标》,魏楚雄等译,华夏出版社,1989年版,第8页。

② 同上书,第21页。

2. 沃勒斯坦论1500年代后的世界图景：殖民文化＋地方原生文化的多样性

布罗代尔、沃勒斯坦等都将近代意义的世界史开端锁定在1500年代，这一方面由于1492年的哥伦布航行标志着地理学意义的全域世界史的出现；另一方面也由于西方自这个时期起进入近代科学技术和工业发展阶段，使它与其他古史文明、其他"轴心文明"拉开了经济社会发展差距。雅斯贝尔斯说，以科学技术为基础的西方近代史的地位足以比肩公元前的几个"轴心文明"，但他不认为有必要将1500年以后称为"第二轴心时代"，因为这个近代社会最初只发生在西方，然后以文明的或不文明的方式传播于世界，在这期间，没有其他的可以与之并论的文明与其"同步发生"。[①]

现代遍及全球的文明发源于"西方"这个地方性文明，这就使"西方文明"具有了双重含义：其一是文明发源意义的"地方性"；其二是文明内驱力意义的"全球性"。这两个因素的交织构成了16世纪以后数百年西方诸列强主导的多重"类全球化"浪潮的文化景观。

美国学者沃勒斯坦在《现代世界体系》全景性地描述了欧洲文艺复兴、地理大发现对西欧国家工业革命所需的科技、文化和制度环境与条件的塑造作用。16—18世纪，荷兰、葡萄牙、西班牙、英国等西欧国家陆续完成工业革命成为工业强国，用商品和刀剑开辟了全球市场。到19世纪末20世纪初，世界上大部分国家和地区都被西欧渐次崛起的大小列强国家掌控，西欧诸列强陆续铸造的世界资本主义体系逐步成形。在诸列强掠夺土地、抢占世界市场的过程中，不同列强还向各自的目标殖民地地区，包括印度、中国这样的古老"轴心文明"地区，输出具有

[①] 参见卡尔·雅斯贝尔斯：《历史的起源与目标》，魏楚雄等译，华夏出版社，1989年版，第90页。雅斯贝尔斯说："第二次轴心世界完全是欧洲的现象，因此它就无权要求第二轴心时代的称号。"近来有学者提出要创造"新轴心时代"，这个说法显然是从雅斯贝尔斯那里借用来的，但只借用了一半。

其本国地方性色彩的文化，如经济秩序、政治制度、社会文明、宗教信仰、语言文化以及衣着饮食等等，使处于不同地理条件、原本具有各自原生文明特点和文化传统的殖民地打上了深刻的宗主国烙印，由此呈现出"宗主国殖民文化＋本土原生文化混生"的新文化形态。其中最典型的国家是英国，它在鼎盛时期统治着面积125倍于己的土地，包括世界四分之一的人口和领土[1]，海外投资总额占到世界境外投资总资产的一半，一度成为具有世界影响力的超级帝国。英语成为现今世界上使用最广泛的国际语言，英国的土地私有、自由理念、议会制度、有限政府以及银行金融贸易规则等在内的全球经贸体系制度影响了殖民地在内的全世界。此外还有法国，它作为一个文明型国家在18世纪时发展成为世界性帝国，对欧洲其他国家如俄罗斯，部分非洲、亚洲国家，太平洋及大西洋岛国产生了覆盖性影响。至今越南、老挝等地还存在着大量以讲法语为荣、钟爱法国饮食的人群。此外，西、葡、英、法、荷等欧洲国家在殖民拉美国家的过程中，不仅输出宗主国自身的文明，还向拉美移植了亚洲、非洲的文化元素。

当然，19世纪以前欧洲列强主导的世界资本主义体系还处于工业文明发展的早期阶段，其对殖民地"本土原生文化"的解构能力还不够强大。虽然殖民文化对以城市文化为代表目标地区社会的表层结构破坏得比较彻底，但殖民地国家原生文化仍能在基层社会尤其是乡村社会、在人们的深层文化心理中延续流淌。

值得注意的是，不同宗主国的殖民统治政策不同，其殖民地国家社会文化的变异程度、殖民文化与本土原生文化的融合程度也就非常不同。譬如，英国是个相对崇尚保守主义和多元文化理想的国家，因此它对印度统治虽然超过二百年，但却对印度古老文化的深层结构触动不大，对

---

[1] 钱乘旦主编，姜守明、黄光耀等著《英帝国史》（全八卷），江苏人民出版社，2019年版，第4页。

阿拉伯世界的国家也是如此，其统治对其本土宗教的改变力度也并不很大。反过来看，沙俄作为后起的列强对中亚国家征服奴役不到百年，但却对该地的底层文化进行野蛮的有时是残酷的改造。但历史的反讽在于，几百年后，曾经的英国殖民地在世俗化程度和现代化意识上往往落后于沙俄曾经统治的中亚社会。

3. 二次大战后世界的原生文化多样性面临存亡挑战

第二次世界大战终结了欧洲列强主导的帝国体系和世界殖民体系，伴随不少国家和地区的独立，新世界体系开始重塑。同时，伴随这些独立国家和地区对自身历史的"去中心化"叙事，世界文明多样性的自觉意识日益彰显。

然而，二战之后也是人类科技和全球市场大发展的时期，经济全球化携带着其他各种因素，包括文化因素，侵蚀到各个地区角落。这种全球化具有两个明显的特点：

其一，"全球化"常常等同于"美国化"（Globalization=Americanization）。美国凭借强大的科技革命优势、市场经济实力迅速崛起为经济、政治、军事和文化的巨无霸。到上世纪50年代，其经济总量差不多占到世界一半。这之后的美苏争霸期间，美国凭借"政治上的生命力、意识形态上的灵活性、经济上的活力和文化上的吸引力"，[1] 迅速成为布热津斯基所说的"一个唯一的、全面的全球性超级大国"。[2] 它垄断世界资本秩序，主导世界经济贸易体系和规则，通过强大的科技力量和发达的文化工业，将大量电视节目、电影、通俗音乐演艺项目等输送到全世界，美国时尚引领和影响着世界各地的青年，美国教育则吸引着发展中国家的精英群体。

---

[1] 兹比格纽·布热津斯基：《大棋局：美国的首要地位及其地缘战略》，中国国际问题研究所译，上海人民出版社，2021版，第16页。

[2] 同上书，第33页。

其二，然而，"全球化"绝不仅仅是"美国化"，毋宁说美国化只是全球化的一个结果。全球化的根本动力来源于理性、科技和市场，它们强行打开一切封闭的"地方"，将神秘的、神圣的或灵性的东西变成市场产品，这一切对许多国家尤其是发展中国家来说，常常意味着泯灭"地方性"的文化传统。许多后发国家长期实施单向度的现代化进程，为了经济而牺牲文化，在引入现代教育的同时割断与历史文化的联系。几十年或上百年过去，这些国家的文化传统大多陷于灭顶之灾。

前面提到，东方和西方的古代智者对于文化多样性生态的常识性了解已经揭示了"文化"概念与"多样性"概念的本质关联：任何所谓"文化"，都是特定地域、特定时代中特定人群的精神物质活动产物，它具有与其他地域时代的"文化"不同的特质。不仅如此，即使在被识别为一个"社会群体"的内部，其"文化"依然可以进一步细分出多种差别。我国汉民族有不同方言，南方与北方民风习俗孰异。而从微观看，在方圆几十里范围，人们也可以识别出口音、日常用语的差异。这个现象表明，"多样性"是"文化之所以为文化"的重要规定性。进而言之，人们难以想象或者说不情愿想象在未来世界上出现一种无差异的"全球文化"，没有"多样性"的"文化"听上去是一种概念上的矛盾。

然而，在上述全球化进程影响下，各个地区各个人群的文化多样性资源面临前所未有的衰退局面。拿当今全球的语言或方言来说，自近现代"世界"概念出现以来，人类学家识别出的民族数以千计，而各种语言则何止万种！这些民族、人群或语言尤以广义东亚地区最为丰富。联合国教科文组织有关文献认为，东南亚地区包含全球百分之八十的民族和语言，它们是人类学研究的理想田野。

然而，随着后发国家和地区卷入以全球市场为基础的多层面全球化进程，随着很多后发国家在二战后大力促进以国家为本位的主流文化，近一个世纪来全球少数民族、少数民族语言和方言消失速度令人惊愕。

根据联合国教科文组织世界濒危语言地图统计，截至 2017 年，全球现存 6000 种语言中，至少有 43% 处于濒危状态，其中 228 种语言已经完全灭绝，576 种语言处于绝对濒危。

表 2-1-1 全球濒危语言数量统计（单位：种）

使用人数(人) / 濒危程度	<10000	<100000	>100000	无数据	总数
易受伤害	331	152	103	5	591
处于濒危	400	151	63	25	639
严重濒危	438	50	10	39	537
极度濒危	519	15	0	42	576
灭绝	218	0	0	10	228
未归类	1	0	0	0	1
总数	1907	368	176	121	2572

语言是民族文化的载体，一个语言的消失背后通常是相应民族或人类学人群的消失。自 2010 年起，笔者曾参与八次中国边境民族地区文化调研，对此深有感受。

不仅如此，除了规模较小民族和语言的消失，一些较大民族内部的特定人群、方言、服饰和饮食传统也在快速消失，这些情况印证了卢梭 1750 年在《艺术与科学》一文中的判断：文明的进步有时同时就是退步。

值得强调的是，如果说"多样性"是"文化"的本质特征，那么上述小语言、方言和相关人群的消失当然就是特定文化的消失。大量"特定文化"的消失当然就可以被理解为一个区域的不可再生的"文化生态"的恶化，这种文化生态的恶化与一个多世纪日益加剧的自然生态恶化是同步的。

第二节　作为理论范式的"文化多样性"：思辨哲学复线有机论模式

1."文化多样性"：先有理论范式，后有理论命名

相比于上述事实层面的文化多样性，专门作为思想家反思对象的"文化多样性"（culture diversity）这个专业语词是相当晚近才出现的。美国著名人类学家莱斯利·怀特在1949年出版的《文化科学》一书指出："人类学研究的大部分对象是关于文化差异的，它所注重的乃是与一定时空中某一人类群体类型相关的文化多样性（cultural diversity of types）。"[1] 从全文篇章来看，这里的"文化多样性"只是怀特行文中有意无意使用的一个描述性语词。但在两三年后的1952年，法国现代著名结构人类学家列维－斯特劳斯应联合国教科文组织之约撰写了《种族与历史》的小册子，该书第二节专门推出"文化多样性"的标题，这应该是该概念以比较确定的语词形式首次隆重亮相。

虽然正式命名出现较晚，但"文化多样性"作为一种自在的、尚未经过充分反思的理论范式的萌芽要早得多。上一节我们提到的几位20世纪重要的历史学家或历史哲学家，他们关于人类早期文明各有起源的思想，关于"文明同步发生之谜"的提问，其实质都在阐发对世界史的"文化多样性"理解思路。从这个意义可以说，历史学家尤其是世界史家的"文化多样性"意识，构成了他们理解全球历史的一种理论范式（paradigm）。[2] 正因为这样，汤因比在《历史研究》开篇提到，该书尝试以文明作为基本单元来撰写世界史。他尤其认为，"并没有哪一个欧洲的单一民族或

---

[1] 莱斯利·怀特：《文化科学》，曹锦清等译，浙江人民出版社，1988年版，第6页。

[2] "范式"即paradigm，出自托马斯·库恩的经典《科学革命的结构》。

民族国家显示出它拥有一种可以自身得到说明的历史"①，所有区域或民族的文化都需要一个文化参照系来说明和定义自身。

由此可见，"文化多样性"作为文化或历史哲学专业术语出现很晚，但它作为理解文化和历史的范式却由来已久。从西方思想史角度看，它至少可以追溯到18世纪启蒙时代。

2. 对"文化多样性"现象的思辨哲学解释模式：地理环境决定论

如前所述，广义的"文化"如习俗和传统等总是以"特定地域""特定人群"为载体的。这就使近代早期思想家因循着古希腊早期朦胧的"自然决定论"理路，不约而同地提出所谓"地理环境决定论"，即认为不同地区人类群体的经济活动、政治体制乃至于精神气质或文化特质，都是由该地区的特殊的自然地理条件决定的。显然，自然条件和地理环境的多样性，成为解读人类生活方式、人类精神和人类历史多样性的一个重要出发点。"地理环境决定论"暗含着这样一个隐喻，即特定地域条件决定着该地生物和植物的不同形状和性状，以此来指涉特定地区的人群或社会，18世纪维科（1668—1744）、孟德斯鸠（1689—1755）、赫尔德（1744—1803）等遂形成了一套"复线有机论的解释模式"，以对抗启蒙时代的理性进步论、黑格尔的观念决定论等对世界的"多样性"面貌所采取的"单线决定论的解释模式"。

近代追溯"自然决定论暨地理环境决定论"，可以上溯到法国政治哲学家让·博丹（Jean Bodin，1530—1596）发表的著作《国家六论》（1576年），他认为各民族的差异大多源于自然地理条件的不同，不同类型的人群需要不同形式的政府。1725年，意大利思想家维科（1668—1744）出版《新科学》一书，该书的原名是《关于各民族的本性的一门新科学的原则，凭这些原则见出部落自然法的另一体系的原则》，这个

---

① 汤因比著：《历史研究》（上），郭小凌、王皖强等译，上海人民出版社，2014版，第3页。

冗长名称中的"各民族"是维科讨论人类共同本性的起点。为此，维科特别给出了一个概念，即"由所有异民族组成的民族世界（il mondo delle nazioni）"，这里的拉丁语词"世界"（mondo）源于希腊语 kosmos，指的是从无秩序、无规矩的混沌（chaos）创造出来的那种原始制度的世界，包括"宗教、婚丧礼仪"等。① 显然，所谓"民族世界"就是各民族信仰、诗歌、民俗礼仪和法律的世界"，也就是"文化多样性"的世界。维科认为，这个世界是人创造的，因此人可以认识它。由此，维科成为近现代人文哲学的先驱者。与维科的时代同时和稍晚，法国启蒙时代许多思想家对社会、政治和人的研究，大多因循"地理环境决定论——人文环境（习俗）决定论"的观念范式。在孟德斯鸠于1746年发表的西方政治哲学经典《论法的精神》中，论述地理环境对政治和伦理影响的章节和篇幅占了全书1/4强，因此，该书也成为西方"地理环境决定论"的代表作。在书中第三卷整整五章中，孟德斯鸠讨论了气候和土壤等自然环境对某个地区法律、政治体制、家庭婚姻制度的影响，其主题包括"人怎样因气候的差异而不同""东方各国的宗教、风俗、习惯和法律持久不变的原因""不与气候的弱点抗争的是坏的立法者""南方家庭里两性间天然存在的不平等""气候与各民族的勇怯""岛屿的民族""不耕种土地的民族之间的政治状态"等等。② 比孟德斯鸠稍晚，著名启蒙时代的斗士伏尔泰在1764年发表《风俗论》，讨论各个国家兴亡治乱的故事，其开篇便申明，该书主旨是讨论"各民族的原始状况"，而这种原始状况是各个不同的。

3. 赫尔德的"民族精神"概念：与单线决定论对立的复线有机论模式

以"地理环境决定论"为代表的"自然决定论"是启蒙时期许多西

---

① 参见维柯：《新科学》，朱光潜译，人民文学出版社，1986年版，第15页。
② 参见孟德斯鸠：《论法的精神》，张雁深译，商务印书馆，1982年版。

方思想家讨论政治问题、道德问题时共有的前见，这些思想家还包括英国的霍布斯、洛克和休谟等。到了18世纪下半叶，法国的启蒙理性进步观念、德国的以康德为代表的理性主义声势日隆，它们强调整个历史、整个世界史是一个整体，它是向着特定先验目标发展的合目的性进程，这种目的不再是以前基督教思想灌注的"神意"，而是"理性"和"自由"。因此，整个的历史尤其是世界史依照单一的蒙昧与文明、落后与进步之分，区分为"有意义的历史"和"无意义的历史"。这个思想在19世纪初黑格尔的《世界历史哲学讲演录》①中将整个人类史刻画为从印度、中国，经古希腊罗马，最后到欧洲的单线发展线索。

黑格尔的"单线决定论解释模式"对后世产生了很大影响。马克思主义的五种社会形态学说与这个模式存在着密切的理论联系。迄至上世纪90年代初，福山出版的《历史的终结及最后之人》也体现了这种"单线决定论"的基本思路。

值得注意的是，20世纪中叶提出"轴心文明"假说的雅斯贝尔斯本应被归入与黑格尔的"单线进步论模式"不同的"复线有机论模式"，但他所使用的"轴心文明"历史材料，与黑格尔《历史哲学》中使用的材料完全是一致的，都聚焦在欧亚大陆的这几个文明。②

启蒙时代这种单线进步论和决定论的历史观在18世纪引起了一批浪漫派文学家和史学家的强烈反弹。1791年，赫尔德的著作《人类历史哲学的观念》出版，该书坚决反对以简单的理性进步观念来解读不同地区和不同人群的历史，认为每个民族都像一个独特的有机体，它们在各异的地域环境条件和历史习俗的影响下，形成了独特的"民族精神"（Volksgeist）。而在艺术领域，一个群体或一个时代独特的"精神"成

---

① 王造时翻译时将本书标题确定为《历史哲学》，删去了"世界"这个定语，这是一种不应有的省略。

② 雅斯贝尔斯"复线历史观"与黑格尔《历史哲学》遵循的"单线论历史观"是对立的，但其使用的历史材料却大同小异，这是十分有趣的现象。

为思想家解读不同民族艺术产品的独特性的理论依据。[①]法国艺术哲学家丹纳(1828—1893)在《艺术哲学》(该书为系列讲座,1860年代面世)中对特定文化的"有机"含义进行了诠释,他指出,艺术品产生于独特的时代精神,正如植物产生于独特的自然环境。他说:"我想做一个比喻,使风俗和时代精神对于美术的作用更为明显。假定你们从南方向北方出发,可以发觉进到某一地带就有某种特殊的植物。先是芦荟和橘树,然后是橡树和燕麦,再过去是松树,最后是苔藓。每个地域有它独特的作物和草木,两者跟着地域一同开始,一同告终。植物的种类与地域相连。地域是某些作物与草木存在的条件,地域的存在与否决定某些植物的出现与否。而所谓地域不过是某种温度、湿度,某些主要形势,相当于我们在另一方面所说的时代精神与风俗概况。自然界有它的气候,气候的变化决定这种那种植物的出现;精神方面也有它的气候,它的变化决定着这种那种艺术的出现。我们研究自然界的气候,以便了解某种植物的出现,了解玉米或燕麦、苔藓或松树;同样我们应当研究精神上的气候,以便了解某种艺术的出现,了解异教的雕塑或写实派的绘画,充满神秘气息的建筑或古典派的文学,柔媚的音乐或理想派的诗歌。精神文明的产物和动植物界的产物一样,只能用各自的环境来解释。"[②]

丹纳对生成艺术作品的独特环境所作的理论解释,清晰刻画了为后世推崇的"文化多样性"观念的几层理论内涵:其一,任何民族、任何时代的艺术作品或文化构成物都是独特的;其二,用以解释任何民族文化构成物生成条件的所谓"精神气候"——即风俗和时代精神——也是独特的。

[①] 值得一提的是,赫尔德的著作 Ideen zur Philosophie der Geschichte der Menschheit(1784—1791)即《人类历史的哲学观念》虽然是未完成稿,但在历史哲学研究中具有开辟作用。但该书至今未译为中文。

[②] 参见丹纳:《艺术哲学》,傅雷译,人民文学出版社,1963年版,第8—9页。另参见该书第34页,丹纳说"有一种精神的'气候',就是风俗习惯与时代精神"。

需要说明的是，丹纳以"自然气候"与其动植物种类的关系来比拟所谓"精神气候"与其艺术作品的关系，这是一种弱版本的"地理环境决定论"；而强版本的"地理环境决定论"则认为，独特的艺术作品来源于独特的人文精神环境，而这个人文精神环境则需以独特的自然环境来说明。总体来说，独特的自然环境—独特的时代精神—独特的文化产品，这几者构成了"文化多样性"的相关语义层。

这种"多元有机体解释模式"一直流传到20世纪。上文提到的斯宾格勒的《西方的没落》（1918—1922）、汤因比的《历史研究》（完成于1960年代）等都是其重要理论代表。雅斯贝尔斯在《历史的起源与目标》一书曾对此进行总结说："各个文化犹如有机体似的从大量无差异的、纯粹的原始存在发展起来，它们是具有开端和终结的独立的生命形式，是互不相关但能相互遭遇和冲突的存在。斯宾格勒认为有8个这样的历史有机体，汤因比认为有21个。斯宾格勒把它们归结为1000年的一个生存期，汤因比认为它们的生存期没有定限。斯宾格勒相信，这个神秘的全过程必然要由一定的文化有机体来完成。"[①]

这种针对文化文明的"复线有机论解释模式"一直延续到当代，亨廷顿的《文明的冲突与世界秩序的重建》（1996年）就是这种"复线有机论历史观"的代表，他认为20世纪中叶以来东西两大阵营的意识形态有一个共同点，就是相信历史是单线的进步论进程，但"冷战"结束人们需要更加关注的是多元文明问题，每个文明都有独特的起源，是有其独特的发展、兴盛和衰落历程的有机体。这种解释模式在当今世界关于"文明冲突／文明对话"的讨论中，在我国关于中华文明是世界上唯一流传下来的特殊文明的讨论中，都产生着重要的影响。

[①] 卡尔·雅斯贝尔斯：《历史的起源与目标》，魏楚雄等译，华夏出版社，1989年版，第6页。

第三节　反抗文化趋同："为争取承认而斗争"的"文化多样性"观念

16世纪以后兴起的思辨哲学在19世纪达到巅峰，在20世纪走向衰落，而关于人类文化、人类历史研究的具体科学却在19世纪纷纷兴起，在20世纪走向繁荣。造成这种状况的一个重要原因在于，资本主义早期的全球化尚未深刻伤及各种原生文明或文化的深层结构，这使它们成为欧洲大量旅行者、探险者、商人的研究乐园，赛义德在1978年发表的《东方学》对此有过生动的描述。

人类学尤其是文化人类学自19世纪下半叶在英国、法国和美国等地兴起后，人类学家的足迹遍布北美、亚太和东南亚等部落文化区域，借助考古学、人种学、民族志、语言学等成果，对不同原始部落和其他社会进行系统调查，其基本宗旨一方面是揭示不同文化形态的差异性；另一方面是揭示人类不同文化形态中的通则。因此，人类学文献中虽然"文化多样性"的概念定式出现较晚，但类似的概念比比皆是，其中最重要的是"文化差异"。

1935年，美国人类学开创者博厄斯的弟子、著名女人类学家本尼迪克特发表《文化模式》，该书第二章标题即为"文化差异"。[①] 本尼迪克特认为，任何特定文化对象都可以刻画为一个独特的"文化模式"整体，该模式对对象文化的诸要素都可以给出系统的解释，这些要素包括语言（比如音位系统）、青春期或性成熟仪式、战争和敌人的概念、乱伦禁忌或婚姻、亲属制度等等。但同时，这种系统解释又与其他文化模式迥然不同，比如现代英语发音大约需要30多个单一音位，加上复合音位其总数也不到50个，但一些原始民族的音位则可多达上百。"文化差异"是文化人类学研

[①] 露丝·本尼迪克特：《文化模式》，王炜等译，社会科学文献出版社，2009年版。

究的不言自明的前提，因此"文化相对主义"在人类学中占有重要的位置。

无论在思辨哲学还是在人类学，从"文化有机论""文化差异""文化模式"以及"文化多样性"来刻画描述人类文化的基本生态是一种理论常态，由此而来的问题是，二次大战以后尤其是20世纪80年代以后，国际社会为什么对"文化多样性"概念倾注如此大的热情呢？这涉及人们如何看待"文化差异"或"文化多样性"的问题。

一般而言，从事实层面，近现代学界或政治集团不会否认"文化差异"或"文化多样性"的事实，这一点毋庸赘述。然而在价值层面，人们对"文化差异"或"文化多样性"的评价却是判然有别的。前面我们主要介绍了"复线有机论解释模式"，这个模式不仅确认每种独特的文化都有其独特的生命历程，而且相信不同的文化都是等价的、具有同样存在理由的。进而言之，这种理论模式还认为，正是这种"文化模式"或"文化差异"，才是"文化之为文化"的本质因素。但是，也正是从1500年科学理性时代到来之时起，在西方人文领域中居于统治地位的不是"复线有机论解释模式"，而是"单线进步论解释模式"，后者在抽象观念和现实社会领域都在碾压着"文化差异"和"文化多样性"的文化现实。1500年到启蒙时代，不少西方传教士和学者崇尚"文明战胜野蛮"的观念，因此，让"文明"之光照亮蒙昧的"野蛮民族"成为殖民主义者、传教士和许多进步论学者的天然信条。18世纪末到19世纪初，德国古典哲学将"理性"概念张扬到极致。在黑格尔的"精神哲学"，无论是人类一般历史还是哲学观念史，都是自我意识从低级到高级的演化史，本来用以刻画不同民族差异性的"民族精神"概念在这个自我意识演化史中成为一个个需要被"扬弃"的环节。到了19世纪40年代到50年代，马克思、恩格斯在《德意志意识形态》（1846年）和《政治经济学批判〈序言〉》（1859年）中提出和完善了"五种社会形态"学说，指出史前社会、奴隶社会、封建社会、资本主义以及共产主义构成了"从低级到高级"的人类社会形态。虽然马克思晚年对这个理论略有调整，但其理论中仍存在着明显的"单线论解释模式"的影子。

　　对"文化差异"或"文化多样性"价值的真正毁灭性打击来自20世纪的以强大金融和高科技作为推手的全球化市场，而这个市场正式获得了"全球化"（Globalization）或"美国化"（Americanization）的名称。这种全球化推动资本、货物、人员的跨国流动，推动着商业符号、文化元素的全球传播，由此，以前在相对封闭的地理环境中形成的"文化差异"或"文化多样性"陷入灭顶之灾。本尼迪克特曾与一位印第安部落首领拉蒙进行访谈，他说："一开始，神给了每个民族一只杯子，一只陶杯，从这个杯子里，人们饮入了他们的生活……但是，现在我们的杯子破碎了，没有了。"本尼迪克特随后议论说，"我们的杯子破碎了。那些曾赋予拉蒙的人民生活以意义的东西，他们特有的饮食仪式、经济体制内的责任、礼仪的延续、跳熊舞时的那种着魔状态、他们的是非准则，这些东西已丧失殆尽。随着这些东西的丧失，他们生活原有的那些样式和意义也消失了……拉蒙对于他谈到的事情有切肤之痛。他脚踩两只船，而这两只船是价值观念和思维方式上均无共同尺度的两种文化。这真是一种艰辛的命运。而在西方文明中的我们的体验就不同了。我们自幼生长在一种泛世界性的文化中，我们的社会科学、心理学、神学，历来对拉蒙的形象说法中表达为真理的东西闻所未闻"。①

　　本尼迪克特笔下的部落领袖拉蒙的感叹，不仅是大多数部落民族的惨痛体验，也是不少后发国家文化模式的惨痛经历，甚至是法国、加拿大、澳大利亚这些发达国家第二集团中的国家所面临的巨大威胁。随着以美国化为标志的全球化日益快速发展，到20世纪下半叶，发展中国家和发达国家第二集团中的许多重量级国家各自提出了"保卫文化"的主张。不同地区、不同发展程度的文化，要求在存在价值、生存合法性上得到"承

---

① 参见露丝·本尼迪克特：《文化模式》，王炜等译，社会科学文献出版社，2009年版。引文分别参照该书第14—15页。

认"的呼声日益强烈，而"承认"正是德国法兰克福学派第三代重要思想家阿克塞尔·霍耐特在 1992 年出版的名著《为承认而斗争：论社会冲突的道德语法》的核心主题。

霍耐特将不同社会阶层之间的"相互承认"视为解决社会冲突的密钥，而其理论影响力早已超越一般社会伦理领域。事实上，20 世纪下半叶，"为承认多样性而斗争"已成为国际学界、国际政策领域的一个重要潮流。这种"对多样性的承认"首先是对"生物多样性"（包括遗传多样性、物种多样性、自然生态多样性等）的承认，由其创生的国际法规成果就是联合国环境规划署 1992 年 6 月通过的《生物多样性公约》（Convention on Biological Diversity），其宗旨是基于代际正义，为子孙后代保护动物植物等自然资源。不仅如此，这种"对多样性的承认"还体现为对少数语言、群体以及宗教的保护，由其创生的国际法规成果就是联合国大会 1993 年 2 月通过的《在民族或族裔、语言和宗教上属于少数群体的人的权利的宣言》，其目标是对濒危语言、濒危族裔人群进行保护。也正是在这个背景下，由法国人类学家和哲学家列维-斯特劳斯在上世纪 50 年代初正式提出的"文化多样性"观念在上世纪 90 年代开始得到国际社会的普遍"承认"，由其创生的国际法规成果包括 2001 年联合国教科文组织发表的《世界文化多样性宣言》、2005 年通过的《保护和促进文化表现形式多样性公约》。

需要说明的是，当联合国教科文组织力推"文化多样性"观念时，它强调"文化多样性"及其相互依存的重要性，恰如"生物多样性"及其相互依存的重要性，这一点让人们不由回忆起一个半世纪以前丹纳用"自然气候"来比附"精神气候"的天才隐喻。不仅如此，当我们使用霍耐特提出的"为争取承认而斗争"这个表达式时，会发现"斗争"实在是个不可缺少的语词。笔者在参与《文化多样性公约》国际基金项目评审的过程中，了解和见证了"发达国家第二集团"与美国的斗争，发展中国家与发达国家的斗争，发展中国家内部围绕文化发展路径所展开的一系列"斗争"。

第三章　传统与时间：重复不可重复之物

文化的"地方性"最集中地体现于传统。通常所说的传统是特定地区特定人群世代积淀而形成的规范性成就，因此，如何理解"传统"是现代社会，尤其是后发现代社会中批判的文化哲学的重要母题。

第一节　引言：关于"传统"的几个"教条"

"传统"之所以成为一个热词，完全因为它已经沦为或正在加速沦为一个濒危语词。濒危动物因为行将消亡才得到人们关注，传统所代表的地方性流传物世界也是如此。我国数千年的传统在过去一个世纪以来经历了生死轮回：当初它伴随新文化运动的高涨而沦落，如今则华丽转身为民族复兴的核心话题。在世界上，传统的命运也经历了类似变化，几十年来文化遗产保护乃至文明对话渐成时尚，世人对传统表现出巨大需求，这应该是对 18 世纪启蒙时代以来旨在消除"古已有之的传统"的现代精神的反拨，不无吊诡的是，这种精神也不时地被称为"理性的传统"。[①]

"传统"这个词虽然很热，但很少有人追问它的用法，因而人们使用这个词难免会带有一些非反思的信念或假定。

比如，传统总是在时间中的，所以人们谈到传统往往像谈论古董，以为 3000 年的必定优于 500 年的，越古老的源头经典越具有真理价值。

[①] 参见爱德华·西尔斯《论传统》，傅铿、吕乐译，上海世纪出版集团，2009 年版，第 23 页。西尔斯说："人们对于理性与科学之力量的信任已成为一种传统……它已经成为实质性传统的主要对抗者，成了进步主义观点的核心内容"。

再比如，传统总是在特定地域的，所以人们谈到传统往往像谈论一块文化领土，相信一切思想都只有地域性的有效性。

其三，特定地域中的"传统"对该地域的人群来说具有一种"向来我属性"，即人们会赋予这个传统整体以"我属"的地位——即使传统的源头与现世的我远隔百年千年，但仍不妨碍它成为"我的传统"。与此同时，其他地域的"传统"则被归入"他属"的范畴。由此。传统的内外关系被确定为"我/他"关系。

最后，传统总是倾向于自身合理化的，所以人们相信不同群体的生活信念或规范体系是彼此等价的，没有高下之分。

以上列出的信念或假定就是本文所谓"传统的教条"，称它们为"教条"并不存有必然否定之意，只是希望对这些习以为常的东西进行追问，以澄清传统一词使用时的哲学语法。

进入正题前，有必要申明本文对"传统"一词的理解。在日常使用中，"传统，总是关于某个事项的传统"，所以传统一词前面通常会有个指示物主的定语，如"建筑传统""戏剧传统""烹饪传统""思想传统"等。但传统之为传统的要义并不在这些事项自身，而是指人处理这些事项时所遵循的历时已久的规范，如精神生活的信念或信仰，社会伦常或礼仪，与工艺有关的技术惯例等。这些规范在历史中形成，在流传中获得权威性。不同事项的传统多不胜举，它们大多是人类学—社会学意义的，如竹编或瓷器的工艺传统等。相形之下，另一些传统则是政治神学意味的，如以国家为本位的传统叙事，它们形诸史册，载于经典，这个意义的传统是本文的重点考察对象。①

---

① "政治神学"原是基督教概念，指基于上帝启示和信仰的政治教说。德国政治学家卡尔·施密特出版《政治的神学》一书将它引入政治哲学领域，意图在自由主义传统之外开辟另一个场域。本文借这个概念指示以国家为本位的神圣性传统叙事。

第二节 "传统意义的传统"与"现代传统"的区别

传统肯定首先与时间有关,但如何理解时间之于传统的意义?不是个简单问题。序文提到,人们谈到传统往往像古董品鉴,相信时间越久的东西越珍贵,这一点虽智者亦不能免俗,譬如钱穆先生在《国史新论》中多次提到,"我很喜欢这'传统'二字,因这传统二字,特别重要"。为证明"我们东方人的传统"非常重要,他接着说:"如中国有四千年、五千年以上的传统,韩国有三千年以上的传统,日本有二千年以上的传统。西方如法国、英国,只有一千年的传统,美国只有二百到四百年的传统……"[①] 这段议论仿佛是说,时间长短是衡量传统价值的重要指标。如何看待这个说法?这涉及如何看待传统的时间性问题。不仅如此,当我们从传统的时间性分析中揭示出传统的若干属性时,我们还会自问:今人在谈论传统时是否依然准备接受这些特性?

1."传统意义的传统"与"被发明的传统"

传统的生命表现为思想观念和规范积习在时间中的重复性建构,为此需要弄明白,时间可能赋予传统哪些特性?但在这样的追问中我们首先会发现,"传统"一词首要的模糊之处在于,它既可能是指"传统意义的传统"(tradition in traditional sense),也可能是指"现代被发明的传统"(tradition invented),这两类传统虽具有一些类似的时间性特征,但更有一些根本差异,对这些差异国内少有学者有所意识,更少有人将它明示出来。

从常识看,在过去、现在和未来三个时间维度中,传统首先与过去相关,为此伽德默尔才把"传统"(Tradition)界定为"历史流传物"

---

① 两段引文参见钱穆:《国史新论》,北京三联书店,2005年版,第202页,其他相似论述见本书第201页和第117页等。

（Uberlieferung）：[1]它包括物理性的遗存、心理性的群体记忆和行为性的规范习惯，表征着离我们日益远去和日渐陌生的过去世界。显然，"过去性"是常识意义传统的首要特征。

但究竟过去多久的流传物才配称为"传统"呢？对这个较真儿的问题，美国社会学家西尔斯在《论传统》一书还真给出了说法，他认为，传统之为传统，总需以三代人以上的记忆为尺度："如果一种信仰或惯例流行起来了，然而仅存活了很短的时间，那么它不能成为传统。……它至少要持续三代人——无论每一代多长——才能成为传统。"这个界定有点书呆子气，也很美国特色，难免让我们这些有着四五千年以上群体记忆的读者不禁失笑，不过西尔斯随后列举的传统事例表明，他心目中的多数传统，时间跨度要远远长于三代人，据此，笔者假定"传统"的最小单位是以"三代人的记忆"为基本单位的，唐诗所谓"少小离家老大回"便是对这一尺度的生动刻画。正是以"三代人的记忆"为最小尺度，西尔斯谈论起时间跨度极大的古典传统，他说，"一神教传统至今已持续了2500年到3000年之久，公民身份传统已持续了2000年，基督教传统也有近2000年，自由派传统也已延续了几个世纪……"。[2]

从三代人到三千年都可称为传统？这多少引人怀疑：试想一个历时数千年的宗教传统与某个百年前"被发明的"女权主义传统[3]能等量齐观吗？显然不能。这似乎表明，时间的长短提示着两类传统：第一类传统的生存时间动辄数千年以上，雅斯贝尔斯所说的三个"轴心文明"就

---

[1] 关于这两个语词的原文，参见伽德默尔《真理与方法》二版序言（Vorwort zur 2 Auflage），原论述为："Die Tradition, zu deren Wesen selbstverständliche Weitergabe des Überlieferten gehört, muß fragwürdig geworden sein ……"载德文版第二卷，J.C.B Mohr, Tubingen, 第443页。

[2] 以上两段引文，分别载于《论传统》，第15页和第16页。

[3] 参见E. 霍布斯鲍姆等：《传统的发明》，顾杭等译，译林出版社，2004年版。本书打破世人关于传统必得有数千年历史的成见，着力从社会学角度发掘工业文明以来形成的现代传统，提出了"传统的发明"这样富于冲击力的新概念。

是其典型代表,[①]为区别起见,不妨称它们为"传统意义的传统",也可以简称其为"老传统";与之相对的则是所谓"现代传统",它们大多属于霍布斯鲍姆在《传统的发明》一书中所说的工业革命以后发明的传统,[②]这类传统的生存时间少则几十年,最多不超过二三百年。事实上,西尔斯的《论传统》(1981年)虽然主要说的是老传统,但也无意中提到这种现代传统,"它们包括:放宽对性活动的约束,自由表现的冲动,削弱父母的权威和放松子女管教,确立上下级平等,宽容犯罪,推崇科学的'治理社会的方法'等"。[③]值得注意的是,伽德默尔的《真理与方法》(1960年)虽然以研究传统著称,但却基本上未对老传统与现代传统进行区分,而那里的关键词"历史流传物"多半指"传统意义的传统"。

2. "传统意义的传统"的源头神圣性和等级性

时间长短固然刻画了老传统与现代传统的不同,但却远不足以揭示两者的本质区别:"传统意义的传统"区别于"现代传统"的根本点在于,它拥有一个不容置疑的神圣的"过去"。德国哲学家卡西尔在分析神话的时间直观形式时说:"仅仅谈论事物、习俗和秩序的所予性存在是不能令人满意的,这些东西之所以神圣,乃在于它们往往以过去的形式出现。过去本身没有'原因'(the past itself has no "why"),它就是一切事物的'原因'。神话时间与史学时间的差别在于,前者享有既不需要解释、也不容置疑的绝对的过去(an absolute past)……一旦获

---

① 卡尔·雅斯贝尔斯在《历史的起源与目标》一书第一章"轴心期"中指出,公元前8世纪到公元前3世纪之间,印度文明、中国文明和希腊代表的西方文明几乎同时发育起来,其影响一直延续到今天,他因此称这三个文明为"轴心期文明"。参见魏楚雄译本,华夏出版社,1989年版。

② 参见《传统的发明》,第5页:"我们可以认为,在以下情形中,传统的发明出现得相当频繁:当迅速的社会转型削弱甚或摧毁了那些与'旧'传统相适应的社会模式,并产生了旧传统已不再能与之适应的新社会模式时……在过去200年中,这种变化尤为明显。"

③ 见《论传统》,第24页。

得了这种意义的过去，神话自身便获得某种永恒性和不容置疑性。"①很明显，"绝对的过去"是老传统独有的时间形式，它赋予传统不可置疑的神圣性（sanctity）。对这种神圣性，马克斯·韦伯在《经济与社会》一书分析政治制度合法性时曾给予高度强调，认为它是古老传统之权威性的来源。②相形之下，现代传统大都不具有或不应具有这样的神圣性。

由此可见，以时间长短来区分老传统与现代传统并不准确，比如有些传统尽管是在现代社会"发明"的，时间尚不那么悠久，但如果它过于追求对自身的神圣性塑造，赋予自己一种卡里斯玛（charisma）特性，那也会沦为老传统，即"传统意义的传统"。当然，某个传统一旦获得了神圣性，那么时间长短对于它就会显示强大的修辞学意义——时间越悠久，传统就显得越神圣。

与"过去性""神圣性"并列的另一重要特征是"源头性"。老传统无论多么悠久，总有个开端，那里通常存在着一个或一组神圣人格，一批口传的或文字的神圣经典，还有一套用于国家、社会、群体和个人的典章礼仪规范。卡西尔谈到源头时说，"神话物的真实特性只有当其被视为源头之物（the being of origins）时才得到揭示。神话物的全部神圣性最终可追溯到源头的神圣性。这种神圣性并非由所予物的内容直接呈现，而是系于该物之从无到有的创始（its coming into being）；并非表现为所予物的这一性质或那一属性，而是系于它在过去时间中的起源（its genesis in the past）。"③显然，"源头"之所以神圣，乃在于它是传统的创始性事件，佛教的释迦牟尼、儒家传统的孔子、基督教中的耶

---

① 参见 Ernst Cassirer, The Philosophy of Symbolic Forms, Volume II, translated by Ralph Manheim, Yale University Press, p106.

② 参见马克斯·韦伯：《经济与社会》（上卷），第66页，"制度的合法性来源基于传统"；第241页，"基于传统的神圣性、由传统授命实施权威的合法统治"；第251页，"传统型的统治"。此外，还可参照伽德默尔《真理与方法》中的一节，"为权威和传统正名"。

③ The Philosophy of Symbolic Forms, Volume II, P105.

稣等就是在这类事件中成为创始传统的"作者",他们的言论被称为"经"。中国西汉以来便通行"文本于经""依经立论"观念,崇信五经为"群言之祖",以此可见"经"的地位。正因为此,中国古人从不将"作者"二字轻许于人,故有"圣者作,贤者述"之说。朱熹解释说:"述,传旧而已。作,则创始也。故作非圣人不能,而述则贤者可及。"① 言下之意,唯有创始源头经典(即"经")的人才可称为"作者","经"是后世一切文本的原本,而在既有传统中写作的文士阶层无论如何高明也只能是"述者",其作品充其量只能是对"经本"的"传译"。②

"圣作贤述"或"经本传译"的差别不仅为我国独有,韦伯谈到一神教时说:"不管在哪儿都会发生两个现象:'圣典'(kanonische Schriften)与'教义'(Dogmen)。……圣典包含了启示及神统,教义则是祭司对圣典意义的解说。"这里,韦伯明确区分了"先知"与"祭司"在传统中的等级差异,他多次指出,先知是"基于个人的启示和神圣禀赋(Charisma)"而创造宣扬一种教说,祭司则是"对教说的意义进行解释","并且将其观点灌输到俗众的宗教里……",从而形成一个教化系统。③ 除了韦伯这样严肃的社会学观察,我们还可以从西语中为"圣作"找到一个有趣证据,按"作者"在英文和德文分别写作 author 和 Autor,"权威性"则分别写为 authority 和 Autoritaet,二者的共同词根似乎表明,"权威性"来自"作者性",或者,"作者性"就是"权威性"!④

---

① 参见朱熹:《论语章句集注》,载《四书五经》(上册),中华书局,1985年版,第27页。
② 拙著《巴别塔的重建与解构》曾专用一节谈论"'圣作贤述'的隐喻",参见云南大学出版社,2005年版,第150—162页。
③ 以上两段引文参见马克斯·韦伯:《宗教社会学·宗教与社会》,康乐、简惠美译,广西师范大学出版社,2011年版,第58—59页,第87—89页。
④ 参见李河:《巴别塔的重建与解构》,云南大学出版社,2005年版,"等级性的'作—述'观念:作者性=权威性",第154—157页。

总之，无论在中国还是西方，"传统意义的传统"大多是"圣作贤述""经本传译"的等级性体制，因为这个理由，对"传统与权威性"的批判才成为法国启蒙运动乃至许多后发国家启蒙运动的一个思想标配，而拯救"传统与权威性"则相应成为浪漫派以及20世纪伽德默尔那类传统主义解释学的一项重要使命。

第三节 "根系性""向来我属性"是"传统意义传统"的生存论基础

最后，"传统意义的传统"还有两个相关特征，即"根系性"和"向来我属性"。世人描述传统的时间性时总喜欢用"源头"或"流传"等流水隐喻，孔子说"逝者如斯"，波德莱尔说"无论时间还是爱情过去了就不再回头"，都是说时间像流水。但传统也有与流水不同的地方：流水是无间隔、均匀流逝、无始无终的，传统的时间或时间中的传统却包含起源（genesis）、变化（becoming）、阶段（phase）和目的（end），[①]进而言之，每个传统都有自己独特的时间，特有的时间刻度系统。这不难理解，一个文明或国家的历史，一个地区的方志或一家一姓的谱牒，都是有别于他者的时间刻度系统。在包括公历和现代钟表等发源于西方的现代历法计时体系出现之前，每个文明都有自己特别的历法计时体系。

这里有必要区别"时间刻度体系"与"历法计时体系"，后者是覆盖一个文明区域的时间度量标准系统，如中国过去使用农历（即阴阳历），记录朝代使用年号，而伊斯兰教使用回历，佛教亦使用佛历，甚至还有以创世纪为起始点的基督教历，这些年代度量体系的起始时间各不相同，它们相对于现在通用的公历体系是特殊的。而"时间刻度系统"则是标志内容的特殊刻度体系，它通常是由重大事件或人物等来标记的，如中

[①] 参见 Ernst Cassirer, The Philosophy of Symbolic Forms, Volume 2, p104.

国与俄罗斯各有不同的重大历史事件记忆。

中国素称"史国",国史、地方志和谱牒体系是其传统的三大支柱,三者的显著共同点在于其结构都是"根系性"的,这以家谱最为典型:它通常以某个圣贤达人作开端,开端者不仅是血缘意义的祖先,也往往是道德意义的初始楷模。同理,后世修谱时不仅要记录世系的延续,也会注入褒奖贤达、革除犯过者等道德规范评价。家谱延续的原则是嫡庶分别、同根分系、连类繁衍,其形态很像大树的"根系"。1976年,美国黑人哈利出版小说《根》引起轰动,"根"的隐喻流行一时。上世纪80年代,伴随中国对外开放,海外华人也兴起"寻根热"。

正是这种同出一源的"根系性"意识,使特定传统中的后人对源头经典或创始初祖产生了强烈的"向来我属性"的依存认同感。所谓"向来我属性"是一种对于传统的身份认同意识——"这是我的传统"意味着"这是我之为我""我们之为我们"的基本理由。这就是"根系性的生存",它是维系"传统意义的传统"的根本生存条件。

以上通过对"传统意义的传统"的时间直观,揭示了"过去性""源头性""神圣性或权威性""等级性体制""向来我属性"和"根系性的生存"等一系列特性,这些特性由于世代相传、形成稳定规范形态,因此很容易成为所谓"本质主义"(essentialism)话语的描述对象。它是"传统意义的传统"区别于"现代传统"的重要方法论标志。当今天的人们纵论传统复兴等话题时有必要自问一下,是否准备接受包括"源头性""神圣性""等级性"等特性。

第四节 传统与"回归的重复"(backward repetition)

1."忒休斯之舟"的隐喻:"回归的重复"与"前行的重复"

个体都有记忆,传统则是群体记忆。记忆是重复(repetition),在常识看来"重复,总是回归源头的重复"。但源头能否回得去?无论对个体记忆还是对作为群体记忆的传统，都是件极难解答甚至非常吊诡的问题。罗马帝国史学家普鲁塔克讲过一个"忒修斯之舟"的故事：雅典国王忒修斯驾驶一艘30桨的战船前往克里特岛，破解了那里的迷宫，杀死了半人半牛的怪物弥诺陶洛斯。后来雅典人将这艘战船当作纪念物保存下来，无奈数百年风雨剥蚀，船体逐渐朽坏，雅典人不得不逐一更换其部件。到了公元前4世纪，希腊有哲学家就此问道：这艘不断更新的战舰是否还是忒修斯的那艘船？如果不是，那是什么时候开始的？①显然，这涉及变与不变的同一性问题，引发该争论的关键因素是时间。

相比于"忒修斯之舟"的故事，传统如何在时间之流中保持同一显得更加复杂，因为忒修斯之舟是可见的，传统则是可见与不可见物的混合体。谈到一个文明或国家的传统，其基本制度要素包括但不限于：作为精神文化源头的经典文本，如基督教的《新旧约》、伊斯兰教的《古兰经》或儒家的《四书五经》等；源头经典所载的关于宇宙、人生、国家和社会的"义理"，以及通常是极为繁琐细致的行为戒律、礼仪规范和典章制度；此外还有个承担义理解释或仲裁、主持周期性的仪式、对规范的伦常日用进行监督的文士阶层（如一神教的祭司阶层或中国儒家的士人阶层）等。那么，它们如何在千百年流传中保持同一？

对"传统同一性"的提问不可避免会带有"原本中心论"意味，即把源头经典视为"原本"，把"回归原本"视为后世义理解释的正当性基础，这对于传统中的文士阶层是再自然不过的信念。基于这种自然态度，一旦传统遇到困厄挑战，总会响起诸如"回到孔子"或"回到苏格拉底"这类原教旨主义口号。但几乎与此同时，总会有批评者反问：时势变迁，世殊时异，回到"源头"可能吗？甚至会问：有现成的"源头"可以回溯吗？这听起来有些虚无主义，但却契合着现代解释学对传统的

---

① 参见普鲁塔克：《希腊罗马名人传》第一章第23节，席代岳译，吉林出版集团有限责任公司，2011年版，第22页。

理解，伽德默尔说，"一切流传物的内容都表现出这样的矛盾，即它既是此一物，又是彼一物"。① 从这个反排中律论断来看，传统包含着两个方向相反的"重复"：一个是"回归源头的重复"（being repeated backward），这是让源头经典重新进入后代的"视域"；另一个则是逐渐远离源头的"前行的重复"（being repeated forward），这是指传统在后代层出不穷的视域转换中出现"自身疏异化"。② 由此，传统的"重复"就面临德勒兹谈论节日时所下的断语："节日，就是重复那不可重复之物！"（repeat an "unrepeatable"）③ 下面笔者拟选取两个在古老人文传统中倍受重视的活动——"记诵"和"义理解释"来说明这个双向重复。

2. 回归源头的重复："记诵"在保持传统方面的功能

记诵就是"背书"，在"传统意义的传统"里一向受到重视。中国古人视"强记"为人才的重要禀赋，世界主要宗教至今仍将记诵当作神职人员的重要考核项目。"背书"这么一项不富于想象力的活动何以在老传统中如此受重视呢？

（1）记诵是传统创始时期源头经典保存传播的首要方式

提到源头经典的保存，人们会想到"郭店楚简""死海古卷"等古老的文字写本，它们是人类早期保存经典的重要方式。由于早期文士是小众群体，书写材料不仅稀缺而且容易朽坏，所以许多源头经典即有留存也多半是书残简脱、断烂朝报，再加上事变战乱频仍，造成许多最初的经本毁灭无形，因此发现和确定原初经文写本一直是考古学和古文献

---

① 参见伽德默尔：《真理与方法》，洪汉鼎译，上海译文出版社，1999年版，第604页。
② 参见克尔凯戈尔以笔名 Constantin Constantius 发表的著作 Repetition: A Venture in Experimenting Psychology（《重复：一种实验性心理学的历险》），载英译的 Kierkegaard's Writings, VI, Princeton University Press, 1983，第149页。
③ 参见德勒兹：Difference and Repetition, 英译本, the Athlone Press, 1994，第1页。

学的重要任务。

不过，现代人很少意识到，除了文字写本，记诵口传在传统创始时期对源头经典似乎更加重要，它甚至是先于文字写本的经典保存传播方式。梁启超先生在《翻译文学与佛典》一文写道："初期所译（佛经），率无原本，但凭译人背诵而已。此非译师因陋就简，盖原本实未著诸竹帛也。……道安《疑经论》云：'外国僧法皆跪而口受，同师所受，若十、二十，转以授后学。'……其所以无写本之故，不能断言。大抵因古代竹帛不便，传写綦难，故如我国汉代传经，皆凭口说。含有宗教神秘的观念，认书写为渎经，如罗马旧教之禁写新旧约也。佛书何时始有写本，此为学界未解决之问题。"[①] 梁先生此处所说，中国早期佛经翻译缺少原文写本，先秦儒家经典在秦皇焚书后多赖口传得以保存，犹太教、基督教和佛教在创教之初也多以口传为主，这些说法应是可信的。当初佛陀刚悟道后，在鹿野苑收下阿若憍陈如等五人，宣说四谛五蕴等至道法门，五人闻后便获果证，从佛出家，成为佛教里第一批"闻佛之声教而悟解得道"的弟子，从而使"声闻"成为专门的悟道路径。次后佛陀在近50年弘法期间于僧众面前讲说《阿含经》十二年，《般若经》二十二年等等，所有演论都是"直畅本怀"，并无写本。

佛教经典初无写本好像并非孤证，韦伯在宗教社会学研究中也说道："预言宗教的启示，以及传统递嬗而来的神圣知识的集成，可能采取口语传承的方式。许多世纪以来，婆罗门的神圣知识皆靠口语相传，实际上也不准书写下来。"[②] 这些研究表明，在许多传统中，记诵是源头经典从无到有的首要语言环节，是传统赖以问世的"圣作贤述"活动

---

① 梁启超该文载于他的文集：《中国佛教研究史》，中国社会科学出版社，2008年版，第95—96页。类似论述还见于该书的《佛典之翻译》一文，第241—243页。其中关于道安《疑经论》的引文，见于僧佑所撰《出三藏记集》，中华书局，1995年版，第221页。

② 参见马克斯·韦伯：《宗教社会学·宗教与世界》，康乐、简惠美译，广西师范大学出版社，2011年版，第87页。

中第一个"述"的行为，是先于文字写本的经典保存活动。

为什么最初的源头经典强调记诵？除了密教拒斥明白语言或者彻底反对文字偶像的态度外，大约还存在着思想垄断的动机。"法不传六耳"，任何真谛妙法唯有稀缺才能珍贵，一旦兑现为文字变成写本为众人拥有，则其神圣权力便被稀释。就此而论，写本意味着最早的文化民主。

（2）记诵是后人群体心灵复制的重要教化手段

除服务于源头经典的生成保存，记诵最重要的功能是对后代人群进行心灵复制。通过记诵，源头经典的神圣逻格斯（logos）转化为记诵者心中的内在逻格斯，这种内在逻格斯为后世人群认识世界、感受现实、理解生活和表达想象提供了在先的观念框架和趣味尺度，古人说"熟读唐诗三百首，不会吟诗也会吟"就是这个意思。

神圣逻格斯向内在逻格斯的转化是"教化"的本义，伽德默尔把"教化"列为人文主义的首要主导概念，他利用海德格尔传统熟稔的"同根近义"概念分析方式指出："教化（Bildung）一词蕴含着形象（Bild），形象既可以是对在先原本的模仿（Nachbild），也可以是相对后来文本而言的蓝本（Vorbild）。"[①] 显然，这里的"形象—模仿—蓝本"语义链展现了"教化"在时间中的双重面向：心灵形象在模仿与被模仿过程中传递。基于这样的模仿，被时间和地域分割的群体才可能保持所谓"共同感"（common sense），才能同被视为"传统中人"。

需要指出，在传统原教旨主义心目中，源头经典的神圣性离不开该经典最初使用的自然语言的神圣性，因此严格的记诵应该是对"原文—原典"的复述。《旧约》的初文是希伯来语，《新约》是希腊语，《古兰经》是阿拉伯语等等。这些自然语言分别被视为相关圣言的"肉身"，即使源头经典后来被译为外语，译本也要保留某些原文原典的"真言"

[①] 参见伽德默尔：《真理与方法》，洪汉鼎译，上海译文出版社，1999年版，第13页。

（即音译），如佛经汉译中的"般若波罗蜜多""阿耨多罗三藐三菩提"或基督教中的"哈利路亚""以马内利"等，唯有这样，才能让后人像最初一代人那样接近原初的神圣思想。这样的意识在唐代高僧玄奘就佛经翻译提出的"五种不翻"原则中即有所阐述。①

以上对记诵的描述并非小题大做，可以说，"传统意义的传统"如果失去了记诵，就失去了自身维系的最重要条件。今人疾呼恢复传统时，应先行自问一下：是否想全面恢复原文原典的记诵读经活动？这样的恢复是否具备实现条件？

第五节 "原本中心论"和传统至上主义：一切解释无所逃于传统

以"记诵"为标志性行为的传统经典流传方式和教化方式承诺着以"回归的重复"为最高准则的"原本中心论"。这种中心论相信，一切传统都要以"源头即原本""原本即源头"的信念。正是在这个前提下，人们才会不断地询问：某一义理解释是否"溢出"了源头经典的经义空间？或者说，一个传统是否会走到传统的边界之外？

对于这类问题存在两种观点：一种观点强调，源头经典的义理空间是有边界的，传统是有边界的，它们是后世义理解释必须遵循的先在的规范标准（如经典文本的逻格斯或神圣作者的本意等），凡背离这些规范的解释就是反传统的异端。近来国内有学者大量撰文，反对所谓"强制阐释"，要求文本解释活动要高度关注所谓"文本的自在性"："文本的自在性是指文本自身的确当含义是自在的。这个确当含义隐藏于文

---

① 参见梁启超：《中国佛教研究史》，中国社会科学出版社，2008年版，第251—252页。"奘公亦谓：'五种不翻：一，秘密故，如陀罗尼；二，含多义故，如薄伽；三，此无故，如阎浮树；四，顺古故，如阿耨菩提；五，生善故，如般若。'"

本的全部叙述之中。叙述一旦完成，其自在含义就凝固于文本，他人，包括作者无法更改。文本的自在性对文本的阐释以规约，对文本自在含义的阐释是阐释的基本要义。"① 这种以追求客观不变的"原本含义"为宗旨的解释学被伽德默尔称为"解释的技艺学"（如传统解经学），这种解释技艺学在一个传统陷入内部的门派之争时，可以为解释政治学提供技术服务，对此笔者将在下节谈到"判教"时专门讨论。

传统问题上存在的"源头即原本中心论"还有一种变化形态，该形态不那么在意源头经典义理空间的边界问题，不大在意一种义理解释是否合适的技术标准问题，它通常是从至大无外的历史主义角度去看待传统，只是以宿命论的方式强调，传统是个与时俱变、应时盈缩、变中不变、由隐及显的无限整体，强调每个解释者从根本是"无所逃于传统"的。后一观点不妨称为"传统至上（或至大）主义"它在中外人文学领域是古已有之、普遍存在的自然态度。下面姑且拣选三个理论隐喻来检讨这种传统至上主义。

历史主义者在处理解释者与他所面对的经典，或者解释者与他所从属的传统时，高度确信源头经典的圆满性，相信后世的解释难以溢出源头经典的义理空间。当然，后世解释或许也会发表新意，但那至多不过是把源头经典的隐含意义（implicit meaning）发表为显在意义（explicit meaning）而已。以下"丸之走盘""隐形多面体建筑"和"视域融合"的三个隐喻，对这种"经本圆满"的信念有程度不同的表达。

1. 杜牧—黄宗羲的"丸之走盘"隐喻

余英时先生论及传统与现代关系时多次提到唐代杜牧的一个想象："丸之走盘，横斜圆直，计于临时，不可尽知。其必可知者，是知丸之不能出于盘也。"意思是说，一个小球在盘中任意滚动，尽管每次的行

---

① 张江：《当代文论重建路径——从"强制阐释"到"本体阐释"》，《中国社会科学报》，2014年6月17日。

经路线不可预知，但却无论如何难以逾越盘子的边界。余先生借此说明中国前现代传统的那种难以摆脱特性，"我们不妨把'盘'看作是传统的外在间架，'丸'则象征着传统内部的种种发展的动力。大体上看，十八世纪以前，中国传统内部虽经历了大大小小各种变动，有时甚至是很激烈的，但始终没有突破传统的基本格局，正像'丸之不能出于盘'一样"。①

值得一提的是，在余英时之前很久，清初学者黄宗羲就借用过这个"丸之走盘"的意象，他在《明儒学案》跋谈到，理学门派众多，"各家自有宗旨"，但依然可用统一的宗旨来涵摄，"丸之走盘，横斜圆直，不可尽知。其必可知者，知是丸不能出於盘也"。②黄宗羲这里所说的"盘"，类似于托马斯·库恩的"范式"，而"丸"在盘中的任意线路的行走，则象征在此范式中衍生出的各种解释。只不过库恩的"范式"是可以在科学革命中颠覆崩解的，而黄宗羲的"盘"则具有鲜明的"难以摆脱"特性——即使解释的流派再多，解释的理论再不可预知，但它们总归难以逾越这个范式。

2. 赫施的"隐形多面体建筑"隐喻

与丸之走盘的隐喻类似，美国解释学家赫施在处理文本的意义与后续理解的关系时，也高度彰显文本意义的在先自足性和难以摆脱性。针对上世纪60年代后流行的相对主义的解释理论，赫施在《解释的有效性》一书中特意区分了"意义"（meaning）与"意味"（significance）这两个近义词。他认为，文本自身原本具有自足融贯的"意义"，后来之所以出现了各种理解或解释的差异，在于这个"意义"被带入到了新的语境或关系之中，它由此显示出了不同的"意味"。③进一步看，虽然文

---

① 参见余英时：《治史自反录》，《读书》，2004年第4期。
② 参见黄宗羲：《明儒学案跋》。
③ 参见 E.D.Hirsch, Jr. Validity in Interpretation, New Haven and London, Yale University Press, 1967, 第8页。

本的意思在不同解释者那里显示出不同意味，但意义依然是这个意义，它是不会改变的。为此，赫施举出了一个建筑视觉的例子：人们如果从不同角度观看一座建筑，会获得不同的视觉印象（即"意味变化了"），但这座建筑本身（即"文本自身的意义"）却不会因视角的不同而有所改变。[1] 这个例子让我们头脑中浮现出这样一个图像：文本的意义是个包含多个隐形侧面的建筑，一代代解释者通过对不同侧面的观看，让原本隐形存在的侧面一一显现出来。换句话说，对文本意义的理解解释就是将已然"隐形潜在的"东西"看出来"。显然，这个隐喻逻辑上蕴含着一个"恶无限"的想象，即如果解释者无限多，则文本隐含的侧面也是无穷的，这显然是对文本意义之自主性的过度解释。

3. 伽德默尔的"视域融合"隐喻

前两个隐喻的共同点是对源头经典圆满性的迷恋，相信一切解释无所逃于原本的固有意义空间，在这一点上，伽德默尔表现出了不同，他一方面是传统至上主义的，另一方面在处理解释者与历史文本时，却适度放弃了单一向度的"原本中心论"，在承认过去文本固有的义理空间即"视域"的同时，也认为解释者有自己的独特"视域"，而理解就是这两个"视域"的相遇、对话乃至最终融合。在《真理与方法》第二部分第二章关于"前见""历史距离"和"效果历史"的几节中，他论述了解释者对历史文本的这样几重关系：第一，解释者对历史文本的理解并非凭空产生，而是以前理解为基本条件，前理解意味着解释者在对特定历史文本进行理解之前，已经与之共在于一个传统；第二，虽然共属一个传统，但从分别的观点看，解释者因为与文本存在着"时间距离"，因而各有各的"视域"，比如过去的文本有自己的"相对封闭的语境"，而解释者亦有自己当下面对的独特问题；第三，解释者与过去文本各有"视域"，

---

[1] E.D.Hirsch, Jr. Validity in Interpretation, New Haven and London, Yale University Press, 1967, 第131页。

并不意味着"视域隔绝",当解释者面对过去文本时,过去文本因为脱离了其"封闭语境"而显示出真正有价值的意义,而解释者也由此使自己的"视域"得到扩展,使文本理解中陌生性的东西转化为熟悉性的东西,彼此视域实现了新的融合。新的融合包含但不还原于解释者与历史文本的各自视域,而是二者的合题,它们共同构成了所谓"效果历史"。

显然,伽德默尔在强调解释者无所逃于自身的历史性的同时,也承认其视域具有独特性,这是个进展。但"视域融合"和"效果历史"的解决方案,依然是传统至上主义的,因为伽德默尔的"视域融合"并没有"溢出于"传统之外,相反,正是传统借着不断的"视域融合"而"无限延伸""无穷开放"。一切都在传统中!时间距离"可以使存在于事情里的真正意义充分地显露出来。但是,对一个文本或一部艺术品里的真正意义的汲取(schoepfung)是永无止境的,它实际上是一个无限的过程。这不仅是指新的错误源泉被不断搞清楚,也指新的理解源泉不断产生,使得意想不到的意义关系展现出来。促成这种过滤过程的时间距离,本身并没有一个封闭的界限,而是在一种不断运动和扩展的过程中被把握"。[1]这里无疑表现出德国观念论的顽固性,人命定是个传统的动物,传统利用每一代解释者而实现自我言说,一切都是传统在说话,"理解总是属于被理解的存在"。一言以蔽之,在伽德默尔的解释学中从来不存在传统"被超出"的问题。

以上三个隐喻显然都强化了传统的"难以摆脱"特性,这种传统至上主义成为一种类似狡辩的、可以无限后退的论证,譬如人们相信,数千年的古老传统即便在显明的政治制度层面瓦解了,但依然存在于无形的伦常习俗中;即便在现代正规教育中出局了,但依然存在于民间的无形教化中;虽然在主流文献中沦为边缘,但依然充斥于群体心理中;甚

---

[1] 参见伽德默尔:《真理与方法》,洪汉鼎译,上海译文出版社,1999年版,第383页。

至，虽然在公众的理智生活遁形了，但却依然深藏于潜意识中。总之，这是一个传统的幽灵般的意象。

对伽德默尔等人来说，坚持传统的"难以避免"特性是顺理成章的事，因为他们习惯于在哲学层面上讨论传统，习惯于把传统当作"单数物"去思考。单数意义的传统当然是无边界的，可以无限延展的，缺乏多样传统之间的彼此竞争角逐的。然而，这种观念论哲学的传统想象面对现实不免产生"见光死"的效应。斯宾格勒、汤因比之流的文明系统理论早就摆明，传统是会死的，不存在一个无限延伸的传统。而1500年以后的近现代国际政治史更提示着，传统之间是有竞争的，一个传统是可能被外来传统打断、压抑或彻底覆盖的。正是在这个意义上，余英时先生在引用"丸之走盘"以说明传统的"难以摆脱"特性时，还提出了"丸已出盘"的现实："……但十九世纪晚期以后，中国传统在内外力量交攻之下，很快进入了一个解体的过程。这次是'丸已出盘'。"

"传统"会遭遇"丸已出盘"的问题，这类似于库恩所说的"范式转换"，是一种超出原有规范空间的断裂，后发国家的群体实在不缺乏这方面的体验。由此可见，哲学解释学对单数性传统的研究，必须转化为对复数性传统或传统的复数性因素的研究。"复数性传统"是指传统与传统存在着相互影响和竞争的情况，"传统意义的传统"面临着来自外部的"现代传统"的"视域覆盖"；而"传统的复数性"则意味着，单一源头的传统在内部会衍生出不同门派，各门派会不断陷入"正统"与"异端"的争论，这一点将在以下第四节"判教"中再作展开。

第六节 "逆时性因果观"的解释学：
"原本中心论"到"述者决定论"

以往对传统的讨论遵循的多是"历时性因果观"，即一切后世的义理解释，都在源头经典那里有其因由；一切传统后来的辉煌成果，都可以在开端处发掘到它的最初成因，这种历时性因果观既是"预成论"的，也是"目的论"或"宿命论"的。基于这种因果意识，无论是前现代的解释技艺学即解经学，还是现代意义的解释学哲学，总是坚执着"原本中心论"信念。在现象学田野中生长出来的伽德默尔解释学对当下解释者之视域的确认虽然是个进步，但如果因循德国观念论的思想积习，仍然把解释者仅仅视为传统自身发展的中介，并将传统理解为预先包含了一切由潜在因素到现实环节的无限整体，那就依然逃不出"圣作贤述""经本圆满""经本传译"的叙事套路。在这个套路中，"权威性来自作者性"的论断只属于传统开端的神圣人格或源头经典，后世的解释者即使再伟大，也不过是个钩沉索引、发挥余意的"述者"，一个来自源头的伟大声音的播放器。

关于开端的神圣性与源头经典的至上性的假定，与真实传统的历史是有出入的。前文对源头经典创始期的论述业已表明，经典传统或传统经典在其出世过程就离不开圣人的众多弟子门人，他们是记诵者、解释者和传承者。这些述者如果强大，则作为传统开端的源头经典便获得强大的气场，反之，缺少强有力的述者后承，一个可能的传统会像没有合适继承人的家族企业一样迅速夭折，或者如孟子说的那样，"君子之泽，五世而斩"。不仅如此，流传千百年的传统在漫长发展过程中总会遇到内部危机和外来挑战，一些治乱解困、持危扶颠的大述者会应运而生，他们因担负起传统中兴的重任而赢得与传统最初创始者近似的卡里斯玛，清初学者李赞元对此有一段精彩的议论："顾统之著也，必有圣人开其先；统之传也，必有贤人承其后；而其衰也，亦必有命世之哲为之正其源而障其流，然后圣学一脉不至断绝于天下。"[①]一座合乎规格的孔庙，除主祀孔子外，还按四个等级分祀四配、十二哲、七十九先贤

[①] 参见熊赐履等：《学统》，《李赞元后序》，凤凰出版社，2011年版，第652页。

和七十七先儒。①这是从2400多年历史中精选出的庞大儒家圣贤群体，其中"四配"中的子思、孟子，"十二哲"里叨陪末座的朱熹，"七十九先贤"中的左丘明、周敦颐、张载和二程，以及被归入"七十七先儒"中的董仲舒、王阳明、黄宗羲等，在早期儒家经典的圣典化塑造、推动儒家思想在国家层面的制度化和民间层面的礼俗化、应时调整儒家思想范式等方面，都发挥着极为重要的影响。没有这些强大的后承，儒家思想不可能成为超越"易姓改号"、朝代循环、维持十数朝代而不坠的"道统"，不可能成为传统中国人的"天下"象征。

对述者地位的彰显旨在表明，传统不是某个先行包含了所有预成因子的源头的程序性展开，它需要不断塑造建构——它的源头离不开塑造，它的持存依然离不开建构。事实上，许多传统创始者的神圣化和源头经典的圣典化都是后来多少代述者以"后来居上"的方式逐步叠加起来的，传统就是一代代作者的持续制作。一旦揭示出述者应有的"作者"身份，我们会发现，传统不仅是个"本质主义"的描述对象，也是个"建构主义"的描述对象。因而，除了长久以来处于支配地位的"历时性因果观"之外，人们还可以从一种的"逆时性因果观"的角度来看待传统。这个因果观强调，一个源头经典是否足够厚重，取决于其后世解释者是否具有足够强大的思想力量；一个传统的开端是否足够神圣，取决于其后世推展者是否能够不断增益它的卡里斯玛或"光晕"（auro）。这样的因果观会导向一种"述者决定论"或"后世决定论"。

"历时性因果观"与"逆时性因果观"，在解释传统上犹如"回归源头的重复"与"前行的重复"一样，是双焦焦点的，它有利于平衡那种单向度的"源头崇拜"带来的理解误差。

在国内外现有的历史哲学或解释学文献中很难找到"后世决定论"

---

① 有些地方只列出七十五人，有趣的是，这种孔庙大都是太高理学，贬抑汉学和心学的，因此董仲舒、陆九渊、王阳明的排位都很低。

或"逆时性因果观"的命名，但它们其实是司空见惯的历史现象。中国素有"后朝修前朝史"的惯例，每个前朝赖以垂鉴后世的治乱兴亡评价都是后人做出的，换句话说，它的效果史依赖于后人的书写。再来看18世纪末叶美国的开国政治领袖，论军事才干其人与同时代稍晚的拿破仑相比远为不及，论私德其人亦有诸如蓄奴等严重问题，但由于他参与草创的国家经数代后人几百年的调整改进，称雄于世，致使其作为国家之父的形象日益光大起来，这亦可算"后朝修前朝史"的另一明证。当然，最具有说服力的例证应该是古希腊哲学的"来世"（after-life）问题。数年前，一位美籍希腊裔学者向笔者赠送他的新作"History of Hellenist Philosophy"（希腊哲学史）并解释说，他特意选择 Hellenist 指示"希腊"，而不用数百年来西方人通用的 Greek 一词来指示"希腊"，是为凸显一个事实：近千年来的希腊哲学史主要是由西方学者书写的、塑造的，许多东西完全偏离了对古希腊先哲的本来旨趣，为此他要正本清源，从希腊本土后人的视角重写这个思想史。笔者虽当时嘉许他这种去西方中心化的志向，但后来想到，古希腊的本土后人是否一定能把握古希腊哲学的真谛？这本身就是个需要证明的事情。不仅如此，现实历史恰恰表明，正是那些非希腊的西方述者才将古希腊哲学转化为现代性知识的思想源头，转化为超越本土性的知识，这个现象对于我们理解国学与所谓汉学的关系，也不无借鉴意义。

第四章 传统与知识权力

第一节 "前行的重复"：传统在义理解释中陷入自我疏异化

上章讨论的"原本中心论"的"传统"是以所谓"回归的重复"为第一要旨的。这种传统将记诵视为高保真的群体心灵复制方式。但问题在于，虽然"时间"是"使传统成为传统"的第一直观形式，它也是"使传统丧失其原本性"的重要原因。霍布斯鲍姆指出，没有什么传统能够在漫长的时间之流中实现原封不动的流传。事实上，任何传统在时间中的持存，同时是与假定的源头渐行渐远的自身疏异化过程，因此"原封不动的流传"无异于"圆的方"一样的悖论。"持存"一语出自德里达，他在讨论原本译本关系时借助生命隐喻指出，译本是原本生命的"持续生存"（living on），表达"持续存在"的时间介词"on"并不是意味着对原本生命的简单重复，而是对它的增补（supplement），它是生存（living）—死亡（dying）—复生（revenant）—幸存（survival）的相互缠绕，[①] 这缠绕近似于庄子所说"方生方死，方死方生，方可方不可，方不可方可"，也就是笔者所说的"自身疏异化"。正是在这里，"义理解释"显示出重要的解释学关注价值：它的宗旨是回归源头和保持传统，但即使是源头都难以逃脱"方生方死，方死方生"命运，传统在历代解释中也难以逃脱自身疏异化。对此，我们可以从"义理解释"的自

[①] 参见德里达文章，"LIVING ON: border lines"，载哈罗德·布鲁姆、保罗·德·曼、德里达等人文集，Deconstruction and Criticism，Routledge and Kegan Paul Ltd, 1979, 第108页。"持存"不是简单的原本生命的重复，它是"生"的增补，生落入死亡，又从死亡归来（revenant）。

身殊异化角度加以说明。

1. 源头经典问世之初便出现自身疏异化:"阿难不能矫正比丘"

源头经典是义理解释的回归对象,如果该对象自身不确定,是"方生方死,方死方生"的,那么"回归源头的重复"便难以逃脱"重复那不可重复的东西"的谶语,而这恰恰是义理解释之历史的本相。德里达所说"幸存/死亡"的相互缠绕,在作为义理解释对象的源头经典的初创期就已显露端倪。

大多文明的源头经典很少像《道德经》那么简约,多半是卷帙浩繁。一个重要的原因在于,那些经本虽由先师圣人冠名,却往往是其弟子群体(往往是数代弟子)不断回忆编纂而成的,准确地说,源头经典往往是"集体智慧的产物",其"作者"多半是托名为某个神圣人格的群体。比如,主要由希伯来文(间或有亚兰文)书写的《旧约》各卷经文的撰写编纂从公元前1500年一直延续到约前430年。佛经则是释迦牟尼入灭后,由其弟子信徒在结集中回忆、核实和整理而成的,因而经文首句的语句定式一定是"如是我闻,一时佛在某方某国土某处树林"。[①]儒家第一经典《论语》也不例外,系由孔子弟子编纂的语录。上文提到,"记诵是源头经典从无到有的第一个语言环节",这里需要补充的是,记诵就是解释!它们像解释一样,需要对先师圣言、圣行或圣律进行选择和弃取。

由此可见,义理解释不是等待一个现成的源头经典问世之后才出现的行为,它就发生于源头经典的问世本身!正是选择性和解释性的记诵

---

① 《出三藏记集》之第一部分引述《大智度论》和《十诵论》记录佛经初次编纂的故事,其中提到,佛陀涅槃前,有比丘向佛陀身边随侍的阿难建议,询问佛陀入灭后"佛经初首作何等语"等问题。佛陀回答说,"我三阿僧祇劫(生平)所集法宝藏,是初应作是说:'如是我闻,一时佛在某方某国土某处树林。'何以故,过去未来诸佛经初亦称是语,现在诸佛临涅槃时,亦教称如是语。我今涅槃后,经初亦称'如是我闻'之语。"参见僧祐:《出三藏记集》,中华书局,1995年版,第3—4页。

才使"传统意义的传统"在诞生之初就会呈现"一源多流"的根系性传承形态,先师圣人的第一代门下弟子就可能因对圣人教诲的不同解读和义理偏好而形成不同宗派。《付法藏因缘传》记载了一个有趣的故事:"阿难游行,至一竹林,闻有比丘颂法句偈:'若人生百岁,不见水老鹤,不如生一日,而得睹见之。'阿难语比丘:'此非佛语,汝今当听我演:若人生百岁,不解生灭法,不如生一日,而得了解之。'尔时比丘即向其师说阿难语,师告之曰:'阿难老朽,言多错谬,不可信矣。汝今但当如前而诵。'"① 阿难是佛陀门下以"强识多闻"著称的弟子,在摩柯迦叶主持的第一次结集中,获得全体僧团成员认可"诵出"佛陀多罗经藏(即佛经),② 佛经首语"如是我闻"便是他的口头禅,故此可以说在佛经解释方面具有最高权威。但就是这样一个人,在德行圆满行将圆寂时,依然不能有效说服其他门派的比丘僧人接受他的矫正,这无疑说明,源头经典打从问世之日就难以避免各种讼解,难以避免自身疏异化。类似的情形韦伯也提到过,他说:"神圣知识皆靠口语相传,这一点自然在神圣知识的文献形式上留下永恒的印记,也是个别流派(Shakhas)的经典彼此之间会有重大出入的缘故。"③

2. 源头经典在后世义理解释中的自身疏异化:"儒分为八,皆自谓真孔"

源头经典在诞生期多有纷争性解释,但它若要作为传统的开端确立起来,离不开自身的"圣典化"塑造。韦伯指出,任何神圣知识都要经

---

① 参见元魏西域三藏吉迦夜、共昙曜译《付法藏因缘传》(卷二)。
② 同上。另参见僧祐:《出三藏记集》,中华书局,1995年版,第9页和第12页。
③ 马克斯·韦伯:《宗教社会学·宗教与社会》,康乐、简惠美译,广西师范大学出版社,2011年版,第87—88页。该书日本译者在注释中就Shakhas一词解释说:"婆罗门阶层的'流派'亦有'学派'的意思,吠陀原典有许多异本,人们因对不同版本的权威性看法不同而分为不同流派。"同上书,第88页注1。

历"文献形式的圣典化"。所谓圣典化是说，举凡犹太教、婆罗门教、基督教以及佛教的源头文献，"都在最初某一时期受到先知卡里斯玛的护佑"，换句话说，这些文献的"作者"都被赋予神圣人格，从而使他们的作品成为天言、道言或圣言。一般来说，宗教源头经典的"圣典化"塑造不难理解，因为宗教文本自身就是以神圣化作为基本叙事逻辑的。①相形之下，韦伯认为，"儒家经典从未被宗教性地神圣化"，这个判断有一定道理，因为儒家早期思想的叙事逻辑确实在整体上是非宗教的，《大学》"三纲八目"阐述的君子修德之学和圣王治政之道，其推论逻辑高度世俗。不过也应看到，儒家学说其实在问世之初也不缺少圣典化塑造，不缺少对孔子"圣人人格"的建构。孔子在世时，他视若义子的门生颜回感叹说："仰之弥高，钻之弥坚，瞻之在前，忽焉在后，夫子循循然善诱人。"孔子刚过世，高足子贡就为他辩护说："夫子之不可及也，犹天之不可阶而升也。"② 在孔子去世不足一个世纪，思孟学派经典《中庸》将这种人格建构推向高潮："仲尼祖述尧舜，宪章文武，上律天时，下袭水土，辟如天地之无不持载，无不覆帱，辟如四时之错行，如日月之代明。"正是"圣典化—神圣化"塑造，使作为传统源头的经典显出横空出世、圣言天授的法相，它们"成经"了，而"经"的确立就是传统的开始，传统的延续依赖于后人对经本义理的理解和解释。

谈到义理解释，无论中外总会涉及几个古老而常新的解释学问题：源头经典是否具有先在不变、自身融贯的意义？后世的经典理解能否原封不动地把握这种意义？后世的经典解释能否准确传达这种意义？

对这些问题，虔信者与崇尚思想自主性的解释者从起点上便完全不

---

① 谈到神圣人格塑造，《新约》四个福音书是经典，其记载云，先知施洗者约翰在旷野中呼喊预告耶稣的出场："预备主的道，修直主的路！"但约翰尚其实还不是第一预告者，按福音书的说法，他的预告行为早在数百年前的《旧约·以赛亚书》就被先行预告了。这个"双重预告"大大强化了耶稣出场的神圣色彩。

② 分别参见《论语》"子罕"与"子张"两章。

同。虔信者对源头经典向来怀有"经本完满、因信得解"的信念。"经本完满"是说，源头经典是放之四海、垂之百世的万用药箱，备有诊疗任何时代疾患的良方，或者，即便这世上还有别的有益思想或理论，也都可以在这里找到它们的根苗或升级版表述；"因信得解"是说，源头经典不可置疑，它的每个语句、语句和语句之间、直到文本的整体都是意义圆融的。万一遇到文理欠通或歧义多解的语句，虔信者便相信那一定是自己理解不够深刻，没有透过字面意义捕捉到它的深层意义。

需要说明，"经本完满、因信得解"是西方中世纪《圣经》解释学的硬核观念，当时的教父神学家们据此发展出诸如"《圣经》自足"和"信心类推"等多条解释原则。佛教中对"信"的强调也不遑多让。南北朝时期传入中国的《大智度论》将"信"视为参证佛法的第一要理："问曰：诸佛经何以故初称如是语？答曰：佛法大海，信为能入，智为能度。如是者，即是信也。若人心中有信清净，是人能入佛法；若无信，是人不能入佛法。不信者言是事不如是，信者言是事如是。"唐代窥基和尚就此进一步引申说："'如是我闻'生信也，信受奉行生智也。信为能入，智为能度。信为入法之所基，智为究竟之玄术。信则所言之理顺，顺则师资之道成。由信故所说之法皆可顺从，由顺故说听二徒师资建立。"①

"不信者言是事不如是，信者言是事如是"，是说只有"信者"才能如其所是地谈论某事。这不仅是在谈论叙事伦理，也是在描述"以信为基"的义理解释取向：它要求解读者在任何条件下、将任何被称为"经"的语句群落解读为一个融贯整体，并赋予这种融贯性以理论的"在先性"。这是长期以来传统人文科学面对经典时的惯常态度，也是"传统意义的传统"维持千年赖以不坠的法宝。如果今日要真正恢复"传统意义的传统"，缺少这种"以信为基"的态度是不行的。

---

① 参见窥基《阿弥陀经通赞疏序》。

不过，即使秉持"以信为基"的信念，传统仍然难逃自身疏异化命运。一部中国思想史表明，儒家传统在两千多年中"易世而必变"，先后出现了汉代经学、宋明理学、阳明心学或清代朴学等变体。其实早在战国末年，韩非子就已指出"儒分为八"现象："世之显学，儒、墨也。儒之所至，孔丘也。墨之所至，墨翟也。自孔子之死也，有子张之儒，有子思之儒，有颜氏之儒，有孟氏之儒，有漆雕氏之儒，有仲良氏之儒，有孙氏之儒，有乐正氏之儒。自墨子之死也，有相里氏之墨，有相夫氏之墨，有邓陵氏之墨。故孔、墨之后，儒分为八，墨离为三，取舍相反不同，而皆自谓真孔、墨，孔、墨不可复生，将谁使定世之学乎？"①——"取舍相反不同，而皆自谓真孔、墨"，这确是对源头经典自身疏异化的精辟概括。不仅儒家墨家思想，佛教自汉明帝传入中国，随后便有"佛教八宗"或"十宗"说法。禅宗在唐初问世不久，很快形成"五家七宗"格局。欧洲基督教也叠经罗马天主教与东正教分裂，天主教与新教诸派分裂等等。这种分裂固有多种政治因素，但义理解释的差异是重要的内部原因。

第二节　自然语言的义理解释导致自我疏异化：
"一落言诠，便失真谛"

传统的"持存"依赖于解释，解释则离不开对自然语言的使用。而这种对自然语言的依赖性或者说"栖身性"，自然语言有个与生俱来的特性，即"一落言筌，便失真谛"，正因为此，任何义理解释都难于达到"原本中心论"所期许的高保真程度，任何源头经典在后人的即便是十分虔诚的解释中也难逃自身疏异化。

以解释行为来看，任一诉诸自然语言的解释，如果不是对文本对象

---

① 《韩非子·显学》。

的单纯重复（如"记诵"），通常只会有两种形态：一是语句水平的解释，即针对原语句 A，施加解释语句 B、C 等等。这些解释语句虽被认为是对原语句意义（meaning）的复述，但已经是语词形态的改写（rewording）；二是著作水平的解释，即针对原著作 A，施加解释著作 B、C 等等，这些解释著作虽被认为是对原著意义（meaning）的复述，也已经是对原著语词构成方式的改写（rewriting）。简而言之，诉诸自然语言的解释虽是对某个意义的复述，但却至少是语词形态的改写。那么语词形态的改写难道不会影响到意义复述的保真性吗？

　　需要指出，古希腊哲学开启的理性传统怀有一种对"唯一真语言"的期待。这种语言是逻辑的概念构成物，被假定可在不同自然语言（如汉语、英语、德语等）陈述中保持同一。但现实是，自然语言形态的改变，不可能对其负载的意义真值毫无影响。美国翻译理论家奈达列举过一个翻译实验：某挪威编辑撰写了一段千字篇幅的优美散文，找人将其译为瑞典文，接下来再依次从瑞典文译为德文、法文、英文等，每道翻译都由名家捉笔，最后在第七道将它译回挪威文时，发现这译本与最初原本几乎毫无共同之处。[①] 这个实验揭示了自然语言文本之间意义转换的神奇现象：虽然文本 A ≈ 文本 B ≈ 文本 C ≈ 文本 D……≈ 文本 N，但本文 A ≠ 文本 N！通俗些说，尽管自然语言的文本意义在一次性转换中可以呈现高度的同一性，但在多次转换中，文本与文本之间的意义却可能呈现非同一性，甚至是高度的不相似性——每次文本转换都是"差异的播撒"，多次文本转换可以原本微小的意义差异累积成巨大的差异。

　　文本意义在自然语言转换过程中不断"播撒"的事实表明，奠基于某种自然语言的"自然文本"本身就不具备成为后世追溯的"源头"或"原本"的神圣地位。这里至少可以举出两方面理由：

---

① 参见 E.Nida, Toward A Science of Translation, J. Brill Press, Leiden, Netherlands, 1964, P1.

1. 原始文本和作者的不确定性问题

任何文明源头的文本（如《圣经》《佛经》和《论语》等）都要求后人准确把握其神圣"原义"，但这些文本的形成过程和作者状况大都是传说附会多于精确记载，它们多是数代文士集体写作的产物。一些大名鼎鼎的作者如摩西、佛陀、孔子更像是包括伪托作者在内的"集体作者"的名称。19世纪德国著名思想史家策勒在《古希腊哲学史》第三卷对亚里士多德作品进行了精细考证，结论是大多冠以"亚里士多德"之名的著作实系后人伪托之作。由于原始文本和作者难以确定，后人便很难从所谓"作者意图"来断言"文本的自在含义"；由于一些经典经过数代人乃至数百年的改写编纂，后人也很难对"原始作者"与"原始阐释者"做出区分，更难据此划分出哪些是"凝固于文本，他人包括作者也无权改动"的"文本的自在含义"。事实上，大多文明经典的"自在含义"往往是通过"判经"或"判教"的阐释政治活动来实现的。那种认识论意义的"文本自在含义"假定固然是经典考据的动力，但其结论往往是或然性的。

2. "内在逻格斯"转化为"外在逻格斯"的"栖身性/间距性"问题

传统哲学多关注"逻格斯"话题，逻格斯是抽象概念、真理或尺度，中文多译为"道"。长期以来哲学家相信，逻格斯是超越于或不依赖于任何自然语言和特定文本的"真言"，但阐释学哲学打破了这个"形而上学迷梦"。由于人文学领域的逻格斯不可避免地要栖身于特定时代里诉诸特定自然语言的特定文本，因此人们对文本的阐释就很难达到逻辑重言式中要求的"A=A"的地步。简言之，逻格斯对自然语言的"栖身性"同时意味着逻格斯与其具体表达之间"间距性"。[①] 从文本发生学

[①] 利科：《诠释学与人文科学》，孔明安等译，中国人民大学出版社2012年版。其中第四章"间距的诠释学功能"探讨了"话语的语言实现"等多种形态的"间距"。

来看，假定任何以真理为指向的概念和思想、任何作者的本真意图都属于斯多葛派所说的"内在逻格斯"，那么其表达必然要借助诉诸特定自然语言的特定文本，这种言语构成物就是所谓"外部的逻格斯"或"说出的逻格斯"；①同理，从阐释的观点看，任何阐释语句虽然以对对象语句的逻格斯的"重复"（repetition）为宗旨，但阐释语句绝不是对对象语句的严格"复制"，而只能是一种语词层面的"改写"（re-writing 或 re-wording）。改写提示着"对象文本的逻格斯"与"阐释文本的逻格斯"的"间距"。

"栖身性"和"间距性"构成了阐释学最本质的语言问题。中国古人常说"言不尽意"或"言近旨远"，大意就是指"言"与"意"的某种"间距"。假定"说出的逻格斯"是某种古代语言，那么对"文本含义"的理解必然存在所谓"以今翻古"的阐释问题；假定"说出的逻格斯"是某种外语，就必然存在着"以外翻内"的阐释问题。而中外全部翻译史表明，无论翻译者具有怎样虔诚的伦理态度和如何高超的阐释技艺，"译本"永远不能等同于"原本"。概念与自然语言的"间距"与"栖身性"展现了以自然语言为生的全部人文学（包括文史哲）所面临的生存论"实事"。

以上事例展示了传统在解释中持存的复杂性。18世纪的克莱登尼乌斯早就指出，真正的阐释研究往往是在阐释遇到"障碍"、在阅读遇到"难懂"之处的时候才发生的。②如果日常生活的一段会话或阅读面对的一段文字含义清晰，其义自见，阐释便不是大的问题。阐释之所以值得关注，套用汉语的双关表述，只是因为在多种因素的影响下，"文本的自在含义显得不那么自在"，它从"自在含义"转化为"自为含义"

---

① 关于"内在逻格斯"与"外在逻格斯"，参见让·格朗丹：《哲学解释学导论》，第一章第三节和第四节。
② 让·格朗丹：《哲学解释学导论》，何卫平译，商务印书馆，2009年版，第91—93页。克莱登尼乌斯对几种类型的"难懂"的讨论。

遇到了障碍。正是这些障碍唤起人们对"阐释"对象、阐释可能性及其技术、阐释的历史性甚至阐释的不可能性等问题进行一系列反思和追问。

总之，自然语言"易世而必变"是造成源头经典解释出现累积性延异的重要原因之一，另一原因则与语境相关。无论源头经典，还是后世的相关解释，它们都是"随境而转"的，许多论断的发生是语境性的。如面对诸位弟子"问仁""问政"时，孔子总是针对不同人给出不同解答，这些解答是高度语境主义的。除了这种小语境，孔子对"克己复礼"原则的推荐，对"吾从周"立场的标榜，显然还系于大的语境。到了董仲舒时代，这种对政治和文化秩序的关切，则体现为推重《公羊春秋》、杂以阴阳五行之说，以建构一种神权帝权父权夫权融为一体的神学政治或政治神学体系，这也是大语境的变化使然。由此可见，每代义理解释都不可避免地要将源头经典挪入新语境的产物。"视域—脱域—植入新域"，这是解释中的源头经典的基本尺寸状态。

第三节　判教：传统名义下的知识权力运作——解释学（hermeneutics）源于判教

即使确定传统不是个毫无边界的无限整体，前文提到的"忒修斯之舟"或"丸之走盘"式的问题仍旧没有解决：在时间之流中陷入自身疏异化的传统如何保持其同一性呢？对源头经典的义理解释如何能保证自己不是"丸已出盘"的溢出性解释呢？这在经典传统的发展中固然是个义理知识学问题，但更多的是义理政治学问题。这里所谓"义理知识学"，是指中国古代以训诂学（包括音韵学和文字学）为代表的"小学"，或西方中世纪作为《圣经》研究辅助学科的"解经学"（exegesis），包括语文学、逻辑学、修辞学等。这些学科的使命是为源头经典的义理解释提供技术支持，但由于经典文本自身就充满寓意性、多义性、咒语符箓神秘性乃至自相矛盾性，不少原本在流传中书缺简脱、章残句断，再加上不同派别解释者的理论偏好不同，所处语境各异，因此要想单纯通过提高解释技艺和丰富相关知识来找到拨乱反正、正源障流的"正解"，找到甄别有效解释与越界解释的尺度标准，是很不容易的。因此，判教作为一种知识政治的权力运作就显得尤为重要。西方近现代解释学（hermeneutics）的传统就发源于一次重大的"判教"事件。

韦伯在分析早期基督教时指出："教团一旦形成，即感觉有必要将自己与其他对立的、异端的教说区分开来，并保持传道的优势地位，这些要求使得教说的区分（判教）格外重要。此外，判教的重要性当然也受到相当程度的、非宗教性动机的强化。"[①] 接下来，韦伯对犹太教和印度教中判教案例进行了深入考察，在他的论述中，有两点需要特别关注：其一，判教是神圣知识共同体的知识权力运作，它通过建立正道与异端的区分标准，或者直接作出正道或异端的仲裁，来保证传统的延续；其二，作为知识权力运作的判教有强弱两种方式：弱方式是指，神圣知识群体在内部以诸解释相互竞争的方式来判教，最终以赢得较高声誉的学术大师及其作品作为正道或异端的判准；强方式则是指，神圣知识共同体借助体制赋予的权力，甚至借助外部政治权力，强行做出正道或异端的裁决。

值得指出的是，西方近现代解释学基本不研究"判教"，但判教对近现代解释学却具有异乎寻常的关注价值，因为如今人们耳熟能详的"解释学"（即Hermeneutics）最初便产生于16世纪中叶天主教教廷的一次重大判教事件，正是在那次判教中，如今普遍译为"传统"一词的tradition也第一次隆重登场，不过在当时的语境下，它的准确名称应该译为"圣传"。[②]

[①] 参见马克斯·韦伯：《宗教社会学·宗教与社会》，康乐、简惠美译，广西师范大学出版社，2011年版，第92页。

[②] 洪汉鼎先生在对伽德默尔《真理与方法》的翻译中（见该书中译本，上海译文出版社，1999年版，第226—227页），将宗教改革论争中的tradition一概译为"传统"，而这个词在宗教语境中的准确含义应该是"圣传"。

1860年，青年狄尔泰曾递交一份关于施莱尔马赫解释学的有奖征文《与早期新教解释学有关的施莱尔马赫解释学体系》，①该文在解释学史上的划时代意义在于，它第一次对近代解释学史做出了系统描述。整整一个世纪以后的1960年，伽德默尔的《真理与方法》出版，该书第二部分对早期解释学史的叙述在相当程度上采用了狄尔泰叙事的框架结构。狄尔泰在文章指出，"作为一门学科的解释学"发源于马丁·路德新教对天主教提出的挑战：在整整500年前的1517年，马丁·路德针对天主教廷敛钱腐化、迫害异端、遏制思想、垄断《圣经》教义解释权，提出了"因信称义"的主张，强调任何人只要笃信上帝，都能直接领受《圣经》宣示的神的永久正义，虔信者与作为《圣经》经义来源的圣灵之间，根本不需要天主教廷这一庞大媒介，不需要教皇的权威训示、历次教廷议会的仲裁决议以及历代圣徒先哲对《圣经》真义的传承教导——此即所谓"圣传"。马丁·路德提出，信仰平等，"唯靠《圣经》"，与此同时，他亲自动手将拉丁文《圣经》译为德文，挑战天主教廷对《圣经》的自然语言垄断。②

马丁·路德的宗教改革运动使天主教面临前所未有的挑战，也在天主教内部唤起了改革呼声。为回应新教的"唯靠《圣经》"主张，为统一天主教内部的纷争并推动教会自我改革，罗马教廷于1545年、1551年和1563年在意大利北部的特伦特城（又译为"天特城"）举行了三轮大公会议（the Council of Trent），史称"特伦特会议"。会议的规格之高史无前例，在18年间的25次廷议中，共有4位教皇使节、3位宗主教、25位大主教、129位主教、7位修道院院长、7位天主教特别团体的领袖、10位检察官以及欧洲一些天主教国家的大使参加会议，并

---

① 狄尔泰的文章英译："Schleiermacher's Hermeneutical System in Relation to Earlier Protestant Hermeneutics"，收录在狄尔泰英文选集第四卷 Hermeneutics and Study of History（Princeton University Press，1996年），英译者是 R. A. Makkreel。那里对新教与天主教关于"圣传"（tradition）的争论进行系统的叙述。

② 在马丁·路德将拉丁文《圣经》译为德文以前，已经有人将其译为英文。

签署通过多项谕令，其重要决议包括：宣布马丁·路德"因信称义、唯靠《圣经》"主张为异端；重申罗马教会之一切传统教说（"圣传"）与《圣经》具有同等地位，圣传与经文同有灵感；所有基督徒必须承认教皇之神圣性，如果圣传与经义发生冲突由教皇裁决。①

显然，特伦特会议是基督教史上规模空前的"判教事件"，它不仅对天主教自身发展产生了深刻的影响，而且在思想史上也显示出其极为重要的价值：如果把"理性 vs. 传统"概括为18世纪启蒙运动的核心主题，那么由特伦特会议推向高潮的新教与天主教的对决，则是以宗教论战的方式完成了对200年后启蒙运动的一次预演：在这里，主张个体心灵与圣灵直接沟通的马丁·路德扮演的是反对传统（即"圣传"）的角色，而天主教神圣知识群体则力倡维护权威和传统，似乎为后来的浪漫派和历史主义开辟了先河。

再从对近现代解释学的影响来看，由于天主教神圣知识群体具有漫长的《圣经》文本研究历史，在《圣经》语言学研究、文献学研究、真经与伪经考辨研究方面具有深厚的学科积累和专家资源，②因而天主教对近现代解释学的技术和理论贡献反倒远远超过主张化繁为简、轻视解释技艺的新教思想家群体，对于这个现象，韦伯曾有细致的观察，③而

---

① 旧约《圣经》各卷经文原是希伯来文，间或还有亚兰文，写作年份从公元前1500年一直延续到前430年。大约到前285年，犹太的12支部族各派六位学者将《圣经》译为希腊文，据说这72个人每个人在各自房间中翻译，72天后交出了72套完全相同的《圣经》希腊文译本，史称"七十士译本"（Septuagint）。公元4世纪末，圣哲罗姆教父（St. Jerome）又依据《旧约》七十士译本将其译为拉丁文本，史称"武加大译本"（Vulgate，意为"通俗译本"）。这个本子后来成为《旧约》英文本和中文本的钦定原本。

② 《圣经》在漫长的形成时间中，出现了抄本错误、伪经窜入等多因素袭扰，出现了真义遮蔽、信众无"正典目录"可循的局面。为改变这种状况，从教父时期不少神学家就认为，要去伪存真勘定正经，不仅需要信仰之光的照耀，还需要专业学者凭借宏博的解经学和语文学技艺。

③ 参见马克斯·韦伯：《宗教社会学·宗教与社会》，康乐、简惠美译，广西师范大学出版社，2011年版，第95—96页。

历代解释学史家对此则很少留意。

特伦特会议是欧洲天主教神权体制运用其知识政治权力维护"传统同一性"的著名判教案例，它不仅判定哪些解释是符合源头经典的，而且明确约定了判别正经和异端的机制程序，有了这种知识政治权力的维护，传统又可以在共同的名义下延续下去。

值得一提的是，韦伯在讨论基督教判教时，不无突兀地说道，"亚洲的宗教实际上并没有以教义来判教的"，[①] 从其后文论述来看，他显然对亚洲尤其是中国的判教史缺乏。我国学者潘桂明先生在其多卷本《中国佛教思想史稿》的《汉魏两晋南北朝卷》中，专辟一节系统叙述了从印度佛教早期的部派之争到佛教传入中国后的主要判教史。他指出："判教，或名教相判释，通常指判别或判定佛所说各类经典的意义和地位。佛教学者认为，释迦一生所说经教甚多，但因时期、地点、因缘、对象有别，在说教的形式、方法、顺序、内容等方面未免有所差异，因此有必要对全部佛典及其教义作出系统整理、判释。通过判教，证明全部经典不仅没有矛盾，而且是相互补充的；佛典及其教义的矛盾现象，出自佛在不同情况下对不同听众的方便说教。但是，既然有深浅、大小、权实、偏圆等具体判释，就必然在佛教内部造成对各类经典和教义事实上的抑扬褒贬，所以它的本质往往反映为教派之争。通过判教，各种派别竞相根据自己的观点和方法，对佛典进行于己有利的估价和安排。"接下来，作者回顾说，印度佛教早期部派分裂时期的论争重点是"谁是佛教正统"；此后大乘佛教则出现"佛说"与"非佛说"的论辩；公元6世纪，印度大乘瑜伽行派大师戒贤依《解深密经》建立了"三时判教"，即佛陀时期佛教可分为三期：小乘《阿含》时；大乘《般若》时；《解深密经》时。到中国，南北朝前后由于译入佛经品繁多芜杂，再加上儒

[①] 参见马克斯·韦伯：《宗教社会学·宗教与社会》，康乐、简惠美译，广西师范大学出版社，2011年版，第94页。

家、玄学思想以翻译和伪经的方式浸染窜入，佛教内部迫切需要建立判教体系正本清源、梳理经典、廓清派类。南北朝刘宋时代高僧慧观创立"二教五时说"，将佛教经典统分为"顿教/渐教"，并将渐教发展分为五个时期。此后，南朝末期到隋朝初年的天台宗创始人智顗大师提出"南三北七"的十家判教，指出它们的共同点是"通用三种教相：一顿、二渐、三不定"，这个思想产生了很大影响。到唐代，判教成为著名佛教学者论经中的一项重要内容，可以说，没有"关于经义的判教"，中国南北朝到唐代的佛教不可能呈现繁荣气象。①

除佛教外，儒家传统也不乏判教事例。后汉章帝四年（79年），皇帝亲自召集数十位大夫、博士、议郎、诸生在皇宫大内的白虎观集会，"讲议'五经'同异"，仲裁今文经学与古文经学的高下，将汉光武帝钦定的谶纬之学与儒学贯通起来，并在阴阳五行学说基础上对自然社会现象以及人伦规范做出系统解释和规定。会后汉章帝亲自裁决经义奏议，并由著名史学家班固将辩论结果结撰成书，这就是《白虎通义》。此后千百年，每遇盛朝都会有类似的儒家经典义理的判教整理活动，分其宗旨，别其源流，以定正统。尤其宋代理学之后，整理学案、梳理谱系、明定正邪的著述日益增多，到明清之际，正统道统观念在理学一系知识分子那里成为支配观念。孙奇逢编著《理学宗传》强调要"辨圣学，分正统"，指出"学之有宗，犹国之有统，家之有系也。系之宗有大有小，国之统有正有闰，学之宗有天有心。今欲稽国之运数，当必分正统焉"。②在此背景下，清代康熙年间名臣大儒熊赐履花费10年时间亲撰《学统》五十六卷，将先秦以来儒家各派、诸子思想、道家释教等分别分为正统、翼统、附统、杂统和异统。该分类以"正统"开始，以"异统"结尾，

---

① 参见潘桂明《中国佛教思想史稿·汉魏两晋南北朝卷（下）》（江苏人民出版社，2009年版），第三章，第六节"判教思潮的兴起"，第533—545页。
② 参见熊赐履等：《学统》，凤凰出版社，2011年版，总序。

鲜明贯穿了熊赐履崇奉理学、疏远心学、鄙薄道释的理论线索。列入正统的 9 个人，从先秦的孔子、颜渊、曾参、子思和孟子，直接跳跃到宋代的周敦颐、二程和朱熹，中间跨度整整 1300 年，而像荀子以及陆九渊和王阳明，则被归入远离正统的杂统系列，老子、庄子和道家佛教，则被干脆归入最后的异统一类。

综上可知，判教是维护经典传统或传统经典延续的知识权力运作，传统如同大树，生长繁荣则会枝蔓芜杂，因而需要疏枝调理，判教就担负着这样的功能。正常的判教属于知识共同体内部的学术运作，在传统发展中属于常态，甚至每一本有影响力的相关思想史著作都具有判教意义。但在一些特殊时期，判教或许是借助外部政治权力强行实施的，这种情况也并不少见。

第五章　传统与空间：特殊主义 vs. 普遍主义

传统首先是个时间语词，但其在"特定地域"中发生和存续的事实使它同时依赖于空间。而空间性赋予传统问题讨论一些新的重要向度，在此有必要逐次追问展开。

第一节　引言：传统问题触发的"空间转向"问题

前文提到，传统是个依赖定语为生的语词，因而从内容来看有"建筑传统""儒家传统"的说法，从时间来看有"汉代儒学""宋代儒学""古代思想史""现代哲学"的命名，而同样的，在空间意义上，人们也常使用诸如"嵊州越剧传统""西方哲学传统""中国文化传统""俄罗斯东正教传统"等说法。在包括我国在内的后发国家中，人们对传统的地域性定语日益充满迷恋：近 20 年前一位老人说"21 世纪是中国文化的世纪"，笔者去俄罗斯访问也多次听到"反对希腊—西欧文化霸权"的说法。其实早在 200 年前的俄罗斯诗人恰达耶夫和近百年前的俄罗斯流亡思想家别尔嘉耶夫的论著中，读者就会频频读到"西方如何如何，东方如何如何"的断语，当然还有俄罗斯要走一条"既非东方也非西方"的"欧亚主义"道路云云。[1]

不仅如此，在当今的后现代思想语境中，"全球化"与"本土化"的关系问题日益渗透到诸如"中心 / 边缘""现代 / 传统""齐一 / 差异"等各个论域，去除"中心论的空间""追求差异性空间"等被提

---

[1] 参见恰达耶夫：《箴言集》，刘文飞译，云南人民出版社，1999 年版；尼古拉·别尔嘉耶夫：《俄罗斯的命运》，汪剑钊译，译林出版社，2014 年版；尼古拉·别尔嘉耶夫：《俄罗斯思想》，雷永生、邱守娟译，三联书店，2004 年版。

升到"空间正义"问题的高度。20世纪下半叶以来,法国学者列斐伏尔、美国学者大卫·哈维、美国学者爱德华·W.苏贾都从"空间"视角对资本主义全球体系、资本主义城市空间生产逻辑等进行了全方位批判。哈维为此将马恩的"历史唯物主义"改写为"历史地理唯物主义"(historical-geographical materialism),指出它的使命是要揭示出资本积累、空间生产和地理景观三者之间的逻辑。苏贾在2010年发表的《寻求空间正义》[①]一书指出,"空间正义"研究的宗旨是超越地理学、建筑学、城市和社区规划等具体学科领域,对当下空间分配逻辑中展现出来的"空间非正义"进行批判,并将这种从"空间范式"对资本主义生产体系展开的批判概括"空间转向"。他从西方思想史的角度评论说:"至少在西方社会思想中,时间与历史几乎在任何知识生产领域、学术理论建构和公众意识中都占据优先地位。……现在,空间转向逆转了历史想象优于空间想象的局面。……这就意味着将以往的顺序倒置,将空间放在了首要推论和阐释的焦点,正如要将正义、发展、政治和规划这样的概念空间化一样。"基于这种认识,苏贾强调指出,"从本土、城市到区域,从国家到全球,一种新的空间意识正在进入公共议题如社会核心问题中来——包括人的权利,社会融合、排斥、公民权利、民主、贫困、种族主义、经济增长和环境政策。……特别是,空间转向结束了空间思维从属于历史思维的时代,而走向了空间思维与历史思维平衡和相互影响的时代"。[②]义批判的范畴。

在对传统的追问中,"空间转向"将凸显出传统的单数形式与复数形式、某个传统的内部与外部、传统特殊主义与全球普遍主义等多个问题领域,对于这些问题,人类学、政治学和经济学构成了不同的观察空间。

[①] 参见爱德华·W.苏贾:《寻求空间正义》,高春花、强乃社译,社会科学文献出版社,2016年版。

[②] 以上引文分别参见上书,第15页、第13—14页。

现在要问，传统的地域性定语究竟蕴含着什么意思？地域性定语的滥觞基于怎样的历史观？强化传统的地域有效性会衍生出哪些理论实践后果？这是我们在使用诸如"东方/西方"这些语词时不得不察的事情。

第二节　空间如何成为与"传统"有关的课题：
　　　　从伽德默尔回到卡西尔

人在传统中，但传统对个体的意义依观察者的视角而显得不同，这就像在格式塔实验中，一个图案从 A 视角看是兔子，从 B 视角看是鸭子。下面提到的理性哲学、人类学或政治神学就是三个不同的视角，对这些视角的分析或有助于呈现传统的空间性所蕴含的一系列话题。

伽德默尔的哲学解释学对"流传物"即"时间性的传统"的解读已被视为经典，但值得注意的是，他尽管围绕传统提出了"时间间距""视域融合"或"效果历史"等重大主题，却很少谈论空间中的传统或传统的空间性，即使从语词类比联想来说，他在推出"时间间距"的说法时，也应想到"空间间距"这类话题，这确实有些费解。当然，从逻辑上说，解释学不能与空间无缘，因为对生活世界之时间的谈论是离不开空间维度的。正是在这一点上，苏贾的"空间转向"或许为我们重新审视伽德默尔解释学提供了新的角度："我们是时间的，但我们也是空间的。……人类生活从根本上说是空间的、暂时性的以及社会化的，是共时性和交互性的真实与想象。"[1] 有意思的是，中文的"时间"一词中的"间"字，准确地体现出"时间/空间"二者不可分割的意思。"间"即使再微小也是时间之流的中断，唯有这个中断才能让时间从本体论意义的浑然绵延之流，转化为具有度量功能、服务于记忆的刻度系统，从而有生活之

---

[1] 参见爱德华·W. 苏贾：《寻求空间正义》，高春花、强乃社译，社会科学文献出版社，2016年版，第14页和第16页。

用、群体之用、社会机制之用。也正是从"间"的意义看,伽德默尔的"视域"(horizon)概念本来应该具有空间意涵,"视域融合"本来应该是过去世界构成物的"空间"与现代解释者的"空间"的汇合。但是,伽德默尔并没有过于关注"视域"的空间蕴含,在他的抽象谈论中,"视域"充其量是个"无地点的空间"(a space without places),不足以揭示传统在空间中的丰富特性或传统的空间性。

伽德默尔之所以忽视传统的空间性,大约源于德国观念论的一种语词使用习惯,即它们总是习惯于用单数形式来谈论事情,或者只关注单数形式的真理。譬如表达自我的 ego 或大写的 Ich 是单数,自我意识是单数,由此"传统"或"流传物"自然也就是个单数语词。单数性语词没有界限,没有外部,它很容易被假定为无限延伸的可能整体。

然而,哲学家一旦下凡到经验世界,就可能受到复数性意识的浸染。譬如伽德默尔的上一辈人恩斯特·卡西尔借用康德的"时空直观"架构,再加上他自己发明的"数的直观",[1] 展开了对象征符号世界神话结构的立体分析,认为每个神话符号世界都是特殊的。他指出,纯粹数学或几何学的空间是可以"用统一尺度度量的空间"(metric space),在那里,任何一个位置、一个方向都只有形式计量的意义,换句话说,所有的数学空间都是一样的。但"与几何学概念空间中的同质结构(homogeneity)相反,神话象征性空间的任何位置或朝向都被赋予了一种特殊的方言性叙事(is endowed with a particular accent),这个叙事总是可以径直回溯到原初那种将神圣与世俗区分开来的神话叙事。……每个有意志的行动主体所面对的实在都有其界限,这是他的感受与意志所归附的界限,因而也就是每个人的自我界限"。[2] 显然,对每个人来说,他周边的符号

---

[1] 参见 Ernst Cassirer, *The Philosophy of Symbolic Forms*, Volume 2, 第83页论"空间、时间和数"。

[2] 同上书,第85页。

世界是独特的。

显然，卡西尔谈论的象征符号空间就是那种"传统中的传统"的空间，有趣的是，他的著作英译本谈到空间位置和方位的特殊性时，用了方言口音（accent）这个词。在这个世界上，不同人群的周遭世界（Umwelt）固然有着地理环境的差异，①但更有着以"方言"为首要代表和象征的语言差异，这里所谓方言，是指包含"英语""德语""汉语"在内的一切自然语言，而人类自然语言的首要特征就是其"方言性"。方言表征的就是传统的空间，不同方言所承载的传统空间是不同的"时间异构体"，而不同"时间异构体"之间的差异就是"空间间距"。正是在这里，我们看到卡西尔的"空间"不再是伽德默尔那种"无地点的空间"，而是一种"由符号化的特殊地点支撑的空间"。

不无关联的，生平一向追求"严格科学的哲学"的胡塞尔在晚年谈到前科学（时代）的"生活世界"观念时，也对"传统"问题发生了强烈的兴趣。他在手稿《自然科学的态度与精神科学的态度》一文指出："人必然是世代相继的共同体的成员，因此必然生活于作为他们的周遭世界的每一个共同的周遭世界之中，在这周遭世界中有一种普遍的历史性在起作用。"此后，在《欧洲人的危机与哲学》一文，他进一步论述说："人首先考察民族的多样性，自己的民族和其他的民族，每个民族都具有自己的周遭世界，这个世界作为不言而喻的现实世界，对民族以及它的传统，它的诸神精灵，它的神话的潜力起作用。"②在胡塞尔语汇中，"周遭世界—世代相继—相关精神形态或历史性"，这个术语链刻画了传统的基本特征。需要强调的是，在胡塞尔看来，这些囿于周遭世界的各个传统，如中国传统、古希腊传统、巴布亚人的传统，都是在普遍科

---

① 关于这种地理环境差异，伏尔泰、黑格尔和丹纳都有相关的"地理环境决定论"论述。

② 以上两段引文参见胡塞尔：《欧洲科学的危机与超越论的现象学》，王炳文译，商务印书馆，2001年版，第365页和第387页。

学的精神出现之前,或者普遍科学时代产生之前,"对各自主观上有效的世界",而这正是笔者前文提到的那种"老传统"暨"传统意义的传统"的确切含义。这些传统持存于各自的周遭世界之内,它们之间存在着或大或小的"空间距离"。限于篇幅,这里不拟展开论述,但以上讨论足以表明,空间话题对传统的研究具有不可忽视的价值。

"空间"问题的出现会根本上突破谈论传统的单数性意识,而传统在空间中的根本要义在于:传统总是在一定地域的,但任何地域不一定只有一个传统。这个论断无疑包含对复数传统或传统的复数性含义的承诺。如果说理性哲学习惯于从单数意识来处理传统话题,那么人类学—社会学(以下简称"人类学")的话语则天然承认传统是个复数存在。因此,当哲学一旦触及人类学,如同我们在卡西尔、晚期胡塞尔那里看到的,传统的复数空间问题就出现了。不仅如此,在当代美国解释人类学家吉尔兹那里,我们看到,解释学迅速变成了解读"地域知识"(local knowledge)的有力概念工具。[①]需要说明,人类学的复数意识不仅是说,每个地区都有各自的"地域知识",而且是说,一个地区的社会学分层或工艺学分类,各有其独立的细化传统。总之,人类学不仅关注传统的细节(如"深描方法"),而且注重发掘细节领域的传统,如作为非物质文化遗产保护对象的百千类工艺传统,如少数民族尤其是濒危民族的语言传说和文字传统,再比如不同社会学层面的各类新老传统,如敬老护幼的传统、妇女优先的传统或者不同俱乐部的传统等等。

---

① 克利福德·吉尔兹:《地方性知识》,王海龙等译,中央编译出版社,2004年版。

第三节　传统的复数与单数形式：人类学视角与政治神学视角的差异

1. 传统是否具有"排他性—独占性"？

人类学—社会学视角的传统无所不在，充斥于人类生活各个层面，而所有这些传统对人类学来说，都具有同等的研究价值和保存价值，譬如对百越民族干栏式建筑传统的研究与关于巴厘岛地方律法传统的研究，对人类学家来说决没有轻重之分，而更为重要的是，所有这些人类学意义的传统都被视为是与政治无涉的，它的意思是说，无论是工艺学传统、建筑传统、音乐传统、绘画传统或俱乐部传统，它们如果有某种自己信奉的价值的话，这些价值都与其他传统的价值大体无涉，所谓"道并行而不相悖"——这些价值不具有"排他性—独占性"。

与人类学意义的传统不同，政治神学意义的传统则一定是政治性的，因为该传统以民族国家为基本叙事单位，民族国家叙事非常容易将人类学传统中的"我/他"区别转变为施密特政治学中的"敌/我"区别。因此，政治神学意义的传统高度强调其价值的"排他性—独占性"，强调"我/他"区别，强调传统是一块"文化领土"。此外，在民族国家为本位的叙事中，政治国家才有资格成为传统的书写主体。英语"民族国家"写作 nation-state，而在文化层面建构 state-nation（即"国族"）则成为现代国家，尤其是后发国家的首要文化使命。笔者曾在关于"东亚国家文化民族主义"的文章提到，韩国、越南以及一批二次大战后独立的国家在19世纪前本无自主性的政治史和大传统，它们在二战之后民族国家建构中的一个重要任务，就是不约而同地强化"自我中心化"的民族主义历史叙事，该叙事从现在起一直追溯到某个神圣开端，这是传统塑造服务于现代民族国家建构的生动实例。[①]

---

① 参见拙文《东亚国家的文化民族主义与"中华文明圈"的解构》，《战略与管理》，2012年第9、10期。

简言之，一边是人类学意义的各类传统，一边是政治神学意义的传统，这是传统在许多国家的通行格局。

2. "卡尔·施密特假定"vs."阿玛蒂亚·森假定"

政治神学把国家当作排他性—独占性传统的唯一书写者，由此引发一个问题：政治性的传统总是处于某特定国家的，但特定国家是否只应有一个政治性的传统？

对此施密特的回答是毫不含糊的：国家是这个世界的基本政治单位，其主要生存原则是"以决定性的方式"在内部保证统一，在外部赢得最大利益。这个世界因为由太多的民族国家构成，因此无可选择的是"多元主义"的，但国家的内部则不能允许旨在削弱统一性的"多元主义"，无论这种多元主义是政治的主张，还是来自不同宗教、道德、族群和文化的争论。[①] 显然，这个国家本位主义的政治神学是反对国家内部具有多个具有政治诉求的文化传统的。

一个国家只拥有一个具备政治资格的传统，这个观念还有另外一个表现形式，就是亨廷顿的"文明冲突"观念。这个理论将每个国家或超国家区域的人群硬性归属于某类主导型文明，如儒家文明、印度文明、西方文明、伊斯兰文明等等。这些文明从内部来看是"时间同构体"，但对于"他者"则是"时间异构体"——这种"异构"塑造了"我们"与"他们"的根本关系，类似于卡尔·施密特政治哲学高度强调的"敌我关系"，这是形成文明冲突的先天依据。

然而，当代著名印度裔思想家阿玛蒂亚·森在《身份与暴力》中对亨廷顿批判说，亨廷顿的论证遵循的是一种"单一归属论"，即"把任何人首先视作某个文明的成员（比如，按照亨廷顿的分类，把他们视作'西方世界''伊斯兰世界''印度世界'或者'佛教世界'的一员），

[①] 参见卡尔·施密特：《政治的概念》，刘小枫编，刘宗坤等译，上海人民出版社，2015年版，第45页、第52—53页，第64页。

这已经是把人降低为一种单一维度的动物了"。①针对这种单一归属论，森明确指出，尤其是现代世界的人是具有多重身份的，"我可以是亚洲人、印度公民、有着孟加拉历史的孟加拉人、居住在美国或英国的人、经济学家、业余哲学家、作家、梵语学者、坚信现实主义与民主的人、男人、女权主义、身为异性恋者却同时维护同性恋权利的人……"②在这个简传一样的身份叙述中，森表达的不仅是每个人可以有不同的身份归属，而且认为没有哪一种归属能够拥有压倒其他一切归属的支配地位，这同时意味着每个地域和国家也可以或应该拥有多种整全性的传统或政治性话语，这当然是罗尔斯式的自由主义观念。

3. 政治神学的两套语法：外部特殊主义 vs. 内部普遍主义

上文提到，施密特认为，当代世界因为国家众多，因此不得不是个"多元主义"存在，而国家对于内部则不允许"多元主义"，这就申明了政治神学的两套语法，即一个国家在世界上总是个特殊主义共同体，而其内部则不允许存在特殊主义——无论它是次国家文化传统还是次国家地域传统，笔者将这称为民族国家的"外部特殊主义语法"与"内部普遍主义语法"。"语法"的意旨是防范语言用法错误，对相当多的国家，尤其是后发国家来说，如果在外部语法上使用"普遍主义"，在文化传统上似乎就有失去自主性之虞，有让本国传统为外来传统"覆盖"之虞；如果在内部语法上使用"特殊主义"，又难免启迪次国家地区的政治民族主义想象，按英国民族主义理论大师盖尔纳的说法，所谓民族主义就是根据民族的文化单位要求相应独立的政治单位。③

---

① 参见阿马蒂亚·森：《身份与暴力》，李风华等译，中国人民大学出版社，2009年版，第9页，第18页，第36页等。
② 同上书，第17页。
③ 参见厄内斯特·盖尔纳：《民族与民族主义》，第一章"定义"，韩红译，中央编译出版社，2002年版，盖尔纳的原话是"民族主义首先是一条政治原则，它要求民族的单位与政治的单位应当是一致的"。

值得一提的是，作为民族国家外部语法的"特殊主义"在近年已成为人们耳熟能详的事态。然而回顾历史，在18世纪启蒙运动之后，在19世纪上半叶马克思、恩格斯《共产党宣言》问世之后，许多国家尤其是后发国家欢腾洋溢的却是一种"普遍主义"。俄罗斯19世纪上半叶恰达耶夫代表的西方派、日本明治维新后福泽谕吉代表的脱亚入欧思想、中国新文化运动时期陈独秀李大钊等代表的全面改造中国的理想，所有这些努力都追寻着一种自伏尔泰、黑格尔乃至马克思坚持的进步论、理性论和历史规律论的历史观，这也被后来的批判者概括为"单线性历史观"。这种历史观虽然今日遇到各种挑战，但在当初确实引导不少后发国家进入各自的启蒙进程。

事情的复杂性在于，现代性的理想固然诱人，但在现代性进程居于后发或边缘地位，常常会给相关群体带来痛苦屈辱的感受。正因为此，不少后发国家尽管启蒙之初多接受进步论文化观，但或迟或早倾向于传统特殊论的立场。特殊论的传统叙事包括的就是文本前面提到的那些特征：以某个神圣人格或源头经典作为开端的历史溯源意识；在一定封闭地域内单线传承的传统延续意识；在传统支配性价值识别意义上的排他性—独占性意识。正是这些意识构成了国别性传统的"向来我属性"，"溯源+排除"构成了传统原教旨主义处理传统的基本方式。

传统特殊论可追溯到18世纪下半叶赫尔德的文明有机体理论，它经由斯拉夫派、斯宾格勒、汤因比乃至当代的亨廷顿传递至今。这种信念无疑是对单线论历史观的反拨，同时它在后发国家很容易转换为一种文化政治策略，即只有特殊主义才能把以西方为摹本的普遍主义叙事降低为一个与己平行的"地缘性叙事"，甚至降低为一种低于"自主性叙事"的"他者叙事"。据此，这里没什么"先发后发""先进落后"之分，只有"本土 vs. 外来""东方 vs. 西方"的对立。一切文化或文明都是特殊的，一切传统都是等价的，等等。

当然，与政治神学的两套语法不同，从洛克时代起就有一种相反意义的两套语法,即外部的普遍主义与内部的特殊主义。如今当我们倾力拥抱传统时,需要认真思考我们需要选择怎样的内部和外部语法。

第四节 传统的建构:黑格尔和胡塞尔论选择希腊为"精神家园"

传统特殊主义在否定世界历史单线论时,一般对各国内部的传统采纳单线论叙事,即将时间上的纵向矢量刻画为"本土传统"的本质特征,认为传统之为传统,就是因为它只是从古至今单线流传的;我们之所以应该尊重传统,就是因为我对这个从祖先的祖先那里传递下来的流传物具有"向来我属性"关系。

也正是在这个意义上,那些作为"时间异构体"的"他者"传统与我们归属的传统具有影响或竞争关系。这种竞争的最好结果,是我的排他性—独占性传统应该影响乃至覆盖他者传统,最坏结果则是他者传统覆盖了我们的传统——在现代性过程中,几乎所有后发国家都具有深刻的本己传统断裂、被覆盖的群体体验和记忆,正因为此,上世纪下半叶起,去欧洲中心化,去文化殖民等主张才在全球后发国家知识群体产生极大共鸣。但在这个非反思的解放进程中,许多后发国家知识群体迫切需要以政治神学的排他性逻辑去处理一切"西方的/东方的"等地域性话题,地域性日益成为区分"我/他"、论断"是/非"乃至决定弃取的唯一标准。阿玛蒂亚·森谈到"身份认同"时提到,现代人可以自由选择自己的"身份认同",那么针对这些强调传统地域身份的群体似乎也可以问:传统是否也可以选择呢?

在回答个体能否选择传统的问题之前,笔者想引入思想史上的一个案例,这就是"后世欧洲人对古希腊精神家园的选择",这个案例的分析,有助于澄清我们这里普遍存在的关于"西方传统"的一个误解。

"西方文化"是我们最常见的语词之一,从"回归源头"意义来说，人们公认它的源头是古希腊哲学和艺术，因而批评西方中心论时，人们常会引用"言必称希腊"的说法。但学术史告诉我们，古希腊人与作为现代西方人祖先的古代日耳曼人、斯拉夫人并不在一个生活空间，如果从"空间距离"来看，今日的土耳其、伊朗以及西亚阿拉伯诸国希腊倒比日耳曼人近得多——当初古希腊世界的一部分就在今天的土耳其西部。不过，这些地理上最为邻近的人群并没有选择古希腊思想作为它们的传统源头，反倒是当时发展程度很低、距离较远的西欧人在古希腊文化消亡千年后，选择这个文化作为其传统的源头或开端。地理上近的没有选择，地理上远的做了选择，由此它们走上了两种完全不同的文明道路。

说欧洲人选择了"异域空间"的古希腊作传统源头，这不是笔者的发现。黑格尔在《哲学史讲演录》第一卷"希腊哲学"开篇提问：为什么有教养的欧洲人心中会以希腊为"精神家园"？他说："提起希腊这个名字，在有教养的欧洲人心中，尤其是我们德国人心中，自然会引起一种家园之感。欧洲人远从希腊人之外，从东方特别是从叙利亚获得他们的宗教，来世与超世间的生活。然而今生现世，科学与艺术，凡是满足我们精神生活，使精神生活有价值有光辉的东西，我们知道都是从古希腊直接或间接传来的——间接地绕道经过罗马。……我们暂且把拉丁经典让给教会，把罗马让给法学，不去谈它。那更高的、更自由的科学哲学，和我们的优美自由的艺术一样，我们知道，我们对于它的兴趣爱好都根植于希腊生活，从希腊生活中我们吸取了希腊精神。我们所以对希腊人有家园之感，乃是因为我们感到希腊人把他们的世界化作家园，这种化外在世界为家园的共同精神把希腊人和我们结合在一起。"[①]

笔者不得不大段引述这段文字，它表明了一个被世人遗忘但却非常

---

① 参见黑格尔：《哲学史讲演录：第一卷》，贺麟、王太庆译，商务印书馆，1981年版，第157—158页。

主要的史实：古希腊思想和艺术是后世西方人群体选择的产物。

一百多年以后，20世纪德国现象学大师胡塞尔在1935年维也纳文化学会发表演讲《欧洲文化危机中的欧洲人》，他说，欧洲各民族尽管历史上经常"互为仇敌"，但"它们在精神上仍有一种特殊的内在亲缘关系，这种关系贯穿所有欧洲民族，并且超越民族的差别，使我们具有一种家园意识"——这与上文黑格尔所说"家园意识"何其相似！接下来胡塞尔说，"精神的欧洲尤其诞生地……这就是纪元前7世纪和6世纪的古希腊。在古希腊国家中产生了个人对周遭世界的新式的态度，其结果就是出现了一种完全新式的精神构成物，这种精神构成物很快就成长为一种系统而完整的文化形态，希腊人称它为哲学，也就是普遍科学。……哲学和科学，是这种特殊种类的文化构成物的称号"。[①] 需要说明的是，胡塞尔在这里反复说明，"欧洲的精神家园"主要不是指地域意义的，而是说它有一种指向哲学、科学和普遍性意识的内在的隐德莱希（内在目的）。进而言之，这里依然在陈述一个事实，古希腊思想是后来欧洲人经过选择而成为精神家园的。正是这个选择，胡塞尔说，使欧洲人的精神没有"印度化"。

这里没有必要再去重复众所周知的文艺复兴时期"重新发现希腊"的史实，所有这些史实都说明，被我们一向称为"西方文化"的东西，不仅是古希腊思想向后世"自然生长"的结果，更可能是近现代西欧人自愿进行选择建构和改写的结果。其选择的理由恰恰在于，由这样的思想可以建构我们今天称之为现代性科学、现代性技术和现代性社会的种种东西。

反过来看，被称为近东中东地区的民族，尽管在地域上紧邻希腊，甚至阿拉伯人还长久保留过希腊的精神文化遗存，但由于它们没有选择

[①] 载胡塞尔：《欧洲科学的危机与超越论的现象学》，王炳文译，商务印书馆，2001年版，第373页和第375页。

古希腊的哲学、科学和艺术，后世才走上了另一条道路，一条时刻担忧在文化上被殖民的命运。

第五节　明天近，昨天远：横向传统 vs. 纵向传统

上文关于欧洲人"选择"古希腊的事情表明，今人或后人尊重一个传统，完全不必出于某种"根系性意识"或"向来我属性意识"的理由。上述关于欧洲人选择古希腊作为"精神家园"的例子已经对那种"向来我属性"的理由提出了挑战，其实相关的例子还非常多，比如佛教对于中国知识群体就不是"向来我属"的东西，是一个根源在外的传统，如今已经涵化为中国传统的一部分。不仅如此，俄罗斯在经历了苏东解体巨变后亦出现了强烈的向"本己源头传统"回溯的意识，一些学者相信，苏联引入的意识形态不是俄罗斯本土的东西，如今到了让俄罗斯本土传统重见天日的时候，而19世纪流行的斯拉夫主义和东正教哲学开始以新的形态满血复活。

所有原教旨传统意识都是排斥外来传统的，认为合法的传统只应是本土的、单线流传的，但这个看法今天受到质疑。上世纪末一些欧盟学者在讨论"我们的共同文化遗产"时问道：我们是否真的具有"共同的遗产"？因为这个具有殖民历史的共同体，除了拥有其一向标榜的希腊—西欧传统之外，还会遇到来自阿尔及利亚、土耳其、东南亚或东欧的移民文化传统。在此语境下，法国学者萨达指出，"我们每个人都拥有两种传统，一个是'纵向的'（vertical），它来自我们的祖先、我们的宗教共同体以及被大众所接受传统；另一个是'横向的'（horizontal），它是由这个时代与这个时代的人们施加给我们的。在我看来，后者更具有影响力，然而这个事实并没有体现在我们的自我反思之中，我们最经常讨论的却是'纵向的'传统。所以，在'我们是什么'与'我们认为

我们是什么'之间存在鸿沟"。① 其实，除了谈论移民文化，这种"纵向传统"与"横向传统"的遭遇几乎发生于所有拥有开放历史的现代国家。俄罗斯近现代史中多次外来思想的冲击或渐入，就是"横向传统"与"纵向传统"互动的生动写照。对所有经历过启蒙的后发国家来说，如何看待"横向传统"是它们今天界定其自主传统时不可回避的课题，也唯有这样才能真正克服以往历史观中的单线论意识。

说到俄罗斯，我们不妨多说一段。这个高调标榜自己传统特殊性的国家，如果将其"纵向传统"追溯到开端，会发现它其实来源于一个"横向传统"，不仅如此，此后俄罗斯立国以后历史上的每一次重大飞跃都与"横向传统"的介入有关。180年前恰达耶夫说过："请你们好好地看一看，你们就会发现，我们历史的每一个重要事实都是外来的，每一个新的思想几乎都永远是借鉴来的。"② 这段文字不是"疯话"，它的证据包括但不限于：

（1）公元10世纪末，基辅大公弗拉基米尔选择皈依了远在拜占庭的东罗马东正教，标志着俄罗斯文明史的诞生；

（2）1472年，莫斯科大公伊凡三世迎娶拜占庭末代皇帝的侄女索菲亚公主，继承了拜占庭的双头鹰标志，成为新的东正教中心，由此加快了俄罗斯的内部整合和外向帝国化进程；

（3）1690年代，彼得一世实施全面西化变革，给君主制的俄罗斯注入了大量现代性元素，使其迅速成为欧洲强国；

（4）1810年代，亚历山大一世赢得了对拿破仑的战争，但他的士兵也从欧洲带回了崇尚自由反对专制的观念，引发了十二月党人革命，

---

① 参见 Kasten Xuereb 的文章，"European Cultural Policy and Migration: Why Should Cultural Policy in the European Union Address Impact of Migration on Identity and Social Integration?" 载南非乔治敦大学刊物 *International Migration*, Volume 49 (2),2011. 该引文见文章注释4。

② 参见恰达耶夫：《箴言集》，刘文飞译，云南人民出版社，1999年版，第6页。

推动了俄罗斯文学和思想的启蒙进程；

（5）1917年十月革命让在俄罗斯帝国废墟中出现的苏联成为世界上举足轻重的超级大国……

除以上人们熟知的重大历史转折事件外，不少史学家提到，由于俄罗斯属于欧洲，它在向东方拓展时便尽享先占先得的优势。譬如，近现代国际法体系是伴随欧洲1648年威斯特伐利亚和约而出现的，仅仅时隔40年，俄罗斯就在远东与当时的满清王朝签订了《尼布楚条约》，这是亚洲史上第一个边界领土条约，标志着东亚开始进入近现代民族国家的进程。伏尔泰在1760年代的《彼得大帝在位时期的俄罗斯帝国史》一书提到，当时的中国"是个以道德风尚闻名于世的国家"，"根本不知道国际公法为何物"，相比之下，谈判桌前的俄罗斯成员则熟谙发源于欧洲的国际法规则，在谈判的知识准备和条约文本表述上都处于有利地位。① 这一史实也说明俄罗斯从"横向传统"影响中实在获益匪浅。

出于篇幅原因，笔者必须割舍更多涉及传统空间性的重要论题。以上的讨论引发我们思考，应该如何认识政治神学意义的传统观念，是否应该接受政治神学意义的两套语法。不仅如此，笔者对欧洲人选择古希腊作为"精神家园"的论述，对俄罗斯受益于"横向传统"的论述，都是为了提示一个重大的但却被世人遗忘或忽视的事实，"外来传统"并不像最初看起来那样充满原罪。

第六节　传统角逐的新游牧时代，传统流通决定传统流传

以上三章，我们考察了"传统意义的传统"的诸多特性，传统保持其唯一性的人文教化方式和知识权力运作，澄清了以民族国家为本位的

---

① 参见伏尔泰：《彼得大帝在位时期的俄罗斯帝国史》，吴模信译，商务印书馆，2016年版，第79—80页。

传统叙事的两套语法，循着这个追问线索，或可澄清人们对"传统"语词的模糊使用和误用。在谈到传统的空间特征笔者提到一个判断，即"传统总是在一定地域中的"，由此判断不仅会引出对传统的复数性特征的解读，还蕴含着另一个重要话题：不同的传统是否等价？

18、19世纪单线论的人类学观念强调文明与野蛮区别，因而传统与传统显然不具等价关系，但自从20世纪上半叶西方人类学家通过自省批判以"外部观察"为代表的人类学西方中心主义后，传统是否等价的问题变成了一个禁忌，"不同传统是等价的"成为通行的学术和政治外交辞令。然而，一个多少有些严酷的事实是，在当今时代，传统之间存在着竞争，竞争的优胜劣汰决定着传统是否等价。法国思想家布尔迪厄在文章《论观念国际流通是社会条件》一文曾提出了"文本流通"（circulation of text）观念，[①] 大意是说，全球贸易不仅是货物产品的跨国流通，而且是观念和文本的跨国流通。流通就是竞争，竞争就造成优胜劣汰。值得一提的是，在前现代性的时代，由于每块地区、每个国家基本上处于自足的封闭空间，因而那种历时性的、根系性的、自古及今流传的规范和教说，是传统的唯一生存方式。但观念和文本的全球流通，移民群体的全球流动，让原本是"根系性传统"也进入"漂泊性的"流通进程——我们的传统似乎回到了"漂泊性生存"的游牧时代！不仅如此，不同地域的传统在漂泊性流通过程中的优劣竞争，对于母国传统的历时性流传会产生日益强烈的影响，以致人们可以说，今天传统生存的一个铁律是：传统的流通决定传统的流传。换句话说，一个传统如果不能全球流通，它就很难继续流传下去。

[①] 参见 P. Bourdieu, "The Social Conditions of the International Circulation of Ideas", 载 R. Schusterman 编辑 *Bourdieu: A Critical Reader*, Blackwell Press, 1999.

第六章　文化解释的"两可性"与当代世界的文化之争

本书第一章给出的"文化概念光谱轴"已经表明，人们对"文化"既可以作文化政治学的理解，也可以作文化经济学的理解。

文化政治学的理解偏重文化的民族国家认同属性，它的积极形态是鼓励不同国家民族或群体在相互尊重的基础上积极展开交流对话，而它的消极形态则可能基于文化偏见，曲解或丑化他者文化，从而造成文化冲突或文明冲突。

与此不同的是，文化经济学的理解偏重于将文化表达物视为满足不同阶层、不同地区文化消费者的贸易产品。在这个领域，文化的影响力同消费者对文化产品的需求、同文化产品的市场份额是等价的概念。一个在市场上没有流通能力的文化产品注定不可能产生文化影响力。正是在这里，美国对于世界其他国家具有相当大的优势；相形之下，发展中国家在文化生产和传播领域明显处于弱势。而以法国和加拿大等为代表的"发达国家第二集团"则一方面对美国来说处于下风，另一方面对广大发展中国家具有相当大的影响力。正是这种态势，造成20世纪下半叶国际文化政策领域上出现了高度复杂的文化之争，它在2005年联合国教科文组织通过的《文化多样性公约》问题上表现得极为明显。

第一节　《文化多样性公约》：发达国家第二集团与美国的文化冲突

2005年10月，联合国教科文组织第33次大会审议通过了《保护和促进文化表现形式多样性公约》（简称《文化多样性公约》），它与

《保护世界文化和自然遗产公约》（1972年通过，简称《世遗公约》）和《保护非物质文化遗产世界公约》（2003年通过，简称《非遗公约》）一道，并称为"世界三大文化公约"，因而其问世无疑是个重大国际文化事件。值得关注的是，这个事件背后还隐伏着若干重要的国际政治线索：其一，公约从酝酿到出台，一直贯穿着以法国、加拿大为代表的发达国家第二集团与美国这个文化巨无霸的博弈，有学者称这是冷战后发达国家内部第一次出现的文化对抗；[①]其二，公约是发达国家第二集团与多数发展中国家在国际文化政策上的"合纵"之举；其三，从公约的问世以及之后的运作，可以观察到法国是如何将其一己的文化诉求转变为国际政策的。

提到"发达国家"，人们大都认为其政治制度和文化政策具有很强的相似性，一致的价值观，相似的文化诉求，这构成了我们关于"发达国家"的基本印象。

但具体的观察表明，在发达国家间，一致的价值观或许有之，相同的文化政策诉求却未必然。正如发达国家在对外贸易常有摩擦一样，其文化政策冲突亦时有发生。这类冲突当然有历史、语言和传统差异的根源，但也是西方内部的发展程度差异使然。借用沃勒斯坦"中心—边缘说"的说法，美国是全球的中心国家，也是西方世界的中心国家；而其他西方国家——如紧邻美国的加拿大和作为欧盟领头羊之一的法国，虽相对于发展中国家来说是处于世界的"中心"，但与美国相比却处于"非中心"地位，我们可以称其为"发达国家第二集团"。进而言之，以"中心国家"姿态面对发展中国家，以"边缘国家"姿态应对美国的强势，这构成了发达国家第二集团在文化政策上的双重角色。据此可以判断，

[①] 参见 Divina Frau-Meigs 在其文章 "Cultural Exception', National Policies and Globalization"（《"文化例外"、国家政策和全球化》）（2003年）中给出的第一节标题，"The crisis of 1993: the first post-cold war cultural confrontation"（"1993年危机：冷战后首次出现的文化对抗"）。

发达国家第二集团与美国的冲突，尤其是文化冲突，不是暂时期内可轻松化解的，它会长期存在，有时会带来重大后果。《文化多样性公约》的审议通过情况就是明证。

先看公约出台的情况。就程序而言，《文化多样性公约》的问世相当顺利。2005年的公约审议大会共有154个国家和地区参与投票，结果赞成票高达148席，弃权票4席，反对票仅区区2席。此外，根据缔约程序，公约在投票通过后，尚需经过一定数量的国家完成批约方能正式生效。此前，《世遗公约》从通过到生效用了37个月，《非遗公约》用了30个月，对比之下，《文化多样性公约》从大会通过到正式生效只用了17个月，而且生效时的批约国也多达56个。[①] 到2013年8月，批约国总数更跃升为133个，也就是说，在2005年大会上为公约投赞成票的国家90%完成了批约。时任联合国教科文组织总干事对此评价说，这种缔约速度史无前例。

然而，占压倒性优势的赞成票不能掩盖另一个事实，即在2005年大会上反对公约的国家虽然极少，但却不可小觑——它们是美国和以色列。不仅如此，日本、俄罗斯、伊朗等文化大国虽在大会上对公约投了赞成票，却在本国立法程序中对公约说NO。这足以表明，以世界公约姿态出现的《文化多样性公约》并不真正是"世界性的"。

撇开俄罗斯与伊朗等国不论，《文化多样性公约》的诞生凸显了发达国家第二集团、美国、发展中国家这三大势力的复杂关系，这种复杂关系可以概括如下：

（1）发达国家第二集团虽然与美国同属于意识形态意义上的"我们"，却在文化政策上与美国形成了"我—他"对立关系。

（2）发达国家第二集团虽然与多数发展中国家在基本价值观上处

---

① 参见 Holly Ayllet, "An International Instrument for International Cultural Policy"（一项为国际文化政策定制的国家性工具）（2010年），p3.

于"我—他"对立关系，但却在文化政策上形成了"我们"。

由此可说，《文化多样性公约》在相当程度上体现了一种超越意识形态对立的文化之争，它印证了本尼迪克特·安德森在《想象的共同体：民族主义的起源与散布》中的一个断言：民族主义是比意识形态更加深层的群体情感。①

第二节　文化 vs. 贸易：发达国家第二集团与美国文化冲突的由来

发达国家第二集团与美国围绕《文化多样性公约》形成的冲突，构成了多年来国际学界的重要话题，相关文献不胜枚举，笔者所见的代表性论文包括：弗劳-麦格斯的《文化例外、民族国家政策和全球化》（2003 年）、司各特·加尔特的《"文化例外"在多边贸易体系中的生、死与再生》（2004 年）、比特·格雷伯的《联合国教科文组织关于文化多样性的新公约：一种对世贸组织的反制》（2006 年）、塔尼亚·冯恩的《联合国教科文组织和世贸组织：一种文化冲突？》（2006 年）、霍利·艾雷特的《一项为国际文化政策定制的国家性工具》（2010 年）、米拉·穆里的《贸易 vs. 文化：文化例外政策与世界贸易组织》（2012 年）②等等，它们从不同侧面勾勒了这场文化冲突的背景和由来。

梳理"文化多样性"从观念到政策的进程，我们往往会看到两条叙事线路：一条是联合国教科文组织的官方叙事，其谈论方式比较宏观中立；还有一条非官方的叙事线索，其笔锋会迅速指向发达国家内部在文化多样性问题上的尖锐对立。

---

① 本尼迪克特·安德森在其著作《想象的共同体：民族主义的起源与散布》序言谈到过这个想法。此外，在《文汇报》记者 2014 年对他的访谈中，他再次提到了这一观点。

② 上述文章的英文标题从略。

比特·格雷伯曾从联合国教科文组织的立场对"文化多样性"从观念到政策的演化过程作过概括。在他笔下，"文化多样性"是个与联合国教科文组织共生的"结构性概念（structuring concept）"，其发展大概经历以下四个阶段。

第一阶段：1945年联合国教科文组织成立伊始，就在其宪章第一条第3款申明，"要保障其成员国在文化、教育和科学事务上的独立性和自主性"，这里便蕴含着"文化多样性"观念；

第二阶段：上世纪60年代，亚非拉地区的"去殖民化"运动赋予了"文化多样性"以强烈的政治解放含义，刚刚获得独立的国家将民族文化认同当作其独立的重要合法性依据；

第三阶段：上世纪70年代末期，"文化"成为各发展中国家为其"独特的发展道路"进行辩护的重要依据；

第四阶段：上世纪80年代以后，联合国教科文组织日益关注文化与发展之间的联系。1986年联合国大会通过了《世界文化发展十年（1987—1996）》；1991年联合国大会批准联合国教科文组织成立"世界文化与发展委员会"，正是该委员会在1995年推出了划时代的报告《我们的创造性的多样性》（Our Creative Diversity）。该报告提到，伴随信息技术与贸易全球化而来的一体化进程，正在给各国文化传统和遗产带来前所未有的威胁；为落实该报告的建议，1998年联合国教科文组织在斯德哥尔摩召开大会，题为"旨在促进发展的文化政策"（Cultural Policies for Development）。大会郑重确认，"文化产品及其服务应与其他商品区别对待"；2000年，欧盟理事会宣布正式接受"文化多样性"观念；2001年，联合国教科文组织正式发布《世界文化多样性宣言》，由于该宣言尚不具有正式约束力，2003年底，在由多国文化部长组成的"国际文化政策联盟"（INCP）的强烈建议下，联合国教科文组织总干事着手负责《文化多样性公约》起草事宜，2005年该公约通过。[①]

在上述第四阶段，格雷伯向我们展示了这样一幅图景：文化多样性是"全球化"的对偶叙事，它的观念指向在于，在全球化背景下，让各国政府和公民组织高度关注以民族国家为本位的文化传统多样性和文化资源多样性，让各国政府在文化政策方面获得国际政策或国际法意义上自主性。这种自主性有时更加明确地表达为"文化主权"，它的一个重要内涵在于，坚持在国际贸易中坚持"文化产品及其服务与其他商品区别对待"的原则，而这个诉求与世界贸易组织（WTO）的规则是抵触的——美国恰恰是世贸组织规则的坚定支持者。

由此，许多国际学者热衷的"冲突叙事"便浮现出来。在《文化多样性公约》问题上出现的冲突双方：法国、加拿大以及欧盟 vs. 美国；冲突双方的政策诉求："文化例外" vs. 文化无例外；冲突双方凭借的国际机构平台：联合国教科文组织 vs. 世界贸易组织；等等。而引发这些冲突第一爆点是：影视、视听和网络产品的贸易与服务问题。

虽然法国学者麦格斯称法国等国与美国在《文化多样性公约》上的争论是冷战后的文化对抗，但另有一些学者将这个对抗追溯到一个世纪以前。米拉·穆里在《贸易 vs. 文化》一文指出，上世纪初叶，随着美国好莱坞工业的崛起和欧洲电影的衰落，欧洲国家相继出台对本国电影的保护措施。1947年，作为世贸组织前身的关贸总协定成立伊始，就在其章程第四条明确约定"国产电影应在所有商业电影放映中占有一定比例"，这无疑是针对美国电影工业的。不过，真正尖锐的对立出现在1986年起的关贸总协定乌拉圭回合谈判。到了这个时期，美国在影视、视听产业以及随后而来的互联网方面取得了一匡天下的优势，麦格斯将这种超强优势形象地概括为"HHMM综合症"（即"哈佛—好莱坞—

[①] 参见 Christoph Beat Graber, "The New UNESCO Convention on Cultural Diversity: A Counterbalance to the WTO", part B, "Cultural diversity and UNESCO".

麦当劳—微软综合症")。① 为应对这个一家独大局面，法国、加拿大等国便在乌拉圭回合等谈判中多次祭出"文化例外"或"文化排除"（cultural exception 或 cultural exclusion）的招数，以期维护自己的文化自主性空间（如语言）和文化产业发展空间（如影视业）。② 然而，在市场经济主导的世界中，"文化例外"听起来总不那么理直气壮，因而1995年1月世贸组织成立伊始便在原则上正式拒绝了这种"例外论"。但也正是在这个时候，联合国教科文组织"世界文化和发展委员会"的报告《我们的创造性的多样性》闪亮登场，这无疑给法国、加拿大以及欧盟的文化主张提供了新的生机。总之，失之东隅收之桑榆，当"文化例外论"在世贸组织平台上彻底失去合法性依据之后，它又以"文化多样性"的面目在联合国教科文组织这里找到了自己的国际政策和法律平台。在此意义上，1995年可以被视为"文化多样性元年"。

虽然发达国家第二集团在联合国教科文组织的平台上找到了一块立足之地，但也留下了一个巨大的问题：《文化多样性公约》与世贸组织规则，作为平等的国际法规则，如何能够相互兼容而不是相互冲突？这个问题非同小可，因为截至2012年，联合国教科文组织共195个成员国，其中155个成员国同时是世贸组织成员国，该问题不解决，文化贸易与文化政策方面的国际冲突就不具备协调基础。

然而，无论怎样，"文化多样性"这个国际政策表述为法加等发达国家第二集团对抗美国的文化贸易优势提供了利器。相比于"文化例外"或"文化排除"，"文化多样性"给法、加等发达国家第二集团提供了比较富于道义感的理论、政策和法律话语。霍利·艾雷特在谈到这种道义胜利时引述了德国文化部的克里斯汀·默克尔在2007年一次会议上

---

① "HHMM"是"Harvard-Hollywood-McDonald-Microsoft"的缩写，该说法出自 Divina Frau-Meigs, "Cultural Exception, National Policies and Globalization", p2。
② 加拿大在1993年与美国进行北美自贸区谈判时也引入了"文化例外"原则。

的惊悚说法：《文化多样性公约》是"当代文化政策上的《大宪章》"，[①]它的出台表明，"除了经济权利之外，文化权利现在也在一个法律框架内得到了确认，它保障了一个诸民族国家为维护自己的遗产和文化多样性表达而制定各自文化政策的权利"。至此我们看到，"文化多样性"牵扯上了"文化民主"问题。

第三节　发达国家第二集团与发展中国家的"合纵"之举

"文化多样性"为发达国家第二集团抗衡美国文化霸主地位提供了道义支持，也让它与多数发展中国家找到了共同话语，这样，《文化多样性公约》有意无意地演化成发达国家第二集团与发展中国家的"合纵"之举。合纵者，"合众弱以御一强"。[②]就此而言，《文化多样性公约》也是发达国家第二集团将自己的文化诉求转化为国际文化政策的一次成功实践。为说明这一点，我们可以观察一下《文化多样性公约》所设立的"文化多样性国际基金"（IFCD）的操作情况。

《文化多样性公约》序言和正文中表达了一个强烈的意向，该文件将高度关注发展中国家的文化发展权利问题。为此公约第14到17条反复强调要加强发达国家与发展中国家的国际合作，第18条关于设立"文化多样性国际基金"的建议就是落实这种合作的重要举措。根据这个建议，2007年正式成立"文化多样性国际基金"（IFCD），2009年基金项目的评审工作正式启动。主要步骤包括：（1）成立基金项目专家评审组"；（2）由公约秘书处和专家组配合，制作"项目申请表"和"专家评审表"；（3）每年项目申请的截止日期为6月30日，评审从7月

[①] 《大宪章》（Magna Carta）亦称《自由大宪章》，1215年签署，是英国历史上第一个限制英国王室绝对权力、保障贵族经济和政治利益的法律文件。

[②] 语出《韩非子》，原话为"合众弱以攻一强"。

下旬开始到9月下旬结束。评审结果提交当年12月召开的"文化多样性公约"政府间委员会。

《世遗公约》和《非遗公约》都有自己的基金，相比之下，"文化多样性国际基金"有两个鲜明的特点：

（1）"基金"的主要捐款国是发达国家第二集团

截至2012年，"文化多样性国际基金"共获捐款540余万（单位：美元，下同）。捐款国是37个国家和2个地区。其中包括14个发达国家及所属2个地区，捐款总额为490万，占总额的90%整。其中捐款大户包括：挪威145万；法国101万；加拿大（包括魁北克）近70万；西班牙55万；芬兰46万，比利时法语区近20万。单是这5个国家和一个地区就达437万，占总额81%。但值得注意的是，捐款国中没有德国、英国、意大利——虽然它们都是缔约国。

相比之下，发展中国家的捐款多以百或千美元计算。比较大的捐款国包括：墨西哥21万；中国为12万（2013年5月猛增为25万）；巴西5万；印度4万5千元。

（2）"基金"把发展中国家界定为唯一的扶持对象

"文化多样性国际基金"的目标明确限定为缔约的发展中国家，尤其是欠发达国家。2009年评审工作启动时，在100余个缔约国中有发展中国家50余个。到2013年8月，总缔约国为132国，发展中国家超过90个。

主要由发达国家出钱，把发展中国家作为扶持对象，体现了一个《文化多样性公约》的一个基本政策倾向，即发达国家希望为发展中国家提供文化观念、文化政策方面的能力培训，而这恰恰是"文化多样性国际基金"的基本原则。正是在这一点上，我们看到，"文化多样性"观念已经与我们常识中的理解相去甚远。在日常理解中，一谈到文化多样性我们首先会想到的问题是，如何保持少数民族文化特色？如何维护那些濒临灭绝的宗教信仰？如何保护各种土著语言或方言？等等。但这些问题其实并不是《文化多样性公约》的核心主题。

那么什么才是《文化多样性公约》的核心主题呢？为说明这一点，不妨将它的标题与《世遗公约》与《非遗公约》的标题进行对比。后两大公约在其标题中单纯强调"保护"（protection 或 safeguarding），[①] 而前者标题的全称则是《保护和促进文化表现形式多样性公约》——多了"促进"（promotion）这个关键词，换句话说，以"促进"来"保护"构成了《文化多样性公约》与其他两大公约的不同特征。对此，文化多样性公约秘书处出台的《文化多样性国际基金的使用指南》给出了明确的解读，[②] 它高度凸显"促进"的两方面含义：一是推动发展中国家制定有利于文化发展的政策；再一个是推动发展中国家培育由现代传媒和视听技术支撑的文化产业（见下图）。——后面这条非常重要，它说明《文化多样性公约》不是要消极对抗文化生产贸易和服务全球化，而是要在发展中国家逐渐培育起这样的能力。[③]

总体来说，在以发展中国家为扶持对象，"促进"发展中国家提升文化政策和文化产业能力方面，发达国家第二集团找到了自己作为"中心国家"的国际责任，这是以文化为媒介与发展中国家实现联姻的重要途径。当然，这种扶持也是有重点的。在"文化多样性国际基金"项目评审的具体操作中，我们不难发现法国施展着相当大的影响力。

[①] 文化多样性公约的英文全称：Convention on the Protection and Promotion of the Diversity of Cultural Expressions.

[②] "Guidelines on the Use of the Resources of the International Fund for Cultural Diversity".

[③] 在国际文化政策中，"促进"（promotion）是与"文化产业"高度相关的语词。如"文化产业促进法"的英文名称通常就是"Promotion Law"。值得一提的是，在《保护和促进文化表现形式多样性公约》通过前9个月撰写的文本草案中，其名称中还没有出现"促进"（promotion）一词。由此可见，"促进"（promotion）一词的选定，让《文化多样性公约》找到了与其他两大文化公约的重大区别。

第四节 把"我"变成"我们":法国等将文化诉求变为国际政策

联合国教科文组织总部在法国,法国是联合国教科文组织的坚定支持者,也是《文化多样性公约》的主要推动者。历史的观察表明,法国在借助联合国教科文组织实现自己的文化政策诉求方面具有强烈的意志力和卓越的执行力。为此,我们特别需要明确三个事实:

其一,法国在18世纪是个世界性帝国,法语在当时世界的地位相当于今天的英语。从文化影响力角度来说,法国曾是一个"文明型国家"——即一个代表着独特文明类型的国家;

其二,19世纪下半叶到20世纪,法语文明分别经历了来自不列颠帝国和美国的两大冲击。在感受到来自英语世界的压力,1883年法国成立了以推广法语文化为宗旨的"法语联盟"(Alliance Francaise),目前共有1100个机构分布在130个国家;而从20世纪上半叶起,对好莱坞文化冲击的最强大抵抗者也一直是法国。1958年,法国明确将电影划归文化部管辖,从而彻底淡化了它的"文化工业"属性。此后,乌拉圭回合当中提出"文化例外",以及1994年在国内推出旨在限制英语使用的"杜邦法",这一切都表明法国在维护自己文明地位方面的不苟且态度。

其三,法国为维护其"文明型国家"地位所作的最重要努力,是在1970年联合其以前的殖民地国家和附庸国,建立"法语国家组织"(International Organization of French Speaking Countries)——这是法国将其负面的殖民主义历史转化为积极的文化遗产的成功举措!该组织总部在巴黎,1986年以后每两年召开一次会议,目前已有56个正式成员国,19个观察国,覆盖9亿人口,其参与国数量大大超过了英联邦组织(53国)。它已经成为法国施展其重要国际影响的重要平台。

值得注意的是,早在上世纪90年代,法语国家联盟就开始将"文化多样性"当作该组织大力推行的重要观念。而这个组织在《文化多样性公约》的通过和生效过程中，也发挥了举足轻重的地位。

笔者在2009年到2013年被推荐成为联合国教科文组织"文化多样性国际基金"（IFCD）首届六人评选小组成员。我在四年的评审中深刻感受到，《文化多样性公约》所设立的"文化多样性国际基金"在当时对法语国家联盟成员国存在着较大程度的政策倾斜。在2010年到2012年这3年中，联合国教科文组织《文化多样性公约》秘书处共接受项目申请600多件，经评审通过项目61件。其中，2010年获资助的31个项目，属于法语国家组织成员国和前法属殖民地的国家有19个，其中16个在非洲。在整个3年的资助项目中，法语国家组织获得的资助占总数的40%。值得一提的是，3年来亚洲获得资助的项目来自6个国家，即2010年的孟加拉和老挝；2011年的柬埔寨和塔吉克斯坦；2012年的印度尼西亚和蒙古。其中的柬埔寨和老挝也是法语国家组织成员。

以上数据表明，到目前为止，来自法语国家组织成员国的项目申请者是"文化多样性国际基金"的最大受惠群体，这种状况与《文化多样性国际基金应用指南》条款4.5中申明的"区域平等原则"（an equitable distribution of the resources of the fund）是相冲突的。它明确反映了一个现实：多年来法语国家组织成员国在推行"文化多样性公约"方面是相当积极的。从这个意义来看，《文化多样性公约》不仅是发达国家第二集团与美国进行文化博弈的利器，也不仅是发达国家第二集团与发展中国家联姻的纽带，同时也是法国所代表的"法语国家联盟"与美国及其跟随者的"文明之争"。

观察《文化多样性公约》的出台过程，观察法国利用法语国家组织来维护其文明影响力的做法，我们确实需要思考：发达国家第二集团是如何将自己的文化诉求变成国际文化政策的？它们是如何在文化领域"把'我'变成'最大单位的我们'"的？

第七章　民族主义与文化民族主义

传统的"地方性"不仅表现在它在特定的空间、从古至今的时间中存续，更在于它是由特定的人群来习得和传承的。这个特定人群的一个重要的可识别形态是"民族"，它在不同学科有不同的名称，如早期体质人类学相信民族的根基在于"种族"（race），在政治学里民族被视为国家的现实的或潜在的单位（nation），在文化人类学意义上通常被称为"族群"（ethnic group）。

此外，从单位规模来看，若以民族国家为基准单位，在它之下可以有若干个"次国族文化"（sub-nation cultures），在它之上又可以有多个国家组成的"超国家文化群体"（super-nation culture），也即汤因比、亨廷顿所说的"文明"（civilization）。

在文化哲学或文化人类学的视野里，作为不同文化单位的人群各具特色、各竞其华，构成了这个世界生动多彩的人文景观。但这种和谐共存的景观常受到某些偏狭的群体意识的侵袭干扰。一种是高度"自我中心化"的群体意识，它强调自己的文化价值是优越独特的，主张这种价值的"排他性和独占性"，这类人群便成为大写的"自私者"，宗教极端主义便是其代表；还有一种是致力于实现从文化疆域向政治领土"跨界"的群体意识，即努力"使自己的文化疆域转化为政治领土"。上述两种群体意识都可以概括为"民族主义"（nationalism）。按照英国著名思想家盖尔纳的说法："民族主义的定义，旨在使文化和政体一致，努力让文化拥有自己的政治屋顶"。[①]

[①] 参见厄内斯特·盖尔纳：《民族与民族主义》，韩红译，中央编译出版社，2002年版，第2页。

强调"排他性—独占性"价值的民族主义对崇尚多元价值的世界秩序构成致命威胁，而致力于实现从文化疆域向政治领土"跨界"的民族主义则会破坏一个国家、一个地区既有的政治秩序稳定。值得注意的是，无论是写作了《民族与民族主义》的盖尔纳，还是同年推出了《想象的共同体：民族主义的起源与散布》的本尼迪克特·安德森，他们都相信"是民族主义造就了民族，而不是相反"。[①] 其实，从这一意义来说，任何"民族主义"在本质上都是文化民族主义。

然而，本书专门提出"文化民族主义"这个名称还有另一重理由：盖尔纳在界定"民族主义"时只考虑到那种"致力于使自己的文化疆域转化为政治领土"的情况，却没有注意到一种相反的情况，即一些晚近出现的国家为了塑造本己性的国族文化传统，因而"致力于使自己的政治领土转化为文化领土"，这种努力经常表现为一种"排他性的去中心主义文化叙事"，而这种叙事也会造成了一些新的文化冲突。

不仅如此，用文化观念塑造文化共同体的情况不仅出现在某个民族国家的层面，还出现在"超民族国家"的层面，亨廷顿所说的"文明（圈）"以及当代世界上不少超国家组织，都存在着某种文化塑造。它们都可以被称为广义的"文化民族主义"。

为理解上述文化民族主义的种种形态，有必要先从汉语和西语角度对"民族"这个概念的演化谱系做个梳理。

第一节 "民族"概念辨析：种族的、政治的与文化的

当今世界民族众多，联合国教科文组织估算单是亚太地区就有数千个不止，因此把"文化多样性"译写为"民族多样性"是没有问题的。

[①] 本尼迪克特·安德森：《想象的共同体：民族主义的起源与散布》，吴叡人译，上海人民出版社，2005年版，第6页。那里援引盖尔纳在 Thought and Change 一书的说法："民族主义发明了原本并不存在的民族。"

然而，正如"文化多样性"可分为积极意义的（positive）和消极意义的（negative），"民族"概念也一样。积极意义的民族概念坚持民族文化的自主性，也强调自己文化的开放性或混成性；而消极意义的民族概念则仅仅强调自己文化的封闭自生性、优越性，强调自己的"排他性—独占性"价值。秉持这种消极的立场，"民族"概念便从人类学"跨界"到政治学领域，演变为"民族主义"或"极端民族主义"，从这个意义看，"民族主义"本质上是一种文化态度。

虽然安德森将民族主义的起源推溯到19世纪初的美洲，但更多学者公认，"民族主义"大体在二次大战之后才成为一个值得追问的话题。因为在这个时期不少殖民地国家和地区获得独立，一方面经历了从"非国族文化"向"国族文化"的政治地位转变，另一方面又产生了以自己的书写替代前宗主国的书写、"将政治领土转变为文化领土"的文化叙事需求。正是在这个背景下，到上世纪下半叶民族和民族主义研究成为国际学界最活跃的领域。单是在80年代前后，"民族和民族主义"的文献大行其道，许多著作堪称经典，如J.A.阿姆斯特朗的《民族主义之前的民族主义》（Nations before Nationalism, 1982年），约翰·布罗伊尔的《民主主义与国家》（Nationalism and the State, 1982年），厄内斯特·盖尔纳的《民族与民族主义》（Nations and Nationalism, 1983年），本尼迪克特·安德森的《想象的共同体：民族主义的起源与散布》（Immagined Communities: Reflections on the Origin and Spread of Nationalism, 1983年）安东尼·史密斯的《民族的族群起源》（The Ethnic Origins of Nations, 1986年）以及埃里克·霍布斯鲍姆的《1788年以后的民族和民族主义》（Nations and Nationalism since 1788, 1990年）等等。

但民族话题也是观点最混乱的领域，因为该概念包含许多既有区别又有联系的含义层，不同学科学者（如政治学者与人类学者）、不同地区学者（如西方学者与非西方哲学）对这些含义层的关注点各不相同，说法也就五花八门。譬如，多数人类学家看来，民族是自然生成的，但多数政治学家则强调，民族是"想象的""建构的"，总之是"人为的"。主流西方政治学者认为，语词 nation 所代表的民族是近代世界的构成物，而主流中国学者则认为，与 nation 相对应的"民族"概念在中国自古有之。

从翻译来看，与汉语"民族"对应的英文词有 nation、nationality、people、ethnic group 和 race 等，它们大体可以被划归到民族概念的三个语义范畴：

Race 表征民族概念的"血缘""人种"或"种族"含义，它是发源于 1800 年代的早期人类学（主要是体质人类学）高度关注的对象。

Nation 主要表达着民族概念的政治学含义，它在指称政治单位时意味着"民族国家"（nation-state），在指称具有统一政治身份的群体时又意谓"国族"（state-nation），这是当今国际政治体系的基本政治单元。

Ethnic group 集中表达着民族概念的文化人类学含义，如处于同样地域的人使用同一的语言，具有同样的信仰和相近的历史谱系记忆，具有相近的习俗和生活方式等等，这个词在汉语中通常译为"族群"。

西语涉及的民族概念的三层含义，同样存在于汉语自古而来的民族概念。近有学者考证，汉语"民族"一词早在南北朝已见于史书，它有时是对各类人群的泛称，有时专指不同于"皇族""巨族"或"望族"的普通人群。[1] 相比之下，构成该复合词的两个单字"民"与"族"早在甲骨文时就已存在，其中"族"字承载着今日"民族"一词的基本含义，[2] 它依中国传统的"家国天下"结构生成了几个高度相关的意义层：其一，"族"是基于血缘的亲属共同体，如宗族、家族、氏族、父族、

---

[1] 参见郝时远文：《中文"民族"一词源流考辨》，载《民族研究》，2006 年第 4 期。

[2] "族"的本义就是"类""集聚"，如《尔雅·释木》云："木族生为灌。"《庄子·在宥》云"云气不待族而雨。"现代语言学中依然使用着"语族"的说法。当然，它主要用于人群维度的分类。

母族、亲族、九族等；其二，"族"是基于特定地域而结成的自然政治共同体或军事政治组织，如周制百家为一族，这个族便是一个准军事单位；其三，"族"在华夷之辨意义上用于区分"我/他"关系，比如那句最著名的断语，"非我族类，其心必异"。由此可见，前面所述西语民族概念的三个语义层面，即血缘亲族、政治单位和文化单位，在汉语"族"或"民族"概念中同样存在。

需要说明，民族概念固然有三个维度，但第二次世界大战后，以血缘、肤色等为主要对象的所谓"人种学"或"种族学"研究在欧美学界受到全面扼制，这种群体性学术忌讳的出现有着深刻历史原因：西方人类学发轫于19世纪初对血缘"种族"（race）的研究，自那之后，《剑桥科学史》提到，西方"人种"或"种族"人类学繁荣了百余年，它在大大推动体质人类学发展的同时，也为欧洲日益蔓延的种族主义（racialism, racism）充当了急先锋，这种意识形态在纳粹德国被发挥到极致，带来人类史上的前所未有的灾难。有鉴于此，二战后西方主流人类学界禁提种族（race）研究，race成为语词禁忌。"到20世纪60和70年代，文化意义的族群研究（study of ethnic group）日渐兴盛，彻底取代了生物学意义的种族研究（study of race），文化意义的族裔概念（ethnicity）成为在竞争中取胜的术语……成为一个相对纯洁的术语。"[①]

随着基于血缘的人种或种族研究式微，以nation为代表的政治学意义的民族概念和以ethnic group为代表文化人类学意义的族群概念就成为当代每本民族问题研究的经典都会加以溯源辨析的概念。

先看nation，它无疑是西语中表达民族概念时最常用的语词。这个词脱胎于拉丁文natio，按照法国学者吉尔·德拉诺瓦的考证，这个拉

[①] 引文见大象出版社2008年出版的译著《剑桥科学史·第七卷：现代社会科学》（西奥多·M.波特等主编，第七卷翻译委员会翻译），第617页。本书第四十一章"种族与社会科学"为课题组所译，通篇探讨西方人类学种族研究的兴衰。

丁语词的初义是"出生",而它的拉丁语近义词 genus(类属)的初义也是"出生"。"出生"包括"生于同一血缘"和"生于同一地域",由此 natio 与 genus 都衍生出与"外来人"(foreign)相区别的 native(即"本地人")与 indegene(即"土生土长")。① 到 18 世纪,随着欧洲加紧建构民族国家,奥匈帝国的一些文献开始用 nation 指称那些"世居本地的并建有独立国家的人群",② 正是在这个语境中,nation 一词才形成了其两可含义:它既可以指政治学意义的国家(即所谓"民族国家",nation-state),又可以指在这个国家中拥有共同政治身份的人群,(即"国族",state-nation)。

以 nation 为代表的民族概念是在 18 世纪末以后得到广泛使用的,这个看法似乎也印证了本尼迪克特·安德森在《想象的共同体:民族主义的起源和散布》以及厄内斯特·盖尔纳在《民族与民族主义》中共同认可的判断,即"民族(nation)是现代性的产物"。按照安德森的说法,只是随着中世纪宗教世界共同体(如天主教)和王朝国家(如哈布斯堡王朝)的没落,现代民族国家才相继崛起。在安德森的解释中,宗教世界共同体强调世人之间的神圣联系,其宗教世界是无边界的;而王朝国家一方面强调权力的合法性源于神授,一方面靠血缘婚姻维系王朝传承,一方面其边界也不存在法理性根据。相比较而言,现代的民族国家的权力合法性来源于世俗民众,其传承不靠血缘,其边界依据法理而定。③

然而,以民族国家为本位的政治学意义民族即 nation 并不能涵盖民族概念的全部含义,因为在民族国家中,除了具有共同政治身份的人群外,还存在着所谓"次国家共同体或群体"(sub-nation communities or

---

① 参见吉尔·德拉诺瓦:《民族与民族主义》,郑文彬、洪晖译,三联书店,2005 年版,第 4 页。
② 参见朱伦著:《民族共治——民族政治学的新命题》,中国社会科学出版社,2012 年版,第 33 页。
③ 参见本尼迪克特·安德森:《想象的共同体:民族主义的起源与散布》,第三章,"民族意识的起源"。

groups），这些群体泛指一切"没有建立单独国家"的少数人群体，如美洲或澳洲土著、少数民族、移民群体等，它们赖以维系的纽带主要是血缘、地域、语言和共同的文化记忆等有助于族群认同的文化因素，而不是国家政治权力因素。为凸显这种文化构成因素，英语世界学者尤其是人类学和文化领域的学者倾向于用 ethnic groups（通译为"族群"）而不是 nations 来指示这类人群。

Ethnic 的词源比 nation 一词古老得多，它脱胎于古希腊语的 ethnos，其初义是指具有共同文化因素的血缘群体，由此它与 ethos（风俗、习惯等群体行为特征）、ethique（伦理规范）等词高度接近。[1] 由于这个原因，自上世纪30年代起，这个表达"文化意义的群体"的语词日益为西方人类学界所接受，并迅速和彻底地取代了以前人类学界高度关注的"人种"（race）研究，与此同时，ethnic group 作为文化人类学维度的族群概念，也与政治学意义的民族概念即 nation 划清了界限。

对人类学意义的民族（ethnic group）与政治意义的民族（nation）加以区别是极为重要的。前面提到，盖尔纳认为当代民族主义产生的主要根源就在于混淆两者的区别，使某个人群的不甚确定的文化疆界与变为一种政治的、法理意义的疆界。这种对两个疆界重合的诉求导致了两种相反的民族主义形态：一种是非官方民族主义，它表现为某个特定族群（如加泰罗尼亚人）提出的建立政治国家的诉求；另一种则是安德森所说的官方民族主义，它希望以政治意义的民族取代文化意义的民族。[2]

以上"民族"概念的变迁史可以对我们理解"地方性文化"提供几点启示：

其一，"血缘纯粹性"意义的民族概念（race）不仅是一种"想象"，

---

[1] 吉尔·德拉诺瓦：《民族与民族主义》，郑文彬、洪晖译，三联书店，2005年版，第5—6页。
[2] 参见本尼迪克特·安德森：《想象的共同体：民族主义的起源与散布》，第六章，"官方民族主义和帝国主义"。

而且是被20世纪纳粹彻底败坏的"想象"。任何从血缘角度来理解民族的尝试，包括日本关于天皇万世一系的神话，韩国民族史学关于"大韩民族"血缘纯粹的神话，都是一种极度愚昧的"地方性文化"化石。地方性文化如果是个有机体，那就像生物学一样，"纯粹度"越高，种的竞争力越差。而杂交度越高，其种系优越性越强。

其二，政治学意义的民族概念（nation）不完全是个想象概念，它是现代国际政治的基本单元，换句话说，现代国际政治是以"民族国家"为本位的。然而，"民族国家"常常会受到内部和外部民族主义的威胁。从内部来看，虽然自18世纪末起"民族国家"（nation-state）一语的表达着"一个民族，一个国家"的诉求，但现实中的多数情况却是"多个次国家民族，一个国家"。在这种情况下，"多个次国家民族"之间如果没有建立一种共同的文化认同，即所谓"国族"（state-nation）认同，这个民族国家就可能失去文化认同基础，最终会被内部的民族主义撕碎。因此，"民族国家"（nation-state）大都需要构造"国族文化"（state-nation culture）。从外部来看，不同"民族国家"可能会分有共同的民族和相关文化，这样的情况也常常会导致国与国之间的民族主义纷争。这些都是"地方性文化"的重要政治现实。

其三，然而，从文化角度讨论民族，国际社会更强调其"文化本位"含义，强调它应与各种外来的政治权力相区别，这是文化本位的民族概念（即ethnic）产生的重要前提。这种文化本位的民族概念虽然承诺文化是属于特定地方、特定人群的精神创造物，但却并不会强调这种创造物的"排他性、独占性"特征。这一点是人类学意义的民族概念与政治学意义的，尤其是种族主义的或政治神学的民族概念的根本区别。

第二节　当代若干文明型国家把历史遗产转化为文化资本

本书第六章我们提到了法国与70余个国家组成的法语国家联盟，

这里我们将简单探讨英国与英联邦，还有伊斯兰世界的文明圈组织。

1. 英国将负面的殖民遗产转化为强大的现代文化资本

在现代西方文明中，美国无疑是个"核心国家"。它的文化影响力是凭借其强大的现代科技和文化工业实现的。十多年前，德国学者麦格斯称美国是个"HHMM 国家"，即一个以哈佛大学—好莱坞—麦当劳—微软（Harvard-Hollywood-McDonald-Microsoft）作为其文化标志的国家。这些标志毫无意味都散发着强烈的现代气息。不过，除了高度现代的美国外，西方的亚文明圈里确实还存在着一些历史资源相对丰厚的"核心国家"，譬如英国和法国。

英国是老牌帝国主义国家，从 17 世纪到 19 世纪，其殖民地遍布全球。它在其他国家留下的大量文化遗产，无论是英语文学、教育体系、政治制度、建筑遗存还是英式的生活方式，无不具有鲜明的殖民主义色彩。从历史正义角度来看，这种殖民色彩当然是负面的历史遗产。但进入 20 世纪，随着英国实力衰退，旗下的殖民地国家相继独立，如何维持英国与这些前殖民地国家的历史联系就成为重要课题。1931 年，英国国会通过法令，创设"英联邦"，要求其成员国基于共同历史背景，维持彼此独立但自由平等的关系。2013 年 3 月 11 日，英国女王签署英联邦首份阐述其核心价值观的文件——《英联邦宪章》。《宪章》总结阐释了 54 个联邦成员在民主、人权、法治、国际和平与安全、可持续发展等 16 个方面的核心价值观和共同原则，旨在维护联邦成员间的紧密联系、维持英国在联邦的影响力。至此，英国显示出将其历史上的负面历史遗产转化为现代文化资本的姿态。

英国在世界上留下的最重要文明史资源是英语。近几十年来，不少国家都将向海外推广自己的语言文化当作一项基本国策（详见下节），如德国歌德学院、法国的法语联盟、西班牙的塞万提斯学院、日本的日本文化中心、韩国的世宗学院等，但唯独英国不需要专门提出专门的海外英语培训计划，因为英语在全球高等教育、互联网、国际组织、学术著作等领域，一直是全球通用的"世界语"。今天，英国虽然相对于其他国家国力规模日渐缩小，但凭借英语，它在文化影响力或软实力榜单上始终名列前茅。

随着全球化与互联网的普及，英语独揽了互联网90%以上的信息资源，由此对发达国家另一个亚文明圈的核心国家——法国——构成了强大威胁。可以说，20世纪以来法国捍卫自己文化、推广自己的文化的主要动机，是要抗衡来自英语世界（以美国为代表）的日益增长的文化压力。

2. 伊斯兰世界主要国家利用国际组织重塑文化影响力

伊斯兰世界是当代世界中非常显眼的政治文化板块。在20世纪，该世界的领衔者主要是逊尼派穆斯林的大本营沙特阿拉伯，什叶派穆斯林的大本营伊朗。而包括土耳其在内的西亚、中亚多民族虽然占地超过465万平方公里，人口规模超过1亿，远远大于伊朗，但由于20世纪初20年代土耳其凯末尔激进地推进现代化改革，而中亚各民族又被纳入新生的苏联，因此在20世纪的伊斯兰世界中没有显示出太大影响。

亨廷顿说，伊斯兰世界没有"核心国家"，这个话讲得有些绝对。由于伊斯兰圣地在沙特的麦加、麦地那，每年千百万人到那里"朝圣"，因此沙特在整个穆斯林世界中扮演着宗教意义的"核心国家"的地位。1969年，24个伊斯兰国家首脑召开会议决定，成立伊斯兰国家政府级的区域性政治组织——伊斯兰会议组织成立，将秘书处设在沙特阿拉伯的吉达。该组织的最高权力机构为伊斯兰国家首脑会议。1971年5月该组织正式宣告成立，有36个成员国，到1991年增至47个，目前正式成员国达到了56个。此外，该组织还接受了5个观察国，即泰国、中非共和国、俄罗斯、波黑共和国和北塞浦路斯土耳其共和国（未受国际承认）。这56个成员国和5个观察员国分布于亚洲、非洲和美洲，人口总数超过12亿，原料出口约占世界出口总量的40%，其中石油出口约占世界出口总量的50%。2011年6月该组织改名为伊斯兰合作组织。

伊斯兰会议组织的最高形式是伊斯兰国家首脑会议，2000年前召开9次，2011年以后确定每3年召开一次。而伊斯兰会议组织下面还设有伊斯兰开发银行、伊斯兰团结基金会、伊斯兰通讯社和世界伊斯兰教育中心、耶路撒冷委员会、伊斯兰和平委员会、伊斯兰经贸、科技合作等常设委员会、伊斯兰法庭和伊斯兰发展基金会等机构，这些机构有一部分分布于沙特以外的国家。

凭借伊斯兰国家会议组织这一常设机构以及每年一度的大规模朝觐活动，沙特维系着对全球穆斯林国家的强大影响力。在世界许多国家都可以看到沙特捐建的清真寺。而由沙特领衔的国际伊斯兰经济组织也在经济领域中对相当多的国家产生着相当程度的渗透性影响。不仅在能源领域，而且在其他领域，已然形成所谓伊斯兰经济、伊斯兰贸易。

除沙特之外，作为什叶派国家的伊朗也在利用其历史资源塑造其文化影响力，这已为世人熟知，不必深论。而在苏联解体后，阿拉伯、伊朗世界以外又崛起了另一股值得关注的伊斯兰国家集团,这就是土耳其、哈萨克斯坦扮演重要角色的西亚—中亚国家群体。

3. 小结

以上描述相当粗略，但足以给我们留下深刻印象。以美国为"核心国家"的西方文明自不必说，英联邦、法语国家组织、伊斯兰会议组织都是涵盖五十余个正式成员、十余个观察国成员国家集团。这些国家具有重要的政治、经济功能，但它们链接的纽带却是文化。亨廷顿深刻地意识到这一点："国家都倾向于追随文化相似的国家，抵制与它们没有文化共同性的国家。就核心国家而言，尤其如此。它们的力量吸引了文化上相似的国家。……文化的共性使核心国家对成员国领导和强化秩序的作用合法化。"①

《老子》说"不争而善胜、不言而善应、不召而自来";孟子说"得民心者得天下"。这里讲的都是文化的力量,即"直指人心"的力量。

第三节 亨廷顿的忧虑:秉持"排他性"价值的民族主义带来挑战

亨廷顿之所以为人熟知,主要因为他自1993年起就不断谈论"文明冲突"的议题。然而很少有人注意到,他在2002年发表的著作《我们是谁?——美国国家特性面临的挑战》,②其议题的重要性不亚于"文明冲突"。他在该书提到:2050年美国的移民人口将超过人口总数的50%,这不仅会对美国国家的几大国家特性(如白人、相信新教、使用英语、信奉民主制度等)构成威胁,甚至会颠覆美国政体。譬如,美国中西部一些地区在拉美裔美国人占多数后,天主教信仰、熟人社会风气和裙带关系现象渐趋流行,那里正在成为美国内部的拉美飞地。同样的问题也出现在欧洲,少数极端者不断抛出这样的观点:某一族群由于具有强烈的"排他性—独占性"信仰,因而即使其移民占所在国人口比例不到一半,也会对其土著居民产生日益快速的挤出效应,对该国基于"价值多元"信念的政治和文化结构产生颠覆性影响。就此而言,《我们是谁?——美国国家特性面临的挑战》完全可以解读为"亨廷顿的忧虑",忧虑的实质是信奉"排他性—独占性"文化价值的移民群体会日益挑战美国西方文明,甚至可能终结这种文明。近年来,我们看到这样的忧虑正在整个西方世界蔓延。

---

① 亨廷顿:《文明的冲突与世界秩序的重建》,周琪等译,新华出版社,2005年版,第166—167页。

② 参见亨廷顿:《我们是谁?——美国国家特性面临挑战》,译者程克雄,新华出版社,2005年版。

其一，欧盟的移民主体主要来自欧洲周边的中东北非地区，这就使上世纪末以来一波又一波兴起的中东北非恐怖主义从欧盟国家的外部威胁演变为内部安全问题。这种威胁必然引发欧洲国家本土居民排外意识的反弹，从而助推右翼极端民族主义势力的崛起。而无论是移民中存在的恐怖主义，还是土著中的极端民族主义，它们在理论上的首要攻击对象就是"价值多元"观念和文化多样性理想。欧洲极端民族主义认为，正是这些观念使各种非基督教的"整全性学说"[①]登陆欧洲并大规模流行，使各类外部人群进入发达国家并成为内部的"他者"。

其二，更为严重的是，随着移民人数在美国欧洲本土人口比例的快速增大，移民文化积习、宗教信仰和政治运作习惯日益显示出与移民目标国家文化和体制的不兼容特性，不少学者和政客确信这种不兼容状况已经到了拐点，已经威胁到了美欧的民主制度本身。

上述情况引发了西方政界、主流媒体对"文化多样性"理念、"文化多元主义"政治原则的激烈质疑，不少学者把矛头直指这些原则本身。他们无视这样一个事实，"文化多样性"与"文化多元主义"本来是人类在二次大战后取得的最具道德合目的性的政策成果，它使康德以来的"世界公民"理想第一次获得了政策上落地的可能。

然而，面对上述伴随移民群体而来的挑战，美国这个曾经的"全球化"领导国家在2017年特朗普上台之后快速走上了"逆全球化"进程，这个多年来号称是"世界民族熔炉"的国家快速走上了"族群撕裂"的道路；而欧洲国家在《文化多样性公约》问世仅仅十余年后也出现了质疑甚至挑战文化多样性理念的浪潮。我们看到，《文化多样性公约》原本表达着这样一种信念：国别性的文化贸易可以将上世纪末联合国倡导的"文明对话"落到实处，文化贸易总额的快速提升能够有效遏制国与

[①] "整全性学说"即 comprehensive doctrines，意指那些覆盖所有价值或德性的理论或信念体系。参见约翰·罗尔斯：《政治自由主义》，万俊人译，译林出版社，1995年版。

国、地区与地区之间的所谓"文明冲突"或"文化战争"。但公约仅仅通过十余年,严酷的国际政治现实便倒转过来:目前有限的文化贸易根本不足以制衡乃至消除基于各种根深蒂固的政治因素而产生的"文明冲突"或"文化战争"。那种源于文化的"排他性—独占性"价值的冲突意识正在妨碍国际文化经济和文化贸易的发展。

"排他性—独占性"的价值文化是落后的,但在对"价值多元"文化的挑战中却占尽先机。造成这种状况的一个重要原因在于,"文化多元主义"信念近几十年来是在西方几波"去中心化"的浪潮中发育起来的,这种"去中心化"的支撑信念是:传统的差异没有价值优劣之分,只有习惯与不习惯的区别。这样的信念造成了美国欧洲流行的"文化多元主义"是没有边界缺少底线的多元价值理论,它们甚至找不出合法性理由在理论上和政策上提防和约束那种反对"多元价值"的"排他性—独占性"价值。正是这种缺乏边界底线的文化多元主义使信奉"排他性—独占性"价值的文化以"白搭车"(free-rider)的方式进入目标国家,使大量信奉多元价值的群体在面临作为恐怖主义温床的文化群体时处于失语状态。

不过,少数移民群体带来的秉持"排他性—独占性"价值的母国传统与对象国文化的冲突终于唤起一些学者深度思考。英国斯特林大学教授鲍迈斯特在《哈贝马斯:商谈与文化多样性》一文指出,虽然现代社会在面对移民文化多样性时应强化"承认的政治"和"商谈伦理",但同时也应注意对移民文化做出"薄版本"和"厚版本"的区分。"薄版本多元文化主义"(thin multiculturalism)是指,在承认移民群体母国文化与目标国文化的某些生活习俗差异的同时,也应让移民群体承认乃至主动接受对象国的各种现代性权利主张,如自由选择、价值宽容、平等意识等等。反之,"厚版本多元文化主义"(thick multiculturalism)则要求全方位坚持移民群体母国传统习俗和价值,如不允许孩子进入有损其父母宗教信仰的学校、一夫多妻或荣誉审判等等。①不用说,这种"排他性—独占性"的非多元主义传统与现代社会的文化多元观念肯定不是等价的,是应当被否弃的。显然,当今世界的"文化多样性"或"文化多元主义"如要继续生存,就要为自己划出边界。

需要强调的是,面对那种秉持"排他性—独占性"价值的文化群体的入侵,一些学者缺乏细致的分析,将批判矛头直接指向"文化多样性"或"文化多元主义",这是一种理论上的短视。应该看到,"文化多样性"或"文化多元主义"至今仍具有极为积极的思想内涵,它们所需要的是设定自己的理论边界。

---

① 参见 Andrea Baumeister, "Habermas: Discourse and Culture Diversity", 载刊物 Political Studies, 2003, Vol.51.

第八章　后发国家的理论叙事：
金岳霖难题 vs. 赛义德难题

　　前面谈到，后发国家文化政策往往遵循着两套逻辑，即外部的特殊主义和内部的普遍主义。与此对应，上一章本书着力描述的后发国家的"文化民族主义叙事"大体也遵循着同样的逻辑，即对外的"去中心主义写作"以及对内的"自我中心化写作"。这种写作大体通行于新兴后发国家的史学叙事之中，以致有些国家干脆有"民族主义史学"的说法。但值得注意的是，这个史学叙事的"自我中心化倾向"往往在这些国家的哲学史叙事中变成了一个需要论辩并且论辩了多年的问题。最令后发国家相关知识群体焦灼的问题是这样一个两难处境：将本国思想史写成"哲学史"，究竟应该按照"（西方）中心化"的概念图式或话语规范来进行，还是应当以"去（西方）中心化暨自我中心化"的方式来进行？对于这个问题，我国著名逻辑学家金岳霖先生在上世纪30年代初就以相当清晰的文字给出了概括，后人将其称为"金岳霖难题"甚至是"金岳霖悖论"，它涉及两个彼此相关的大问题：一个是所谓"中国哲学的合法性"；另一个则是"中国哲学的主体性"。既要获得"哲学"的合法性，又要保持自己思想的"主体性"，这竟然成为"鱼和熊掌"的两难问题。当然，人们可以将"地方性"当作确立学术主体性的唯一标准，强调一地的哲学必然不同于另一地的哲学，但由此可能遇到上世纪70年代末巴勒斯坦裔美国学者赛义德提出的问题：从"地方性"角度强调"去中心化"，并不能保证某个地方的思想从"间接在场"转化为"直接在场"，这就是本书所说的"赛义德难题"。这两个难题彼此相关，而其最大的相关性在于，它们是后发国家相关知识群体普遍遇到的问题。

第一节 "金岳霖难题"——后发国家学界遇到的普遍问题

"金岳霖问题"是指金岳霖先生1930年在为冯友兰《中国哲学史》所作的"审读报告"①里提出的两难问题,即先秦诸子学说到底"整个的是或者整个的不是哲学问题,或者部分的是,或者部分的不是哲学问题"?一部"中国哲学史",究竟是"中国哲学的史呢,还是在中国的哲学史呢?"笔者曾在文章中将金先生的这些追问简化为两个陈述,即究竟是"X国的哲学",还是"哲学在X国"?要理解这两个陈述,需要澄清以下背景。

1. 哲学:单数形式 vs. 复数形式

金岳霖问题首先涉及的是"哲学"是否有一个标准的问题,由此衍生出所谓"单数/复数形式哲学"的讨论。

我们注意到,从黑格尔的《哲学史讲演录》(Vorlesungen uber die Geschichte der Philosophie)开始,几乎所有传统意义的哲学史著作,包括文德尔班的《哲学史教程》、罗素的《西方哲学史》、梯利的《西方哲学史》以及劳特里奇的《西方哲学史》等,其"哲学"的西文形式都是单数的,与这种单数的语词形式相对应,所有这些哲学史都会在开篇围绕"什么是哲学"展开申论。

反过来看,近几十年全球流行的"去逻格斯中心主义+去西方中心主义"有一个重要特征,就是将一些重要概念的单数性形式改写为复数形式。譬如法兰克福学派的阿多尔诺在《启蒙的辩证法》中高调批判的"文化工业"(cultural industry)是单数名词,意思是说这种工业在"本质"上是崇尚娱乐、弃绝超越性追求和反启蒙的文化观念。但半个世纪

---

① 参见冯友兰:《中国哲学史》,商务印书馆,2006年版,第485—487页。

年后联合国教科文组织重新启用这个概念时却将其语词形式改写为复数（cultural industries），由此该概念摇身一变成了尊重大众文化民主权利、满足大众多样文化需求的"文化产业"概念。这个时尚也影响到了哲学领域。1998年，美国学者柯林斯（Randall Collins）推出了一部新颖的世界哲学史——《哲学的社会学》（The Sociology of Philosophies），这里的"哲学"明显采用了复数形式。该书的主旨是进行世界范围内"学术共同体的比较研究"，其论域覆盖古希腊哲学、犹太哲学、中国哲学、印度哲学、阿拉伯哲学和日本哲学等等。值得注意的是，在这本中译文达一千多页的巨著里，居然没有一处论及"什么是哲学"，而这个问题对该书来说恰恰具有头等的重要性。显然，作者不想陷入相关的概念争论，该书采取的一个不言自明的前提是：每个文明、每个国家、每个族群都有自己的哲学和哲学家。①

2. 单数形式哲学的蕴含：哲学是什么？哲学不是什么？

单数和复数名词的"哲学"有重大区别吗？显然是有的。将"哲学"写为单数名词，意味着确认哲学作为哲学有自己的独特含义，人们据此识别出什么是哲学，什么不是，哪些人是哲学家，哪些不是。譬如黑格尔在《哲学史讲演录》"导言"便对以下问题进行了逐次讨论：什么是哲学？什么不是哲学？那种"追求永恒不变、自在自为真理的哲学"如何会有一个在时间中变动不居的历史？②

虽然"哲学"一词通常具有单数形式，但哲学家对"哲学"单数性

---

① 有意思的是，在这部上下两大卷、中译文长达1千多页的巨著中，包括在其长达160多页的第一章"理论框架"中，竟没有一处对"什么是哲学"的问题给予讨论。各个文明中被称为"哲学家"的人，都是作者所说的"最有思想创造性的人""生产非语境性观念的人"等等，但这些限定词显然适用于比如宗教领域、文学家等等。参见柯林斯：《哲学的社会学——一种全球的学术变迁理论》，吴琼等译，新华出版社，2004年版。

② 参见黑格尔：《哲学史讲演录：第一卷》，贺麟、王太庆译，商务印书馆，1981年版，第13页。

内涵的理解却是高度复数性的。这里值得一提的是罗素对"哲学"的界定:"哲学是介乎神学与科学之间的东西(Philosophy is something intermediate between theology and science)。它和神学一样,包含着人类对那些迄今仍为科学知识所不能肯定的事物的思考;但它又像科学一样,依靠人类的理性而不是依靠权威,无论这是传统的权威还是宗教启示的权威。"[①]

这个界定的鲜明特点是用排他法来澄清"哲学"的含义,即它首先强调"哲学不是……",或者说,"哲学虽然与……有关,但却不是……"。从古希腊哲学的发生轨迹来看,哲学最早产生于神话、原始宗教、基于传统或习俗的人生教导或伦理教条。此外,哲学的发展也一向与宗教教义论证、人生教导宣示密切相关。然而,苏格拉底以来的主流哲学传统同时强调,哲学不同于神话、不同于史诗、不同于那些未经追问的美德教导。正因为古希腊出现了"哲学不是什么"的问题,后人才把古希腊当作 philosophia 暨狭义的"哲学"的故乡。从那里萌发的哲学一向标榜自己是门以理性和反思的方式,对各理论领域中的基础原理、概念和假定进行系统怀疑和追问的学问,这个学问后来被称为"形而上学"。这种透彻根底的追问使哲学家对任何常识、成见和传统总抱有怀疑批判的态度,因此哲学在骨子里是自由的和启蒙的。再有,哲学的追问恰恰是以制造概念、锻造"思想工具"为其根本学科特征的——而全部的现代科学技术史告诉我们,以打造"思想工具"为己任的哲学是现代一切工具和技术科学的母体。需要说明的是,即使今日哲学家的论题发生了巨变,即使许多非理性哲学家以批判理性为能势,但揭示实在的真相、对一切借权威而来的论断的怀疑、透彻根底的追问和反思,以及酷爱打造"思想工具"(包括话语工具)的乐趣,依然是哲学家区别于其他学问家的重要知识社会学特征。

坚持"哲学"单数性理解的人们会执着于以下基本陈述:

[①] 参见罗素:《西方哲学史:下卷》,马元德译,商务印书馆,1976年版,第1页。

（1）哲学家之为哲学家的重要理由不在于他们的国籍或族群身份，而在于他们的思考、提问和论证方式。

（2）坚持单数性的"哲学"，还倾向于贬低自然语言的价值，认为它们不够不精确（例如弗雷格对自然语言3个缺陷的讨论），强调"哲学"应是超越自然语言差异的概念语言。即使是那些栖身于自然语言的哲学观念，它们也应具有超越自然语言的"可通约性"。

（3）基于理性的怀疑、反思和追问态度，使哲学追求与科学一样的理想，追求科学所寻求的确定性，相反它对于习俗、历史、传统等经验性内容总是保持批判态度，这种哲学呈现着强烈的反传统、非历史的姿态。由于这个原因，"单数性的哲学"成为许多后发国家开启现代启蒙的重要内容。

3. 单数形式哲学蕴含着"中心论"的假定

当然，坚持对"哲学"的单数性理解让后发国家的知识群体面临着令人不快的后果，因为单数的"哲学"不承认各个民族的或"地方性"的哲学是等价的，甚至会认为"地方性"与"哲学"是定义中的矛盾。许多后发国家学术共同体多年来不得不接受一个判断："哲学在非西方国家"与"哲学在西方国家（譬如德国）"不是等价的概念，这一说法进一步触及黑格尔《哲学史讲演录》以来200年来通行的各种"世界哲学史"的秘密。我们知道，黑格尔的《哲学史讲演录》是第一部从世界范围来叙述哲学史的著作，但黑格尔并不想平均关照地域意义的每个国家。他说，"哲学是时代的思想"，而这个时代的思想在他看来，是由思想上处于中心地位的国家地区来代表的，比如古希腊哲学、古罗马哲学、英国经验论、德国哲学等等。这意味着，那些处于非中心地位的国家地区是没有资格进入"世界哲学史"的。由此可见，黑格尔心目中的"世界哲学"，绝不是"各个民族国家哲学的总和"。

也正是因为秉持着这样的哲学和哲学史观念，黑格尔在《哲学史讲演录》对中国的儒家思想没有给予应有的尊重:"我们看到《论语》,里面所讲的是一种常识道德,这种常识道德我们在哪里都能找得到,在哪一个民族都能找得到,可能还要好些,这是毫无出色之点的东西。"①根据同样的理由,梯利在其《西方哲学史》中明确断言:"不是所有民族都有真正的哲学体系,只有少数几个民族的思辨具有历史。东方民族如印度人、埃及人和中国人的理论,主要是神话和伦理学说,而不是纯粹的思想体系,这种理论总是与诗和信仰交织在一起。因此,我们将限于研究西方国家,从古希腊人的哲学开始。"②

由此可见,坚持单数性的"哲学"概念,就有可能走向"西方中心说",从而相信"非中心=边缘=没资格进入历史"。当"哲学"遇到具体的民族国家,尤其是处于国际政治语境中的民族国家,关于哲学的讨论就不可避免地变身为哲学政治学的讨论。

4. 复数形式哲学的蕴含:每个国家都有自己的哲学

在这个"中心论"解构的时代,人们更倾向于以平等的姿态看待不同地方性的文化和思想传统,由此近来不少地区兴起了"民族哲学"(national philosophy)的概念。这个概念假定,每个国家都有自己的哲学,每个国家的哲学都是等价的。只有依据这样的立场,不同国家的思想者才能以自立、自因、自成的"主体"面貌存在,才能拒斥那种单线论、中心论的哲学史观。在这里,"学术主体"的特性是由地域主体的特性来保障的。

然而强调复数形式哲学的民族哲学一开始便面临诸多困难。首先一个外在性的困难是,人们能否假定任何群体都有一个哲学并且它们都是等价的。一个哲学学者假定没读过肯尼亚哲学、越南哲学或阿塞拜疆的

---

① 参见《哲学史讲演录:第一卷》,贺麟、王太庆译,商务印书馆,1981年版,第119页。
② 参见梯利:《西方哲学史》,葛力译,商务印书馆,2008年版,第3页。

哲学大约不会是什么问题，但如果他没读过希腊以降的西方哲学，这听起来确实有些怪怪的。

更大的内在性困难在于：许多后发国家的哲学学者无法有效地说明，某一国或某一族群所特有的"哲学"究竟与传统的神话、宗教、道德教义或文学有什么区别？它时刻面临着黑格尔早在200多年前就以反讽的口吻提出的问题："人们不是已经把一切都称为哲学和哲学思想了吗？"[①]

的确，在现实中我们经常看到这样的例子。譬如谈到俄罗斯哲学，很多人会说，俄罗斯没有西欧意义的哲学，它的哲学主要由俄罗斯本土的宗教哲学或文学叙事所表现的。谈到中国传统哲学，人们也会说，中国古代没有西方意义的哲学，它的哲学主要体现在经学传统中。这些说法提示着一个事实：对于倡导"民族哲学"的人群来说，重要的问题不是"什么是哲学"或"什么是形而上学"，而是"什么可以被视为'哲学'"，或者"什么可以被翻译为'形而上学'？"。譬如，东正教的学说或陀思妥耶夫斯基的作品可以"被视为"俄罗斯的哲学；中国传统的"易经"可以"被视为"中国的形而上学等等。

面对这个"被视为""被翻译为"的结构，人们依然要考虑，这里被视为哲学的东西，是否存在着与宗教和文学相区别的知识社会学特征呢？正是在这里我们看到了一条分界线：如果说严格意义的哲学史曾展示了一条使哲学从地域性神话、宗教和道德教义走出来的道路，那么信奉地方性的民族哲学观念则似乎开启了一条回头路，即让哲学重新走回到过去的神话、宗教和道德教义那里去。在这条道路上，人们不再具有无功利的锻造思想工具的热情，而是日益陶醉于使用古老的思想工具去生产思想，我们很难说它在本质上是不自由的，但却可以确定地说它不太哲学。

[①] 参见《哲学史讲演录：第一卷》，贺麟、王太庆译，商务印书馆，1981年版，第12页。

第二节 "金岳霖难题"的"两难"特性

在梳理了单数和复数形式的哲学传统后，我们便可以理解金岳霖关于"X 国哲学"与"哲学在 X 国"这两个表达式的意思，它们是对复数形式和单数形式的"哲学"的准确表达。

金岳霖在 1930 年为冯友兰先生创作的《中国哲学史》作评论时指出："哲学有实质也有形式，有问题也有方法。如果一种思想的实质和形式均与普遍哲学的实质和形式相同，那种思想当然是哲学。如果一种思想的实质与形式都异于普遍哲学，那种思想是否是一种哲学颇是一问题。有哲学的实质而无哲学的形式，或有哲学的形式而无哲学的实质的思想，都给哲学史家一种困难。'中国哲学'，这名称就有这个困难问题。所谓中国哲学史是中国哲学的史呢？还是在中国的哲学史呢？"①

金岳霖所谓"中国哲学的史"（即表达式"X 国哲学"）是说"中国有个自己的哲学"，它不同于"西方哲学的史"，如"德国哲学或法国哲学的史"，这描述的显然是一种复数形式的哲学观念，即"每个国家都可以有自己的哲学"；而他说的"在中国的哲学史"（即表达是"哲学在 X 国"）则暗示着只有单数形式的哲学，至于它存在于哪个国家、哪块地域，完全是一个外在的事实。金岳霖就此举例说，虽然英国、法国都有物理学，但我们似乎不好说"英国物理学""法国物理学"，它们更准确的意思应该是"物理学在英国或在法国"。

需要指出，金岳霖"审读报告"只是提出了两个表达式，但并没有对它们做出"非此即彼"的选择。然而，国内有学者不这样看，他们认为金岳霖在报告中没有否定"X 国哲学"（如"中国哲学"）的说法，这就等于他肯定了"X 国哲学"的说法，也就是说，金是赞成"每个国

---

① 参见金岳霖对冯友兰《中国哲学史》一书的审查报告，载该书商务印书馆，2004 年版，第 486 页。

家都可以有自己哲学"的看法的。这种解读在笔者看来是相当可疑的。因为"金岳霖问题"绝不是个"二选一"的"立场选择题",即应该肯定还是应该否定"X国哲学"(如"中国哲学")的说法?它更是一种"理由的追问",即人们可以在何种意义上、依据何种理由来谈论"X国哲学"(如"中国哲学")?正是在这里,金岳霖发现谈论"X国哲学"(如"中国哲学")存在着多个理由上的困难:

其一,这种谈论无论如何得"以欧洲的哲学为普遍的哲学问题"——这"虽然有武断的地方,但这种趋势不容易终止",① 换句话说,以一种地缘性发生的传统作为标准,本身是个无奈的但又不得不的选择。②

其二,既然立了这么个标准,那么欧洲以外国家是否存在哲学的追问就面临几种可能的答案,最极端的当然是"有"或"无"这两种断定。金岳霖说:"如果一种思想的实质与形式均与普遍哲学的实质与形式相同,那种思想当然是哲学的。如果一种思想的实质与形式都异于普遍哲学,那种思想是否是一种哲学颇是一问题"。③——伍先生在引述"颇是一问题"一语时,认为金岳霖在这里没有"否定"的意思,只表达了一种犹疑。其实,细读上下文,不难发现这就是一种修辞化的"否定句"。进而言之,根据这个"全有全无"的立场选择,如果金岳霖先生是像伍先生断言的那样,对"X国哲学"的立场持肯定态度,那就意味着"X国哲学"(或者伍先生所说的"民族哲学")在实质与形式上都与欧洲哲学问题无异,这个结论恐怕伍先生本人都不会同意。

其三,实际上,金岳霖先生真正存有"犹疑"的是下面这种情况:如果一地一国的思想"有哲学的实质而无哲学的形式,或有哲学的形式而无哲学的实质,都给哲学史家一种困难"。——这里所谓"困难"就

---

① 参见冯友兰:《中国哲学史》,商务印书馆,2006年版,第485页。
② 值得注意的是,金岳霖先生的这个论断在今天一些学人看来明显具有强烈的欧洲哲学中心论的色彩,但伍先生在此居然放弃了立场批判的机会。
③ 冯友兰:《中国哲学史》,商务印书馆,2006年版,第486页。

是"两难",即面对相较于"普遍哲学"而言是"有实无形"或"无实有形"的思想,断定它是哲学或它不是哲学都有同样的理由。正因为此,有学者把"金岳霖问题"称为"金岳霖悖论"。[①]

从"金岳霖悖论"审视"金岳霖问题",使该问题潜在的问题空间全部敞开,由此我们可以理解伍先生商榷文提到的"金岳霖与冯友兰之争"何以会出现:金岳霖赞扬冯友兰说,"冯友兰先生的态度也是以中国哲学史为在中国的哲学史"(即冯是相信"哲学在X国"的),对这个赞扬冯友兰本人并不领情,他反驳说,"'中国哲学史'讲的是'中国'的哲学的历史,或'中国的'哲学的历史,不是'哲学在中国'",显然,冯友兰自认是赞成"X国哲学"说法的。为什么两个聪明绝顶的大家会产生如此的"误会",就在于他们面对的不是个"二选一"的选择题,而是蕴含"两难"的悖论题。

由此笔者得出结论,"金岳霖问题"的最深刻价值恐怕不在于要人们在"X国哲学"与"哲学在X国"做出"二者必居其一"的立场选择,而是刻画出不少欧洲以外国家的学者群体共同面临的"两难"处境,即在A、B两种答案中,选择哪一方都显得"似非而是"或"似是而非"。

第三节 "金岳霖难题"的普遍性:
以东欧中亚"民族哲学"为例

以上论述表明,金岳霖意识到"中国哲学史"的概念深陷于"中国哲学/哲学在中国"的吊诡处境。所谓"吊诡"是说,这是一个与思想发展程度有关的无解问题。仿佛是有意为此提供新的佐证,在86年后的波兰,哲学史家托马茨·莫洛茨在《波兰哲学史的若干问题》的第一

[①] 参见任文启文章:《金岳霖问题其实是金岳霖悖论:中国哲学合法性问题再探讨》,载《经济研究导刊》2011年第4期。

章居然提出"Polish Philosophy or Philosophy in Poland？"（波兰哲学还是哲学在波兰）。① 两年后，乌克兰哲学史家也按照这个套路提出了"乌克兰哲学，还是哲学在乌克兰"的问题。从文献索引笔者找不到他们是否参照了金岳霖提问的证据，我们或许可以将这视为非西方国家在编纂"民族哲学史"的一种集体无意识情结。换句话说，这证明"金岳霖难题"不光为我国独有，在当代世界也未过时，它是后发国家面对的普遍性问题。

对于这样的难题，文化民族主义提出了最简洁的解决办法，那就是重新开始以民族国家为本位的文化和思想叙事。1990年代以后，东欧中亚一些前苏联国家全面塑造自己的文化特质。相当多国家用拉丁字母取代了西里尔字母，波兰、乌克兰以及中亚一些国家也相继提出构建"民族哲学"（national philosophy）的议题。笔者以national philosophy为主题词检索英语文献，所见如下：其一，民族哲学主题的文章在英语世界出现得很晚，数量很少。目前所见文章不到10篇，基本都出现在2013年以后。在此之前，美国"价值与哲学研究理事会"在2005年出版的文集《东非的社会和宗教关注》中曾列有"构建民族哲学"一章，但这篇仅仅3页的文字只是肯尼亚学者介绍该国总统莫伊的所谓"Nyayo哲学"，相关论述几无哲学价值。② 其二，2013年后英语世界出版的民族哲学类文章的作者基本来自俄罗斯、乌克兰、立陶宛、波兰、土耳其、阿塞拜疆、哈萨克斯坦等。③ 其三，近几十年来，欧美国家的学者或学

---

① Tomasz Mroz, Selected Issues of the Histroy of Polish Philosophy, 转引自 Sergii Rudenko, Serhii Yosypenko, "National Philosophy as a Subjuect of Comparative Philosophy", 载 *Sententiae* 37:1 (2018) ,p122.

② 参见英语文集 *Social and Religious Concerns of East Africa: A Wajibu Anthology*, edited by G. J. Wanjohim, 2005 by The Council for Research in Values and Philosophy. Chapter 11, Constructing the National Philosophy, by James Good.

③ 参见 Serjii Rudenko and Serhii Yosypenko, "National Philosophy as a Subject of Comparative Research", 载 *Sententiae*, Volume XXXVII, Issue 1, 2018, p120.

界基本没有谈论民族哲学的文章。这三点发现印证了一个事实：近十年国际学界热衷谈论民族哲学的学者主要来自东欧与中亚一些苏联解体后独立的国家。

乌克兰基辅舍甫琴科国立大学副教授 Sergii Rudenko 在"作为一个比较研究课题的民族哲学"一文提到，近几年立陶宛维尔纽斯大学聚集了一批来自立陶宛、乌克兰、白俄罗斯和波兰的学者，其共同旨趣是在比较研究的视域内发掘各自民族哲学的特性。这里的民族哲学强调哲学的国别性身份，并将这种身份意识贯穿于各国的"民族哲学史编纂"（historiography of national philosophy）。Sergii Rudenko 指出，这项修史工作在乌克兰、立陶宛、波兰等已经开展起来，乌克兰最早的"民族哲学史编纂"出现于 1990 年代，作者是 Vilen Horsky（1931—2007）。[1]

显然，编写国别性的哲学史，即编写以现代民族国家为本位的哲学史，是民族哲学关注的第一要义。当然，仅仅这一点无可厚非，因为数百年来，国别性的哲学史一直就是哲学史存在的主要形式，由此而有古希腊哲学、古罗马哲学、英国哲学、法国哲学、德国哲学等。不过，这里有一个值得注意的区别：从古希腊到德国哲学的国别性哲学史，总体来说都属于西方哲学史的范畴，而现在提出民族哲学史编纂目标的国家，大都是非西方世界的国家，或者是处于西方边缘的国家。这些国家提出的以民族国家为本位的民族哲学或民族哲学史编纂，主要是为建构或申明其自古以来特有和独占的思想主权。

思想主权无疑是从政治主权概念挪用而来，它将政治的主权诉求延伸到思想领域。这种主权延伸诉求在两种国家里表现最明显：一种是二战之后尤其是冷战之后新独立国家，它们在致力于建构本国政治主权的同时，也积极推进以自己国家为本位的独立文化叙事，以强化国民的

---

[1] 参见 Sergii Rudenko, Serhii Yosypenko, "National Philosophy as a Subjuect of Comparative Philosophy", 载 *Sententiae* 37:1 (2018) 120-123。

文化认同，所以确立本国的民族哲学无疑是在精神层面上伸张主权。另一类国家并不是新独立的，其国家的政治史和文明史可能非常久远，思想文化谱系源远流长，但它们进入现代以来形成的思想史叙事在概念框架、范畴谱系和概念解释等方面基本是以西方哲学史为蓝本的，为此，撰写以自己国家为本位的原汁原味的思想史，显然具有收复思想史主权的意味。所谓"原汁原味"是说，这样的精神历史应该是"异西方的"（incommensurable）或"与西方无涉的"的。

然而，在哲学史或思想史领域收复主权的意愿往往会遇到一些来自常识的挑战。西方哲学史中的笛卡尔（1596—1650）无疑是法国人，也是在法国名校完成的学业，但其一生的主要著述都是在1628年移居到思想环境比较自由的荷兰后完成的，他用的文字是拉丁文，①他的《形而上学的沉思》以及普遍怀疑主张和"我思故我在"的论断，似乎与当时法国的民族性没什么直接联系，甚至与他长期寄居的荷兰、最后客死的瑞典也没什么直接关系。要想界定他的思想的民族性，殊非易事。②再比如被誉为"阿拉伯第一圣哲"的伊本·西纳（980—1037），他是塔吉克人，生于今天乌兹别克斯坦的宗教名城布哈拉附近，该地在他生活的时代先后属于萨曼王朝、喀喇汗王朝和伽色尼王朝的治下，晚年他前往波斯的伊斯法罕，最后逝世于哈马丹。由于其一生经历的王朝和国家众多，因此今天的词典史书只能笼统地称其为"中亚哲学家"，当然，由于其主要著作用阿拉伯文书写，他也常被称为"阿拉伯哲学家"。

---

① 本尼迪克特·安德森在《想象的共同体：民族主义的起源与散布》说过，在拉丁文死亡之前，"民族国家"概念不可能在欧洲出现，参见该书中译本，吴叡人译，上海人民出版社，2005年版，第18页。

② 法国思想史家弗朗索瓦·阿祖维在《笛卡尔与法国：一种民族激情的历史》（译者苗柔柔等，中国人民大学出版社，2008年版）将笛卡尔与法国联系起来。但该书的基本内容是，笛卡尔生前一直不兼容于法兰西，去世12年后其著作被路易十四时代当局列为禁书，其门徒也长期受到迫害。到了18世纪，法兰西在启蒙思想家引导下渐渐成为"笛卡尔式的国家"。因此，该书与其谈论的是笛卡尔的法国特性，不如说是谈论笛卡尔如何改造法兰西的思想特性。

1980年伊本·西纳诞辰1000年时，在联合国教科文组织倡议下，阿拉伯联盟、伊朗以及一些中亚国家都对他进行纪念，至今塔吉克斯坦和乌兹别克斯坦的网站都把他列为自己本民族的哲学家。① 显然，要想说清楚伊本·西纳哲学的民族性是一件相当棘手的事情。② 再有，1991年出现的国家阿塞拜疆近年来不断塑造自己的思想史，被他奉为文圣人的12世纪思想家虽然出生在现代阿塞拜疆境内，但其主要作品都是用波斯文写作的，在波斯文化圈影响较大。

显然，将当代政治的、法理性的国别史范畴套用于古代史叙事，这是引发当今许多物理领土归属和思想史领土归属纷争的重要方法论原因。所谓"国别史"亦称"国别体史书"，其要义是以国家为单位分别记叙历史事件。虽然"国别史"是一种史书体裁，但今日的"国别"却是现代国际政治体系的一个基本单位，它享有充分的主权，包括国家平等、清晰界定的边界、具有外交权和军队指挥权，等等。进而言之，"国别"概念强调国与国的"非此即彼"差异原则。基于这种"国别"观念形成的"国别史叙事"由此具有两个鲜明的方法论特点：第一，它强调每个国别，无论大小，都具有自己的独立来源，自己的独立运行的传统；第二，它在书写历史事件、历史地域、历史政权、历史人物时，一旦与其他国别史叙事发生冲突，往往会强硬的采取"排他性归属原则"，从而导致国与国之间的"文化冲突"，这是当代文化民族主义常见的现象。

总而言之，将现代国别区分所采取的"排他性归属原则"套用于古史叙事，无论是政治史还是思想史叙事，必然导致哲学上所说的"范畴误置"。

---

① 徐远和等主编：《东方哲学史：中古卷》，人民出版社，2010年版，第十五章第四节"伊本·西纳的哲学思想"。

② 类似的例子不胜枚举。当代阿塞拜疆将生活于12世纪的尼扎米·阿丁·阿布·穆罕默德·伊里亚斯·伊本-扎克·伊本-穆阿亚德（简称"尼扎米"）推崇为其国家的第一圣哲，但尼扎米的所有诗歌作品都是用波斯语书写的，他是波斯文学史上的重要里程碑，而波斯文学史是现在伊朗、阿富汗、阿塞拜疆以及今天一些中亚国家共享的历史，因此如何界定尼扎米思想的民族性，也是个棘手的问题。

当然，与"民族哲学"构造并行的，依然是一种单数形式哲学的关切。近年来，俄罗斯、日本学界多有"俄罗斯有哲学吗？"或"日本有哲学吗？"的讨论。2019年9月21日—22日中山大学举办"第六届中日哲学论坛"，其主题是"哲学在东亚的接受、转化与发展"，会议多有"哲学在中亚的接受""哲学是什么——在东亚重新思考其意义"等论文。这些证据再次表明，"'X国哲学'vs.'哲学在X国'"以及由此衍生的"X国有哲学吗？"一类问题，在"后发国家"普遍存在。不仅是当今的后发国家，有证据表明，在19世纪末和20世纪的美国哲学界，当时也曾笼罩着"美国有哲学吗？"这个问题。

第四节 "赛义德难题"带来的挑战

建构本己国家的哲学，撰写本己国家的哲学史，这样的努力反映了相关知识群体的一种关切：后发国家的学术共同体能否摆脱发达国家学术的覆盖性影响，以重建或确立自己的学术主体性？前不久，我国有学者提出"当代文论重建路径""当代学术话语重建"的主张，其中就蕴含着"重建中国学术主体性"的绝大主题。

然而，"金岳霖难题"已经提醒我们，后发国家面对西方学术一向要处理两个相关而又不相同的任务：一是全面了解借鉴西方学术；二是在借鉴其成果时要尽力保持或者致力于重建自己的学术主体性。忽略前一个任务，后发国家的理论生产会长期困囿于僵化简单狭隘的格局。有学者正是在这个意义上指出："对西方文论要有敬畏之心，新时期以来的西方文论改变了中国文艺理论的研究格局，没有它，中国文艺理论的局面不会像现在这样先进、开放、深入和完整。西方文论的进步意义大于消极意义，这是必须充分肯定的。"[①] 但如忽略后一任务，后发国家

---

① 徐远和等主编：《东方哲学史：中古卷》，人民出版社，2010年版，第318页。

的学术群体或会沦为发达国家先导学术的"模仿者"或"复制者"。为此，时时呼唤或提醒学界的"自主性"意识构成了后发国家知识群体的一大特征。笔者以为，上述两点任务体现下一章将要讨论的主题，即"后发国家的启蒙辩证法"。①

然而，过去半个多世纪的事实表明，后发国家学术界对于"是否应当重建学术主体性"早已不存在重大争议，最大的挑战来自"如何能够重建学术主体性"。简言之，能否实现"从应当到能够"的转变才是问题的关键。

上世纪70年代末，美国学者赛义德推出批判西方学术中心论的里程碑著作《东方学》。该书梳理了西方二百年来"东方学"的建构历程，指出所谓"东方"是西方学术群体集体想象的产物："这里的关键是，亚洲通过欧洲的想象说话并且由于欧洲的想象才得到表述。"② 西方对东方的想象包含两层意义：其一是日常印象建构，东方被视为异域、怪异和偏执落后的象征；其二则是关于东方的学术语言的建构，在"东方学"话语中，事实上的东方并不是一种"直接在场"（presence），而是一种诉诸特定表象、特定概念系统和特定经典叙事的"间接在场"（re-presence）。③ 这后一点最让人头疼，因为即使是一个东方人，如果不借助西方人建构的东方学叙事，便不能有效谈论自己的思想和文化！后发国家知识群体能否在思想和学术上变"间接在场"为"直接在场"？能否从对于西方的"被动方"变为平等的"主体方"？笔者将这些问题称为"赛义德难题"，而这也正是许多后发国家学术共同体的"失语症焦虑"的根由所在。

"赛义德难题"的关键在个"难"字：一方面，《东方学》的出版

---

① 参见李河：《当启蒙遇到国际政治——后发国家的启蒙辩证法》，《求是学刊》，2016年第5期。
② 爱德华·W.萨义德：《东方学》，王宇根译，三联书店，2007年版，第70页。
③ 同上书，第28页。

大大推动了全球范围内批判"西方中心论"或"后殖民文化"的浪潮，为第三世界国家的文化自主提供了强势的合法性论证；但另一方面，后发国家知识群体能否将东方这个地理意义上的"日出之地"变为精神上的"日出之地"？能否在重建学术主体性方面实现从"应当"到"能够"的转变？这对世界上绝大多数后发国家都是个难以跨越的"鸿沟"或"卡夫丁大峡谷"！

骨感的现实是，尽管赛义德等人大大唤起了后发国家知识群体的自主性意识，但几十年来，在赛义德提到的众多国家地区，如埃及、土耳其、巴勒斯坦、伊朗、印度等，学术主体性重建进展甚微。笔者近年多次参加后发国家的学术论坛，感觉不少学者虽表现出强烈的学术主体性重建意识，却往往将主体意识简单归结为地域意识或国别意识。近十年来东欧、西亚和中亚等国学界热议"民族哲学"（national philosophy）议题，让人感觉仿佛只要在"哲学"前冠以国别名称，并把本国的学术史拿到国际论坛亮相，就算实现了哲学主体性的建构。但一个心照不宣的事实是，这类论坛往往是国际学界最缺乏学术深度、追问质量和反思批判精神的平台。地域或国别名称固然是有待建构的学术主体的构成要素之一，但用严格的哲学术语来说，它不是"使学术主体成为学术主体"的本质要素，这个本质要素归根结底是思想的力度和理论对他者的吸引力。单纯强调学术思想的地域归属不能保证其真正学术主体的成立自存，不能保证其学术从"间接在场"转变为"直接在场"，更大的可能性是落入学术民族主义。要使这种民族主义成为学术主体重建的桥梁而不是终点，就必须用"思想主体"概念扬弃"地域主体"概念。"主体"（subject）在哲学上本来就意味着"自立自因自成"的理性，就此而言，思想主体性的重建才是学术主体性重建的题中应有之义。

后发国家的思想主体性重建需要哪些条件？这个论题超出了本书的范围。但要判断后发国家是否实现了思想主体性，我们可以参照本书第五章结尾引述的布尔迪厄的那个识别标准：看看你的文本或思想观念能否在"国际流通"中成为其他国家争相引介谈论的主题。[1]也就是说，你能否使你的学术和思想成为其他大多数人所意欲谈论的学术和思想。这一方面需要人们以学术的、思想的自主性姿态面对自己的"实事"，另一方面需要人们把通常在"地域"意义上界定的"外来思想或学术"变为平等的对话者。

第五节 结论

最后可以概括一下本书对"金岳霖难题"的立场，我愿套用《中庸》的说法将其概括为：执其两端而用其中。这是说，我反对在缺乏清晰反思和追问的情况下，陷入"中/西哲学""本土/外来哲学"的二元对立，陷入偏执一端的立场。在我看来，与其进行这种静态的、本质主义的选择，不如采取"回到事情本身"的态度，采取扬弃二元对立"回归中道"的立场。这个"事情本身"或"中道"应该是清楚明白的反思和透彻到底的追问批判。顺便说一下，所谓"反思和追问"正是"哲学之为哲学"，也即哲学区别于其他学科的根本特征——即哲学不仅承诺某种关于世界图景或人生态度，更重要的是要对某种世界图景、人生价值体系等赖以得到支撑的信念体系和概念系统进行彻底的"再思和追问"。正是在这一点上，哲学区别于一般宗教神话、人生教条，区别于一般的经学。顺便再说一下，有人会反驳说，"反思和追问"犹如"分析的传统"一样，只是在古希腊发源的，我们的"哲学"完全可以没有那些内容。这个反驳显然包含着一个未经反思和追问的假定，即任何地缘性发生的东西，其有效性只能局限于该地域本身。这个假定显然是站不住脚的。因为任何反思和追问固然是地缘性发生的，但其有效性却是以超越地缘性的尺

---

[1] Bourdier, "The Social Conditions of the International Circulation of Ideas", in *Bourdier: A Critical Reader*, edited by R. Shusterman, Blackwell Press, 1999.

度来衡量的，而哲学的致思恰是一种走出地缘有效性的力量。在这个意义上，偏执于中希对立或中西对立，本身就不是哲学的态度。

第九章　后发国家的启蒙辩证法：自主性 vs. 外来性

第一节　启蒙叙事：无国界话语 vs. 国别性话语

启蒙是将理性的进步与自由的历史联系起来的事业，启蒙思想涵盖了现代经济、政治、社会和文化等赖以建构的基础观念和规则。不过，哲学家与思想史家谈论启蒙的话语习惯往往是不同的。

1784 年，哲学家康德在论文《什么是启蒙？》中说，"启蒙是人类摆脱自我招致的不成熟……要有勇气运用你自己的理性！这就是启蒙的座右铭"，①这里说的"启蒙"显然是无国界话语，它针对整个人类。当后人将"启蒙精神"概括为崇尚理性进步和自由平等、反对宗教迷信和权威时，这些特性也被视为所有现代性社会应有的普遍有效规定性。因此法国当代思想家福柯认为，康德的论文触到了近现代哲学唯此为大的话题，"对启蒙问题，现代哲学既无力回答，也从未成功地回避。它在 200 年来一直以不同形式重复着。自黑格尔起，经由尼采或马克斯·韦伯，再到霍克海默或哈贝马斯，没有哪个哲学能绕开启蒙这个问题"。②

与哲学家不同，思想史家更喜欢用地缘性或国别性话语谈论启蒙，因为在以民族国家为本位的世界，启蒙总要化身为特定国家中的特定思

---

① 康德：《对这个问题的回答：什么是启蒙？》（简称《什么是启蒙》），载《启蒙运动与现代性：18 世纪与 20 世纪的对话》（以下简称《启蒙运动与现代性》），詹姆斯·施密特编，徐向东、卢华萍译，上海人民出版社，2005 年版，第 61 页。

② 参见 M. Foucault, What Is Enlightenment? 载福柯文集 *Ethics: Subjectivity and Truth*, edited by Paul Rabinow, translated by Robert Hurley, The New Press, New York, p303.

想文化运动，即"启蒙运动"。2004年，美国学者西梅尔法布推出《现代性之路：英法美启蒙运动之比较》（简称《现代性之路》）一书。作者一反将启蒙运动视为18世纪法国专利的传统看法，指出英国和美国也各有其启蒙运动："英国启蒙运动体现了'美德的社会学'，法国的体现了'理性的思想'，美国的则体现了'自由的政治'。……三个启蒙运动具有截然不同的社会及政治内涵，产生了截然不同的社会及政治后果。"[1] 其实，岂止英法美，"现代性之路"的英文标题业已表明，从理论上讲，启蒙应是所有国家走向现代性的"出路"（Ausgang 或 way out）。[2] 但尽管如此，启蒙思想或启蒙运动在不同国家中的命运还是极为不同的：

从时间来看，各国启蒙运动有先发后发之别，如上文提到的英法美（还可加上德国）今天虽同属发达世界，但其当初的启蒙运动都不是同时始终的。与之相比，对至今尚处于转型期的俄罗斯或中国而言，启蒙更是"迟到的"运动。再深究下去，今日世界依然不乏尚未经过启蒙运动洗礼的国家。

从空间来看，在全球或区域范围内，启蒙观念和话语会像日本思想家福泽谕吉所说的"麻疹的流行一样"，[3] 经历从先发国家向后发国家、从中心区域向边缘区域的传播过程。谨以东亚而言，19世纪中叶日本明治维新时期的启蒙思想深受欧美启蒙思想的影响，此后它又转而成为中国19和20世纪之交思想启蒙的重要源头之一。

无国界话语与国别性话语对"启蒙"一词，直接体现为单复数的区别。对康德、卡西尔、阿多诺或福柯来说，"只有一个启蒙"，启蒙的

---

[1] 参见格特鲁德·希梅尔法布：《现代性之路：英法美启蒙运动之比较》，齐安儒译，复旦大学出版社，2011年版，序言第13—14页。

[2] 西梅尔法布书名中的"现代性之路"，在英文中使用的是复数语词 roads。关于"出路"的说明，见 M. Foucault, What Is Enlightenment? 载 *Ethics: Subjectivity and Truth*, p305.

[3] 见福泽谕吉的短文《脱亚论》。

真谛是单数性的，启蒙精神的具体内涵尽管可以多样，但应是融贯一体的。反之，思想史家笔下的启蒙则多是复数性的，其惯用陈述是："各国启蒙运动都是独特的。"①

不过，"各国启蒙运动都是独特的"的说法会带来截然相反而又彼此相关的追问。一方面人们会问，如果各不相同，何以都被称为"启蒙"？这种名称挪用的依据是什么？这显然涉及对启蒙内涵的共同理解问题。

相反的追问则揭示出"差异"的模糊性。"各国启蒙运动都是独特的"看似凸显了不同国家在历史传统和具体处境上的差异，实则遮蔽了"差异与差异之间的差异"。举例来说，世界各国虽千差万别，但拿英法美等国的相互差异，来比较它们与东方国家的差异，其差异实在不可以道里计。正是基于"差异与差异之间的差异"，主流现代化发展理论才会搁置英法美各国的区别，将它们统统归入"原发现代性"国家，并相应将中国、印度、泰国等归入所谓"后发现代性"国家。不仅如此，在这个发展高度不均衡的世界，时间意义的"原发"与"后发"还会衍生出空间意义的"中心"与"边缘"分野。在这么一个时空交错的当代世界谈论"启蒙"，那种无国界的哲学话语不可避免要遭遇充满国家至上意识的国际政治话语的挑战。国际政治是高度竞争的，涉及国际政治的话语也是极端自利的，这样的语境对于国别性的启蒙运动的产生和发展，对于人们对"启蒙"含义的追问，可能会产生十分重要的影响。

第二节　两种启蒙叙事：原发型 vs. 后发型

1. 单数形式的启蒙和复数形式的启蒙

在启蒙研究的国别性话语中，"原发型启蒙运动"和"后发型启蒙

---

① 希梅尔法布：《现代性之路：英法美启蒙运动之比较》，齐安儒译，复旦大学出版社，2011年版，序言第13页。

运动"是一对重要概念。所谓"原发"和"后发"是从上世纪五六十年代发展社会学借用的说法，原本用来刻画进入现代性进程的两类国家。英语"原发"常写作 primordial 或 primary，意思之一是时间意义的"先发"或"早发"（即 early development 或 first moving），① 与之对应的是"晚发"或"后发"（late development 或 secondary moving），美国学者 M. 列维在《现代化与社会结构》一书还使用了"后发者"（late-comer）一语。② 除此之外，"原发"还有一个更重要的含义，即强调发展动因的"内源性"（indigenous 或 endogenous）。③ 依照我国现代性问题专家罗荣渠先生的概括，这是指某个社会的现代化变革需求是内生的，与之对应的则是所谓"外源性"（exogenous development），即现代化的动因来自外部的强力影响，它通常会打断社会自身的渐进连续性发展过程。

"原发""后发"用于国别性现代化研究已成惯例，思想史家却很少将其用于启蒙运动研究，这不奇怪。在很长时期内，不仅哲学家的"启蒙"是单数概念，思想史家笔下的"启蒙运动"也是单数性的——谈到

---

① "先发"或"早发"在发展社会学中有多种表述，如美国学者 C. E. Black 在 The Dynamics of Modernization: A Study in Comparative History 一书多次使用 the societies that modernized earliest（率先现代化的社会）这样的说法，参见该书英文版，*A Publication of the Center of International Studies*, Princeton University, 1966, p8.

② 参见 M. J. Levy, JR. Modernization and the Structure of Societies 中的一节 Indigenous Developers of Modernization and Late-comers to the Process. 作者特别提到，在 18 世纪以后的世界，除了英法美三国，"其他社会都是后发者的社会。当然，德国是相对早发的后发者社会（a relatively early late-comer society），俄罗斯是相对晚出的后发者社会，日本更晚，比之还晚的是中东社会，以此类推"，语见该书 1972 年版，New York: Basic Books, p16.

③ "内源型现代化"在英文中至少有两个表述。上一注释提到，列维 Modernization and the Structure of Societies 一书中使用了"Indigenous developers"（内源性发展社会）的说法，列维说，这是指"立足于现存社会，在较长时间内使其社会结构得到渐进发展的社会"。英文中还有一种从经济学借用来的用法，即 endogenous（内生性的），相关讨论参见罗荣渠：《现代化新论：世界与中国的现代化进程》，北京大学出版社，1993 年版，第 123 页。

启蒙运动，人们只想到18世纪的法国，想到伏尔泰、狄德罗和卢梭等法国思想家，想到作为这一启蒙运动果实的法国大革命。[①]当然，亦有学者在考察法国启蒙运动源流时会旁及他国思想资源，德国思想家恩斯特·卡西尔上世纪30年代出版的《启蒙哲学》甚至刻意回避了"法国启蒙运动"的说法，而代之以"18世纪启蒙哲学"。此外，他对启蒙思想渊源的追溯也远远越出法国。谈到理性，他会追溯到英国的牛顿、德国的莱布尼茨；谈到政治思想，会提及苏格兰传统的洛克、休谟；谈到历史观，会提到意大利的维科；在检讨启蒙运动的思想效应时，还提到康德和黑格尔等等。但即便如此，全书思想骨干依然是"法国中心观"的：非法国的思想或是作为法国启蒙运动的来源，或是作为这种运动的后续思想效应。

但18世纪结束后，日益澎湃的全球浪潮将越来越多的国家（无论其主动还是被动的）卷入现代性进程。作为民族国家进入现代性进程的"思想话语标配"，冠以"启蒙"之名的思潮在许多规模以上的国家相继出现，它们通常构成了值得叙述的近代史的开端，"启蒙运动"一语由此获得复数形态。但这种复数形态意味着什么呢？

一种理解认为法国是唯一的"原发启蒙运动"国家，所有他国的类似思潮都是"后发"的。"后发"意味着这些运动无非是法国的翻版或复制，其"启蒙"之名不过是对法国的挪用。这种看法还有一个深层意蕴，即认为伏尔泰、狄德罗、孟德斯鸠、达朗贝尔等法国思想家已然穷尽了启蒙思想的全部要义，崇尚科学、进步和自由，反对宗教、权威和迷信，理性为王，这就是现代性社会赖以产生和发展的全部基础性要素，"后发启蒙运动"不过是这种精神的多样性展开。

[①] 霍克海默在《反对自己的理性：对启蒙运动的一些评价》一文谈到："法国的18世纪曾被称为启蒙的时代。……就法国启蒙运动而言，它要攻击一切形式的神话。"参见詹姆斯·施密特编：《启蒙运动与现代性：18世纪与20世纪的对话》，徐向东、卢华萍译，上海人民出版社，2005年版，第369—370页。

但还有另一理解,认为18世纪的法国只开发或释放了某些而非全部的现代性思想资源。除法国外,尚有其他国家也在探究现代性基础性规则方面贡献了大量思想,并且这些思想对法国启蒙运动的负面效应具有矫正治疗的意义。更重要的是,这些思想运动的动因主要不是来自外部,而是呼应着这些国家的内在发展要求,因而是内源性的。就此而论,它们也属于"原发启蒙运动"的国家。

2. 英法美启蒙运动的原发特征

前文提到的《现代性之路》倡导要"重温启蒙运动",作者西梅尔法布的首要动机是要改变"将启蒙运动研究的视野集中于法国"的传统做法。与此同时,作者的另一动机是"要恢复英国人的地位……(因为)他们确实创造了一个与法国人迥异的启蒙运动"。最后,作者还希望读者高度关注美国启蒙运动。她指出,如果说引发了法国大革命灾难的法国启蒙运动居然都有历史创造之功,那么以平和得多的方式缔造了一个"未来之国"(黑格尔语)的美国启蒙运动,更应在世界史上拥有一席之地。

总体来说,西梅尔法布隆重推荐的是这样一个观念,18世纪到19世纪初其实是启蒙运动三分天下的时代。为配合这个思路,她把全书3/5章节分配给英国启蒙运动,而一向被视为启蒙运动原发地的法国则仅仅与美国的篇幅一样,各占1/5。此外,为凸显英国和美国启蒙运动对法国思想的治疗作用,作者对法国启蒙采取了高调批判态度。在她看来,18世纪法国知识群体倡导的理性、进步和自由概念过于哲学,[①]难免与一个国家的常态历史演化和渐进政治发展相脱节。不少法国启蒙思想家将强烈的敌我分明的政治意识带入思想话语建构,理性、进步和科

---

① 《现代性之路》中的这个观点十分强烈,但它并不新鲜。黑格尔在《历史哲学》最后一章最后一节"启蒙运动与革命运动"中说:"法国大革命是'哲学'的产物……它从'哲学'得到第一推动。"参见黑格尔:《历史哲学》,王造时译,上海书店出版社,2001年版,第440页。

学在伏尔泰、狄德罗、达朗贝尔那儿演化成暴烈的意识形态叙事，宗教和习俗则相应沦落为理性的死敌。① "理性观念是宗教观念的反面说法，《百科全书》宣称，'理性之于哲学家，就像圣恩之于基督徒。'"再有，多数人推崇的理性为王的观念很容易蜕变为"彻底改变社会制度，使整个国家再造"的理想政治方案。所有这一切注定为造成法国社会断裂性灾难的法国大革命埋下了业因。大体说来，西梅尔法布对法国启蒙思想的评价，远未超出霍克海默－阿多诺上世纪40年代在《启蒙辩证法：哲学断片》一书中的看法，即理性走向反面。这种看法与黑格尔当初在《历史哲学》中对法国启蒙运动和法国大革命的积极评价简直是天差地别。②

以充满革命原罪的法国镜像为参照，西梅尔法布对所谓英国启蒙运动青眼相加。她认为，早在18世纪前，这个诞生了经验论哲学、牛顿科学并拥有发达现代商业的国家就走上了渐进理性的现代性之路。如果说法国无神论对宗教的无情批判割断了历史传统的连续性，瓦解了现代社会美德重建的精神基础，英国启蒙运动的核心特征恰恰在于，从曼德维尔、洛克、哈奇森到休谟和亚当·斯密的思想家们一直在思考，如何才能确立一套以"同情""怜悯"和"仁爱"等及于他人的道德情感为基础的社会美德，从而为以自利为动力的商业社会配置相应的道德文化资源，以保证社会政治和传统习俗延续的稳定性。

---

① 这大约与这些法国思想家的经历有关，如伏尔泰、狄德罗都有过因言获罪的经历，卢梭曾遭到通缉，达朗贝尔去世时被剥夺相关宗教仪式，而孔多赛死于监狱。

② 西梅尔法布在《现代性之路》中，将"法国启蒙运动：理性的意识形态"这一章的最后一节确定为"启蒙运动与法国大革命"，而黑格尔也把《历史哲学》全书最后一编最后一章的最后一节确定为"启蒙运动与大革命"，将这两部分对读，感觉截然相反。黑格尔对法国启蒙运动的评价极高："自从太阳站在天空，星辰围绕着它，大家从没有看见，人类把自己放在他的头脑，放在他的'思想'里，而且依照思想，构造现实。阿那克萨戈拉早说过，'奴斯'（理性）统治世界，但直到现在人们才意识到思想应当统治精神的现实。所以这是一个光辉灿烂的黎明，一切有思想的存在都分享到这个新纪元的欢欣。"见黑格尔：《历史哲学》，王造时译，上海书店出版社，2001年版，第441页。

谈到美国，西梅尔法布认为，英国的渐进理性观念对这个年轻国家产生了深刻影响。但作为从英国独立的国家，18世纪下半叶美国启蒙思想家关心的首要问题是，如何将孟德斯鸠的政治理想转化为现代政治体制设计，如何建构一个高效又受到限制的政府，以最大限度地保证人的政治自由。基于对英国经验和法国大革命的反省，这些思想家虽然相信宗教和美德（无论是社会的还是个人的）对社会的重要性，但并未因此而让宗教原则或美德培育出现在美国宪法文本之中。① 在他们看来，美德是教育的事，宗教是社会的事，国家不能包揽从信仰到道德教化、再从道德教化到社会治理的所有事务。如何保证公民的政治自由，是这个年轻国家政治秩序设计的首要问题。

西梅尔法布关于英法美启蒙运动三足鼎立的看法言之成理，但也带来一个疑问：既然三国启蒙运动主题迥异，它们何以都被冠以"启蒙"之名？对此《现代性之路》的简短后记有这样一段文字："美德的社会学、理性的思想意识、自由的政治——这些观念在今天依然引起人们的共鸣。……如果说这三个启蒙运动宣告了现代性的到来，或者至少是现代性的一个新阶段或一个新变奏，那么后现代主义者将今天称为后现代就是合理的。"② 如此看来，探索现代性的基础规则，配置基础的观念和话语装置，这该是它们共享"启蒙"名称的合法性依据。就这套装置而言，法国多数启蒙思想家坚执的理性进步观念固然重要，但却不够。英国美国的启蒙思想家也从不同进路对现代性的基础规则进行了原创性

---

① 《现代性之路》第122页和第125页有两段非常精彩的论述："美德是宪法的先决条件，但它并没有出现在宪法文件之中。宗教也没有出现。两者的遗漏基于同样的原因：因为人们都假定它们处于人性的深处，它们本身都在人们的习俗、传统和非正式制度内得到了体现。使美德宗教两者之一成为政府的直接目标会适得其反，削弱产生它们并保持它们的自然推动力。教育而不是政府才是推广美德的合适方式。""而教会与国家的分离并不意味着教会与社会的分离。相反，宗教更加深入到社会中，因为它不是政府规定并建立的。托克维尔对此解释说，这也是宗教与自由相辅相成的原因。"

② 同上书，第187页。

探索。"原创性"意味着，三国启蒙运动的动因都是"内源性"的，其思想家所贡献的观念和话语也是先导性的，因而三国都可以被视为"先发启蒙运动"国家。

不过，"英法美三国启蒙运动"这个表述在命名使用上依然面临一个难题，即所谓"命名倒错"。人们之所以把法国视为启蒙运动原发地，一个重要理由是"启蒙"一词最早出现在法语。1733年法国神父杜波斯首次使用了 Siecle des Lumieres 一词，此后卢梭在1750年的著名论文《论科学与艺术》也使用了它。在德国，与此对应的概念 Aufklarung 是在1783年《柏林月刊》提出"什么是启蒙"那个著名问题后才正式亮相的，这印证了那个传统看法，即"启蒙运动"在语言发生学上特指法国，如果后来国家用它指称类似思潮，就是"挪用"。当然，把这个名称挪用于法国大革命以后的思潮并无不可，但西梅尔法布还把它挪用于英国，这就造成了"命名倒错"。因为英国虽被视为人类史上最早的启蒙运动发生地，但英语中的启蒙运动（enlightenment）一词却最是姗姗来迟，以至到了1899年，黑格尔《历史哲学》的英译者还在用法文 Eclaireissement 来翻译启蒙运动一词，[①]并抱怨说，"英语当前尚没有指示这场伟大的知识运动的专门语词"。据此西梅尔法布说英国是个"有启蒙运动之实却无合适的语言予以表达"的国家。[②]当然，这种命名的事后"追认"不算违法，事实上霍克海默等在《启蒙辩证法：哲学断片》

[①] 这个事实和法文语词，可参见王造时先生为黑格尔《历史哲学》所作的中译者注释："'启蒙'一字在德文原著为 Aufklarung。英译者认为这在英文中没有恰当的译名，而法文中 Eclaireissement 一字比较能够给人以专门的概念，所以就用了这个法国字。按这种运动就是指十八世纪前期开始的智慧方面的大运动，这虽然不是法国大革命的主因，当然也是导师。英美作家时常称这种运动为 intellectual enlightenment，就像我国的五四运动也有这个名称，所以现在译为'启蒙运动'。"参见黑格尔：《历史哲学》，王造时译，上海书店出版社，2001年版，第451页。同样的叙述，还可参见《现代性之路》，序言第7页。

[②] 格特鲁德·希梅尔法布：《现代性之路：英法美启蒙运动之比较》，齐安儒译，复旦大学出版社，2011年版，第7页。

开篇就断言：培根的"知识就是力量"涵盖了全部的启蒙精义。①

以上对英法美三国启蒙运动的分析，可引申出"原发启蒙运动"的几个特征：从时间看，这些运动具有相对"先发"特点；从动因看，这些运动的产生发展主要源于其社会内部的发展要求；从效果看，这些运动的思想文化成果对其他国家的现代性进程具有示范意义。与此对应，"后发启蒙运动"的特征在于：这些运动是"晚出的"或"迟到的"；这些运动的发生动因往往是"外源性的"或"外部压力型的"；这些运动往往具有由政治或知识精英引领的自上而下的特点；等等。这些特性在现代化发展模式的分析中已为人们熟知，但它们尚未触到国别性启蒙运动的那些深层差异。

第三节　后发国家的启蒙困境：工具理性 vs. 价值主体性

1. 启蒙思想群体的家族相似特征

将启蒙分为"原发"与"后发"，不只为讨论"命名挪用"这样的简单问题。地球不是平的，不同国家在国际秩序中向有强弱之分。一般来说，原发内源型启蒙运动国家，大多是现代性初期在科技、经济、政治建构和思想文化等方面居于中心地位的国家，其他因外源性压力而出现启蒙思潮的国家，则在当时的全球或区域范围内处于依附或边缘境地。这样，用以刻画启蒙运动发生学特征的"原发内源型"与"后发外源型"概念，便转换成相关国家在国际秩序中是处于"中心"还是处于"边缘"

---

① 其实，西梅尔法布并不是所谓"英国启蒙运动"一词的第一发明人。霍克海默和阿多诺早在1944年《启蒙辩证法：哲学断片》中就指出："'经验哲学之父'培根早就归纳了启蒙的主旨：……知识就是力量，既不听从造物主的奴役，也不对世界统治者逆来顺受。"参见马克斯·霍克海默、西奥多·阿道尔诺：《启蒙辩证法：哲学断片》，渠敬东、曹卫东译，上海人民出版社，2006年版，第1页和第2页。

的等级概念。上世纪60年代，巴西思想家多斯桑托斯在对全球资本主义的分析中引入了"中心—依附"的二元对立范式，随后在70年代初，美国学者沃勒斯坦又在《现代世界体系》中明确将1500年后的世界体系区分为"中心—半边缘—边缘"。① 由此而来的问题是，"中心—边缘"的不同处境对国别性启蒙运动会有哪些影响呢？对相关国家思想群体的现代性理解和话语方式会有哪些影响呢？

在原发启蒙运动国家，由于现代性诸问题（无论其涉及现代市场规则、现代国家和社会制度构建原理，还是人性与自由等形而上论证）大体是因应其社会内部发展要求而产生的，因而其启蒙思想群体所面对的问题具有先导性；这种先导性使大多思想家有意无意地享有"我的问题即人类问题"的普遍意识；这种普遍意识顺理成章地转化为叙事中的无国界话语。

休谟的《人性论》或《人类理解研究》是以人性的名义推荐其经验论和价值论的；当卢梭在《社会契约论》开篇说到"人生而自由，但无往而不在枷锁之中"，他也是以人类的名义说话的；亚当·斯密的《国富论》虽大量依据英国商业扩张的国别性经验，但他关于人的禀赋差异与劳动分工、自利行为与社会公益、货币资本与税收理论的讨论，都是用普遍性话语来操作的；作为法国启蒙运动的同时代人，当黑格尔在《历史哲学》最后一篇首次将1500年以后的历史时期（从马丁·路德宗教改革开始）命名为"现代"时，他显然表现出一种强烈的世界历史意识。②

相形之下，后发启蒙运动大都发生在被动卷入现代世界体系的国家。

---

① 上世纪60年代，巴西思想家多斯桑托斯在《帝国主义与依附》（中文版为杨衍永等译，社会科学文献出版社，1999年版）中对全球资本主义体系的"中心—依附"关系及其三种相关类型进行了系统刻画。罗荣渠先生上世纪90年代主持完成对沃勒斯坦《现代世界体系》的翻译（高等教育出版社，1998年起陆续出版）。该书第一卷第463页对世界体系的"中心—半边缘—边缘"结构进行了明确刻画。

② 普遍意识可以是一种幻觉，近来人们多批评不少思想家把欧洲的东西当作世界的东西。但即使每个思想主体都具有时代和地缘的局限性，但他们的思考究竟使用普遍性话语还是特殊性话语，其区别还是很大的。

蒙受先发国家殖民掠夺的惨痛经历使这些国家进入现代性进程之初便产生挥之不去的"救亡焦虑"或"边缘焦虑",其精英群体相应产生变革救亡图存的强烈要求。与原发的启蒙思想群体相比,后发国家启蒙思想群体在思想和话语方式上会显示出另外的"家族相似性":他们面对的现代性问题不是"先导性"的,而是"应对性"的,即应对外部挑战和内部图存要求;由于非先导性,他们的现代性观念和话语很少是原创建构的,大多是翻译舶来的;由于应对性,他们普遍具有"国家的问题即我的问题"的国家至上意识,他们常以民族主义者的身份思考,较少以世界主义者的名义说话;这种国别性意识在叙事中会转化为强烈的地缘性话语,这种话语尤其表现为"西方/西方以外"(west/rest)①的二元对立范式。在东方国家,这种对立范式通常表达为"西方=文明/东方=愚昧",或者,"西方=没落/东方=拯救"。总之,这些国家讨论任何现代性基本观念,无论是科学发展、社会进步、人的权利还是社会和政治建构规则,都离不开地缘性或国别性的话语,离不开"东/西方"的叙事范式,下面仅选择几个相关国家的思想家作为示例。

19世纪30年代俄罗斯思想界兴起一场"西方派vs.斯拉夫派"的论战,它是俄近代思想启蒙的重要开端,其论战焦点是俄罗斯国家道路问题。诗人恰达耶夫是西方派思想家的旗帜,他在1836年发表的《哲学书简》被视为西方派的宣言书。该书收录的8封信弥漫着对俄罗斯地位和命运的担忧:"我们不属于人类大家族中的任一成员,既不属于西方,也不属于东方。我们既没有西方的传统,也没有东方的传统。我们好像站在时代之外,没有被人类全球性的教化所触及。"②20世纪上半叶的俄国欧亚主义思想倡导者别尔嘉耶夫在1917年结集的《俄罗斯的命

---

① "west and rest"是S.亨廷顿在《文明的冲突和世界秩序的重建》一书中的著名提法,参见英文本 The Clash of Civilizations and Remaking of World Order, Simon and Schuster Inc. 1996, p22, p183.

② 恰达耶夫:《箴言集》,刘文飞译,云南人民出版社,1999年版,第6页。

运》说:"只有在东方与西方的问题世界中,俄罗斯才能意识到自身和自己的使命。它处在东方世界和西方世界的中心,可以被定义为东方—西方。俄罗斯整个19世纪围绕斯拉夫主义和西方主义而进行的争论不是徒然的和偶然的。对俄罗斯意识来说,基本的问题就是关于西方与东方的主题,西方文化是否作为唯一的和普遍的文化出现,有没有可能出现另一种更高级的文化类型?俄罗斯思想的哪条思路是正确的?"① 总之,以俄罗斯为原点,在"西方"与"东方"之间逡巡徘徊,寻找自己的位置,这是俄罗斯启蒙思想的一条鲜明线索。

明治维新后的日本同样充斥着类似的国家道路意识和地缘性的话语叙事。被视为"日本的伏尔泰"或日本"启蒙思想之父"的福泽谕吉在明治初年的文集《劝学篇》指出,日本若要跻身现代文明,必须向外开放,力戒空谈,致力实学和大兴实业,推崇个人与国家的自由独立,尊重法律,培育演说和辩论技艺,并鼓励怀疑的精神。值得注意的是,福泽对日本"古今问题"的论说多借助于两个地缘形象的对比:说到日本的传统封闭愚昧,多会提到中国、朝鲜、印度和土耳其;谈到日本的未来,则多会提到西洋。在福泽的言论中,日本现代性的基础性构建原则就是改造民智、强国强兵从而跻身列强。

对比俄罗斯日本,中国的启蒙思想发端不可谓不早,延续时间不可谓不长,但效果却最难评说。上世纪80年代李泽厚先生撰文指出,中国自"五四"以来一直在救亡和启蒙的两大使命间徘徊,随着国家危亡日益严重,救亡终于上升为"头号主旋律"彻底压倒了启蒙。应该说,李泽厚的判断是极有见地的,但它的有效性恐怕不限于新文化运动以后的中国,而是可以扩展到整个中国近现代史,这一点可以从现代学者丁

---

① 参见尼古拉·别尔嘉耶夫:《俄罗斯的命运》,汪剑钊译,译林出版社2014年版,第113页。这本书,连同别尔嘉耶夫的《俄罗斯思想》,充满了地缘性的话语叙事。

守和主编出版的文献集《中国近代启蒙思潮》（1999年）得到印证。①在该书辑录的1840年直到1949年的代表性启蒙思想文献中，无论林则徐魏源的"师夷制夷"方略、洋务派的"采西学图富强"主张，还是维新派的"变法图存"尝试，乃至新文化运动提出的拥护"德先生"和"赛先生"的思想，无不跃动着强烈的国别性意识和民族主义情结。救亡是目的，启蒙是工具，"救亡焦虑"构成了中国几代启蒙思想家的支配性特征。1905年，自号"革命军中马前卒"的邹容在题为《革命军》的檄文放言："我中国今日欲脱满洲人之羁缚，不可不革命；我中国欲独立，不可不革命；我中国欲与世界列强并雄，不可不革命；我中国欲长存于二十世纪新世界上，不可不革命；我中国欲为地球上名国、地球上主人翁，不可不革命。……吾幸夫吾同胞之得闻文明之政体、文明之革命也；吾幸夫吾同胞之得卢梭《民约论》、孟德斯鸠《万法精理》、约翰·穆勒《自由之理》、《法国革命史》、美国《独立檄文》等书译而读之也。"1915年9月，陈独秀为《新青年》所写的发刊词也饱含这种救亡焦虑，"我宁忍过去国粹之消亡，而不忍现在及将来之民族不适世界之生存而归削灭也"。为此，他号召新的青年应当具备六条精神气质："自主的而非奴隶的；进步的而非保守的；进取的而非退隐的；世界的而非锁国的；实利的而非虚文的；科学的而非想象的。"

2. 后发国家启蒙叙事的范式转换

以上事例在思想史家看来并无新意，但汇集起来则提示着后发国家启蒙思想群体普遍具有的特征：世界本位的普遍人性意识让位于国族本位的国家至上意识；哲学的批判让位于地缘性的国际政治叙事；无国界话语让位于国别性话语。这不是简单的语体风格转换，它必然对后发国家思想群体的现代性理解和叙事产生实质性影响，从而深刻影响后发国

---

① 丁守和主编、中国现代文化学会编：《中国近代启蒙思潮》，社会科学文献出版社，1999年版。

家启蒙运动的发展进程。

后发国家启蒙的初始阶段大多是各国所谓"西方派暨反传统派"的黄金时代,在东方国家,对"文明"与"愚昧"的理解迅速被"西方"与"东方"的地缘形象所包办,"西方=文明/东方=愚昧"的观念大行于道。恰达耶夫说:"我们在世界上是孤独的,没有带给世界任何东西,也没从世界里获取任何东西,我们没有给人类思想的整体带去任何一种思想,对人类理性的进步没有起过任何作用。"[1] 如此激进的自我否定用今日的网络热词来说很有些俄奸的味道。[2] 而福泽也曾写下以下的文字:"试看今天日本的形势,实在是徒有文明之名,而无文明之实;徒具文明的外表,而缺乏内在的精神。现在我国的海陆军能和西洋的军队交战吗?决不能。现在我国的学术能教导西洋人吗?不但不能,反而向其学习唯恐不及。"[3] 至于中国,类似的议论亦不少见,最极端的莫过于鲁迅先生的那段名言:"中国书虽有劝人入世的话,也多是僵尸的乐观,外国书即使是颓唐和厌世的,但却是活人的颓唐和厌世。我以为要少——或者竟不看中国书,多看外国书。"总之,由于现代科学、民主、进步以及相关的反专制、反宗教迷信的观念发源于近代欧美,人们会将这些超地缘性的观念附着于"西方"或"欧美"这些地缘性名称之上,将接受现代性规则等同于"以西为师"或"以欧美为师"。

然而,在许多后发国家,尤其是具有深厚文明传统的国家,西方派暨反传统派的黄金时代通常是短暂的。因为"西方"不仅穿着现代性诸

---

[1] 恰达耶夫:《箴言集》,刘文飞译,云南人民出版社,1999年版,第13页。

[2] 然而,别尔加耶夫在110年后却对这些信件评论说,"这是一个真正热爱自己祖国的人的绝望的呼声"!这个说法并非虚妄。恰达耶夫在《疯人的辩护》中说:"爱祖国,这是壮丽的事情,然而还有更壮丽的事情,那就是爱真理。……通往天国的道路所经过的不是祖国,而是真理。"

[3] 福泽谕吉:《劝学篇》,群力译,商务印书馆,2001年版,第60—61页。

观念发源地的华彩外衣，也背负着殖民主义和帝国主义的恶名。因而全球范围内对殖民主义和帝国主义的批判，必定会扭转后发国家思想群体中那种"以西为师"的倾向，进而唤起对"西方＝文明/东方＝愚昧"的范式进行解构。这种解构可以分为弱版本和强版本两种。

伴随弱解构版本出现的是这样的范式："西方科技/东方精神"。基于这种范式，19世纪中下叶俄罗斯的斯拉夫主义日益走强；同样基于这个范式，日本在1888年后兴起儒教复兴和国粹主义运动，该运动在20世纪初明确表达为"西洋科技为皮，东洋价值为魂"的主张，它与中国的"中学为体，西学为用"的表述异曲同工。这种"西方科技/东方精神"的二元叙事将原发于西方的现代性规则系统一分为二：一个是工具意义的，一个是道德形而上意义的。它认为，工具意义的现代性规则（包括自然科学技术、经济社会乃至国家的管控技术）虽然发源于西方，但我们可以承认它的超地缘普遍性，可以拿它来增强国力；但以西方人文科学为载体的现代社会政治法则和道德形而上理念却不具有超地缘的普遍性，是特殊性的，不可学的，学了就有"文化殖民"或"亡天下"的危险。总之，把无国界工具理性的普遍性与国别性价值主体的特殊性截然二分，这是许多后发国家思想群体相沿成习的话语装置。在俄罗斯，这套话语装置早在19世纪上半叶就已存在了，至今还在高效使用，这足以表明它的根深蒂固的后发意识。

除上述版本，对"西方＝文明/东方＝愚昧"范式还有一个强解构版本，即"西方＝没落/东方＝拯救"，这种话语范式尤其在快速发展的规模性后发国家中大有市场。这些国家多拥有辉煌的前现代文明记忆，同时饱尝现代性带来的苦难和忧烦，由此激起强烈的"从边缘跃居中心"的欲望。"跃居中心"的动力源来自发源于西方的现代科技、经济与军事技术；"跃居中心"的理想是超越西方，或至少成为一个"异西方"社会；"跃居中心"的价值追求是将本国的传统道德理想推向世界，以拯救或替代没落的西方。① 这种强解构版本往往具有强烈的"第三条道路"诉求。俄罗斯从15世纪起就以"第三罗马"自居，此后一代又一代思想家都在追问："俄罗斯人很早就有一种感觉——比意识更敏锐的感觉：俄罗斯有着特殊的使命，俄罗斯民族是特殊的民族。如同欧洲民族一样，弥赛亚说也是俄罗斯民族所固有的，那么，俄罗斯能否开辟自己的特殊道路，而不再重复欧洲历史的所有阶段呢？"②

"第三罗马"对俄罗斯至今还是个梦，但明治维新后的日本却硬是凭借"亚欧之间"的第三条道路意识，在不到30年时间便从后发国家一跃跻身于现代列强，成为列强中唯一的非白人国家。这里有必要提到二战期间的一个重要文化事件：1942年7月，一批日本学者参加题为"近代的超克"（即"现代性的超越"）座谈会。座谈会成员包括《文学界》杂志同人龟井胜一郎、林房雄、三好达治、中村光夫、河上彻太郎、小林秀雄，音乐家诸井三郎，电影界人士津村秀夫，神学家吉满义彦，哲学家西谷启治，历史学家铃木成高，科学哲学家下村寅太郎，物理学家菊地正士等，都是当时日本艺术、人文和科学界的一时俊彦。座谈会的宗旨是探讨日本知识界如何面对太平洋战争时局和世界政治道德秩序的重建问题，其话题包括：批判西方现代性文化的危机与弊病，反省明治维新以来"文明开化"式的现代化道路，重估东洋文化并以东洋精神文明克服和超越西洋物质文明的危机等等。许多论者认为，以前世界秩序的主导者是西方国家，它们凭借启蒙时代以来的科技优势，获得了君临全球的政治优势乃至文化优势。但这种近代观念在文化上显示出极大弊

---

① 亨廷顿在《文明冲突和世界秩序的重建》一书提到："非西方社会，特别是东亚社会，正在发展自己的财富，创造提高军事实力和政治影响力的基础。随着实力和自信心的增长，非西方社会越来越伸张自己的文化价值，并拒绝那些由'西方'强加给它们的文化价值。"参见该书英文版，第21—28页（第22页到27页是插图）。

② 别尔嘉耶夫：《俄罗斯思想》，雷永生、邱守娟译，三联书店，2004年版，第33页。

端，是造成近代危机的根源。①下村寅太郎指出："我们所称的'近代'是由来于欧洲的，至少成为今天要超克的问题的'近代'不外乎如此。因此，如果说由我们可以将近代的超克作为问题的话，那具体而言无非是与欧洲近代的对决。"②这个对决，就本质而言是要以日本代表的东洋精神来实现对原发于欧洲的启蒙思想的超越。

对"西方＝文明"的强弱解构版本的分析表明，在国与国热衷于实力博弈的丛林世界，在"中心—边缘"国际政治格局的压力下，后发国家的启蒙运动弄不好就会沦为"半截子"工程：基于外源性压力而产生的开放意识迅速被"救亡焦虑"和"边缘跃居中心"的欲望所覆盖，旨在提升现代性文明意识的思想启蒙蜕变为旨在强国强兵的功利性启蒙。启蒙思想进程中道而废，甚至半途而返。罗荣渠先生曾以"一元多线"来概括全球现代性的基本特征，③但我们的分析表明，这个进程固然是"多线"的，但却很难说是"一元"的。

第四节　异时代的同时代性：后发国家的启蒙辩证法

谈到"近代的超克"研讨会，还需提到与之同时的另一轮座谈会，这个座谈会共分为三次，时间和主题分别是：1941年11月26日（太平洋战争前11天）的"世界史的立场与日本"；1942年3月的"东亚共荣圈的伦理性与历史性"；1942年7月的"总力战的哲学"。会议时机和主题表明，这是当时的日本思想精英在为太平洋战争进行伦理论

---

① 以上史实参照《世界哲学》2004年第2期的相关专栏和刘岳兵：《日本近现代思想史》（世界知识出版社，2010年版），第6章，"大正时代与昭和前期的思想状况"。

② 转引自刘岳兵：《日本近现代思想史》，世界知识出版社，2010年版，第301页。

③ 罗荣渠：《现代化新论：世界与中国的现代化进程》，北京大学出版社，1993年版，第52页。

证，其主旨包括：日本有能力用东洋精神来拯救世界；东亚共荣圈是日本承担世界历史责任的重要一步；太平洋战争是一场总力战，它同时包含着对西方物质文明的思想战。

今日看来，二战期间日本知识界对西方现代性、西方物质文明的讨伐具有浓厚的文化军国主义色彩。吊诡的是，他们的批判居然不是孤立的，因为那同时西方思想界也在对18世纪启蒙以及现代性诸基础观念进行自我反省和批判，其代表是上世纪30年代的法兰克福学派。不无巧合的是，这一批判的代表性著作《启蒙辩证法：哲学断片》出版于1944年，与前述日本知识界的活动大体同时，这种时间意义上的脉动关联是意味深长的，它提示着一种"异时代的同时代性"。

所谓"异时代"是指，二战时日本的思想群体与西方社会的思想群体分属于两个不同时代，但"同时代性"却是说，他们同时从事着主题相关、线索相连甚至声气相应的思想活动。譬如二战时期对现代性的批判，一个来自作为现代性原发地的西方世界，其对现代性的批判具有浓重的自我反省色彩，是其现代性观念史的合乎逻辑的延续。与此同时，批判还来自日本这样的后发外源型国家，对它而言，"现代性批判"在精神和价值层面等同于"外来性批判"。日本虽从外来的工具理性得到实惠，但却对伴随工具理性而来的全部观念物的外来性耿耿于怀。其现代性批判本质上是一种国别性精神为体和工具理性为用的批判，是一种阉割现代性的批判，一种解现代性批判。

需要看到的是，由于世界日益变成"同时性"的单一体系，因此分属"异时代"的不同国家思想群体会在其观念和话语上表现出越来越多的"同时代性"，譬如上世纪五六十年代西方内部开始反省欧洲中心论，后发国家相应出现"东方学"或"后殖民批判"等思潮；当法国引领后现代和文化多样性思潮登堂入室后，后发国家也普遍兴起以后现代名义张扬前现代传统的思潮。这些都是"异时代的同时代性"！不过，虽然具有"同时代性"的外观，但其"异时代"的话语特征依然明显：先导国家对现代性问题的自我反省，在后发国家中往往嬗变为对外来性的批判。

回到"启蒙辩证法"话题。《启蒙辩证法：哲学断片》的作者霍克海默和阿多诺都是德国犹太人，1933年纳粹上台后流亡，最终到了美国，二战结束返回德国。这部在纳粹行将灭亡时出版的著作，写于当时文明世界的中心美国。通常认为纳粹德国与美国不共戴天，但两位思想家竟从两个敌国里看到了共同的东西，就是"启蒙的自我毁灭。"这种自我毁灭从根本上表现为"理性与自由"的紧张关系。18世纪乐观的思想家们普遍认为，理性与自由之间存在着一种相得益彰的关系，即随着科学理性进入人类社会的各个角落，人的自由将得到最大限度的实现，我们可以将这称为"理性与自由订约的信念"。但经历了两次世界大战，同时又亲眼见证了美国强大文化工业对大众精神的控制力之后，霍克海默等人发现：理性一旦进入人类生产生活的各领域而化身为各种严格的制度，就会变成一匡天下的工具神话。这个神话使科学、商业、社会管理和政治的机制变成人类自由精神的牢笼，连语言和艺术类产品也随之显示出高度机制化特征。这样，人彻底变成工具，工具理性彻底撕毁了与人的自由的订约："经济生产力的提高，一方面给世界变得更加公正奠定了基础，另一方面又让机器和掌握了机器的社会集团对其他人群拥有了绝对的支配权。在经济权力部门面前，个人变得一钱不值。社会对自然的暴力达到了前所未有的程度。……随着财富的增加，大众变得更加容易支配和诱导。……精神变成了文化财富，被用于消费，一旦如此，精神就必定走向衰亡。""幸福的因素本身就变成了不幸的根源。""权势集团变成了唯一的社会主体，于是便制造了世界范围内的法西斯恐怖：进步变成了退步。"[①] 人被缺失了人性和诗性的工具系统碾压，两次大战就是明证。为此阿多诺在二战后写道，"在奥斯维辛之后写诗是残忍

[①] 以上引文均载于马克斯·霍克海默、西奥多·阿道尔诺：《启蒙辩证法：哲学断片》，渠敬东、曹卫东译，上海人民出版社，2006年版，第3页到第4页。

的"。而在纳粹暴政下幸存的犹太德语诗人策兰则以诗作《死亡赋格曲》印证了这个判断：

  他叫　把死亡曲奏得好听些　死神是来自德国的大师

  他叫　把提琴拉得更低沉些　这样你们就化作烟升天

  这样你们就有座坟墓在云中　睡在那里不拥挤……①

  "理性变成新神话""幸福的因素变成不幸的根源""进步变成了退步"，总之"理性走向了反面"，这就是霍克海默、阿多尔诺所说的"启蒙的辩证法"。需要指出的是，霍克海默等是"启蒙辩证法"命名的第一人，但却远不是对这种境况进行揭示的第一人。在《启蒙辩证法：哲学断片》第二篇伊始，霍克海默便提到康德、萨德和尼采都是"启蒙的终结者"。其实，除了他们，我们还可以提到，黑格尔的异化观念、德国浪漫派对理性主义的反诘、卢梭在《论科学与艺术》一书对于科技进步造成文化堕落的直觉性判断，都提示着"启蒙辩证法"的基本主旨。

  上述思想家都属于西方，但他们对以理性为中心的诸现代性观念的思考和反省都是以人类名义完成的，因而用以阐述这些观念的话语更多是哲学的而不是国际政治的。对比起来，后发国家的启蒙辩证法则表现为另外一种方式：由于启蒙伊始就伴随强烈的救亡焦虑，因而其对现代性基础规则的探究多半会被对"外来性"的爱恨情感所覆盖；对主体自由、批判精神和世界意识的追求多半会被对工具理性的功利关注所压倒；一旦条件具备，对先发强国霸权的苦痛记忆就会让位于"从边缘跃居中心"的强烈欲望；对前现代传统的批判意识也会被本己传统的救世想象所替代。总之，传统至上的地缘性话语或民族主义话语是后发国家启蒙思想的消解剂，启蒙中道而废或半途而返，启蒙走向自己的反面。

---

  ① 策兰（1920—1970），犹太德语诗人，父母都死于纳粹集中营，1970年投河自杀。

第五节　从"理性为王"走向批判理性

"各国启蒙运动都是独特的","原发启蒙运动"与"后发启蒙运动"的思想群体在处境和话语方式上都是不同的,这些不同迫使我们再次追问:启蒙究竟是什么?

我们还记得西梅尔法布的那个看法,启蒙运动可有不同主题,如"理性的思想""社会的美德"以及"自由的政治"等,但对现代性社会的塑造而言,头等重要的观念(the concept of all concepts)依然是"理性"。这是一种让现代科学技术得以产生和繁荣的理性,是让现代经济制度日益完善、社会日益开放和政治日益民主的理性。总之,各种现代性的基础观念,无论是进步、权利、道德、自由还是民主,都是围绕这个核心概念展开的。

1996年,美国学者詹姆斯·施密特编辑出版文献集《什么是启蒙:18世纪的回答与20世纪的质疑》,收录了18世纪末和20世纪德、法、美等国学者的30多篇文章,其中三篇文章尤其值得关注,一篇是康德的文章,首次以哲学的方式向世界隆重推荐启蒙主题;第二篇是霍克海默的文章《反对自己的理性:对启蒙运动的一些评价》,与康德的文章相比,他关于"启蒙的自我毁灭"的看法显然悲观得多;第三篇是福柯的文章《什么是批判》,作者虽然接续着霍克海默的理性批判话题,指出理性变成了一种强权,但却提出了理性和启蒙的自救之道,因而使人们有理由乐观地相信,启蒙尚未完成。这样,从康德、霍克海默到福柯,两个多世纪的思考构成了一个有趣的正反合题。

康德1784年的短文为学界熟知,其主旨是为人的思想自由声辩,为此康德特别区分了两对概念:其一,人的"成熟"与"不成熟"状态。康德认为,启蒙旨在摆脱人的不成熟状态,而成熟与否的关键在于,人是否有使用自己理性的勇气;其二,人的"自由"与"服从"。在康德看来,启蒙从内在条件看是一种主体意志的产物,任何人只要勇于认识,勇于使用自己的理性，就是成熟的人，启蒙的人，就此而言，启蒙可以是个非常个体的事；此外，启蒙还承诺着一种外部条件，即只要给人自由，启蒙就不可避免。与自由对立的是"服从"或"不许争辩"，康德深知任何社会都需要秩序，秩序就要求"服从"，因而像军人守纪和公民纳税这类"服从"是天经地义的。但他进一步认为，"成熟的"社会至少要有一个领域允许"不服从"，允许"争辩"，这就是作为"世界公民社会一个成员"的学者的领域，因为任何社会秩序若要摆脱荒谬走向合理，就必须有越来越多的以"世界公民社会成员"身份思考言说的人。如果作为社会精神守护者的学者群体没有能力或不被允许使用自己的理性，"这就是导致种种荒谬性永世长存的那种荒谬性了"。

显然，在康德看来，"勇于使用自己的理性"和对"服从"的领域加以限制，构成了启蒙所要求的主客观条件，而这恰恰折射出后发启蒙运动的一个天然缺陷，救亡焦虑和对工具理性的迷恋常常会使相关社会扩大服从的领域，缩小以世界公民社会成员的身份思考和言说的领域，这正是半截子启蒙或后发国家启蒙辩证法的重要特征。

康德在谈到"勇于使用自己的理性"时，并未对"何为理性"进行说明，更没有谈及理性可能给现代性社会的发展带来怎样的负面后果。短文里充溢着18世纪启蒙思想家关于理性与自由相得益彰的乐观信念，但一个世纪以后，法兰克福学派正是在这里发现了裂痕。霍克海默的文章题为《反对自己的理性》，这个主标题高度概括了《启蒙辩证法：哲学断片》的核心思想。该文开篇指出："我们文明的思想基础很大一部分的崩溃，在一定程度上是科学和技术进步的后果。然而这个进步本身又产生于为某些原则所作的斗争——这些原则现在岌岌可危，比如个人及其幸福的原则。进步有一种倾向，即破坏它恰恰理应实现和支持的那些观念。技术文明危及了进行独立思考的能力本身。理性似乎正经受着一类疾病。在个人生活和社会生活中都是如此。个人为现代工业的巨大成就，为自己增进了的技术能力和获得物品和服务的机会付出的代价是，他越来越无法对抗社会的集权,而那本来是他理应控制的东西。"

显然,在霍克海默笔下,理性全然蜕变为工具理性,人的道德理性失去了存身基础,这样启蒙时代承诺的理性与自由相得益彰的原理破产了,启蒙在自我毁灭!而"理性蜕变为工具理性"这一点,在后发国家的现代性进程中进一步被放大,"工具理性崇拜"在后发国家经久不衰,人们普遍认为,唯有"工具理性"才是国家的救亡之道和复兴之道。其实,在一个"中心—边缘"的世界体系中,先发国家想从后发国家攫取最大化利益,后发国家想凭借拿来的工具理性而"从边缘跃居中心",这本身就是启蒙在近现代国际政治领域留下的最大祸患。在这样的世界,科学技术的最强大动力往往是国与国的军备竞赛,合乎程序正义的国家行为与排他性的国家利益往往结伴而行,人类整体不见了,群体之间的信任基础缺失着,普遍人性不见了。

法兰克福对理性这个首屈一指的启蒙观念的批判,显然蒙上了一层悲观主义色彩,不无意外的是,法国20世纪最具批判力量的思想家福柯对启蒙的讨论却给人们带来了新的希望。福柯至少有两篇谈论启蒙的重要文章,一篇是1978年索邦大学演讲《什么是批判》,另一篇是《什么是启蒙》,后收入1997年的一本英语文集。[①] 有趣的是,虽然在时间上《什么是批判》是在先的,但阅读下来总觉得它像是《什么是启蒙》的续篇。

《什么是启蒙》一文重点解析了康德的一些基本概念,如成熟与不成熟、服从的领域与运用理性的领域、对理性的私下运用与公开运用以及自由理性与开明专制的订约等等。此后福柯说:"康德是把启蒙描述为这样一个历史时刻,即人们开始运用自己的理性,而不臣服于任何权威。"读到这里,我们会说福柯的论断虽然准确,但尚无新意。但接下

---

① 参见 M. Foucault, What Is Enlightenment? 载福柯文集 *Ethics: Subjectivity and Truth*, edited by Paul Rabinow, translated by Robert Hurley, The New Press, New York.

来他说出了不同寻常的一段话："恰恰是在这个重要时刻，我们需要批判，因为批判的任务正在于确定正当运用理性的前提，从而确定我们可以知道什么，必须做什么，又能够希望什么。正是对理性的不正当运用，加上幻觉，才引发了教条主义和他律；而只有在明确限定正当运用理性的原则之后，才能确保理性的自律。从某种意义上来说，批判记载了理性在启蒙中逐步成熟起来的轨迹；而反过来说，启蒙又是一个批判的时代。"——这无疑是一段非常重要的论述。在福柯看来，启蒙时代固然是理性的时代，但理性的时代若要获得自身正当性，就应同时是个批判的时代。所谓批判的时代不仅是指用理性去批判，更重要的是要对理性本身进行批判。唯有如此，理性才不会异化为工具理性，才不会被滥用。

福柯对"批判"的界定，即"批判的任务正在于确定正当运用理性的前提条件，从而确定我们可以知道什么，必须做什么，又能够希望什么"，正是康德"三批判"的要义所在。但福柯不想像康德那样，把"批判"仅仅限定为纯粹的形而上活动。在《什么是批判》开篇，福柯从政治史学的视角指出：近代开端的一个标志是"统治人的技艺"蓬勃发展。这个技艺从宗教领域（指新教改革），经过世俗化延伸到市民社会各领域，如如何统治孩子、穷人和乞丐，如何统治家庭和房屋，如何统治军队、城市和国家，还有如何统治一个人自己的身体和灵魂。他说："我认为，如何统治是 15 或 16 世纪发生的基本问题之一。在当时统治这个词的广义上，各种各样的统治技艺层出不穷。如果你们愿意，可以说教育术、政治术、经济术以及与各种各样的统治机构，所要回答的正是这个基本问题。"

但福柯接着说，统治技艺的普遍化必然带来一种强烈的反意识，即"如何不被统治"或"如何不以那种方式被统治"。福柯说，"这是一种普遍的文化形式，既是政治的也是道德的态度，是一种思想方式等，我简单地称之为不被统治的艺术，或更恰当地说，不像那样和不付出那种代价而被统治的艺术。因此，我将提出这个一般特征以作为对批判的初步界定：批判就是不被统治到如此程度的技艺。"

至此，福柯实现了对霍克海默的超越。像霍克海默一样，福柯也认为18世纪启蒙时代相信"技术能力与人的自由是同时协调增长的"，[①]但随后的现代性进程表明，人类的"能力增长"往往意味着理性把统治人的技艺发挥到极致，意味着理性自身蜕变成了强权，意味着人的主体性的瓦解和自由的丧失。但与霍克海默不同的是，福柯为防止理性向强权的蜕变找到了一个药方，那就是矫正启蒙时代那种"理性为王"的片面信念，让理性恢复其"批判的理性"或"对理性的批判"的身份，让批判成为所谓"不被统治的技艺"，这才是主体自由的唯一自救之道，是理性的唯一自救之道，也是启蒙精神的唯一自救之道！

一旦认可启蒙的时代是批判的时代，启蒙思想的论域就变得相当宽广。正像对理性的批判构成了理性的组成部分，对启蒙的批判也是启蒙的组成部分。基于这个观点，现代英国思想史家以赛亚·柏林在文集《启蒙的三个批评者》中，系统梳理了意大利思想家维科、德国思想家赫尔德和哈曼的"反科学主义"或"反理性主义"思想，他说："我认为将这三位作者联系在一起的是他们对法国启蒙运动基本思想的厌恶，以及他们对这些思想深刻而又影响深远的批判性反思。"其实，除了维科、赫尔德和哈曼，18世纪法国思想家卢梭以及整个德国浪漫派都因其对启蒙思想的深刻质疑而成为启蒙思想史的重要组成部分。在此，我们发现了一个比理性更高的启蒙原则，这就是精神的自主性或主体性的自由。柏林在一处谈到哈曼、卢梭和赫尔德对理性主义和科学原则的批判之后说："尽管一条巨大的理智上的鸿沟把康德和赫尔德分开了，但他们却共享着一个元素：追求精神的自主性，反对盲目跟从未经批判的教条（无论宗教的还是科学的）随波逐流，追求道德的独立性（不管个人的还是

---

① 语出《什么是启蒙？》。

群体的），尤其是道德的救赎。"① 而精神的主体性最明显地体现在批判理性或对理性的批判之中。

总之，现代性的精神千头万绪，但其根本不只在于坚持理性，更在于坚持批判的理性或对理性的批判，在于追求精神的自主性或主体性自由。走笔到此，笔者又想起德国思想家尼采，他将批判和精神的自主性追求发挥到近乎变态的地步。我们都记得他的那句名言："我的时代还远未到来，有的人死后方生。"这句话分明是在鼓励以思想为职业的人，不要太在意你生活的时代，你完全有权利成为"本时代的非同时代人"！这个说法脱胎于尼采的一本文集《不合时宜的沉思》。"不合时宜"（untimely）在常识意义上是个贬义词，意思是不符合大众口味的、不得体的和不受欢迎的，但对卓尔不群的思想家而言，它还有更深一层含义，就是尼采所说的"去历史或超历史"。他说："治疗历史学的对症药叫作去历史的或超历史的。借助它的名义，我们返回到我们沉思的开端，回到它的宁静。"② 需要说明，尼采这里所说的历史学是所谓"好古式的历史学"，即认为过去的一切都是宝贝，都值得收藏。针对这种史学，尼采提出一种"批判式的历史学"："为了能够生活，人必须拥有力量并且运用力量去打碎和分解过去：他做到这一步，乃是通过把过去拉到法庭前，严刑拷问，最后判决。任何过去的东西都是值得被判决的。"③ 不仅如此，尼采甚至说："如果你们想读传记，就不要读那些'某某先生和他的时代'一类的俗套传记，而要读这样的传记——它的封面上写着'一个反对自己时代的斗士'。"④

---

① 以上两段引文分别参见以赛亚·柏林：《启蒙的三个批评者》，马寅卯、郑想译，译林出版社，2014年版，第3页和第186页。
② 尼采：《不合时宜的沉思》，李秋零译，华东师范大学出版社，2007年版，第235页。
③ 同上书，第163页。
④ 同上书，第195页。

我们跟随康德、尼采、霍克海默和福柯再次重温了"何为启蒙"的问题，到这里笔者忽然感到，这些思考与后发国家思想群体一二百年来孜孜不倦谈论的"东方/西方"话题和"跃居中心"的话题越来越远，竟至完全扯不上什么关系。换句话说，以人类名义对启蒙问题的无国界追问与后发国家那种基于国家本位的现代性思考之间似乎有一道鸿沟。显然，如果后发国家的思想领域依然没有脱离服从的领域，其思想群体依然缺乏精神自主性的追求和批判（的）理性的意识，东方也只能是东方，后发将永远成为它的现代性身份符号。在这样的地方，即使有某个思想时期可以挪用"启蒙"一名来指示，其真实的事态也是难以清晰界定和描述的：它尚未完成？它半途而返？它尚未开始？这几个疑问其实都是一个意思。

第十章　人类中心主义的终结？
——面向后人文时代的书写

本书序言提到，这是一本基于"居间性"意识进行文化哲学批判的著作。"居间"不仅指我们处于先发国家与后发国家之间、现代与传统之间、普遍主义与特殊主义之间，更重要的是，我们还处于"未来"与"过去"之间。我们每天都经历着"过去"与"未来"，领略着"过去"与"未来"的差异，有时甚至是"重大的差异"。但今日"过去"与"现在"的差异之重大是人类史上少有的，因为它涉及"自然人类是否过时""人类中心主义是否过时"这样的根本性追问。造成这些追问的根本原因是现代科技的发展，它使一向受人"役使"、一向作为人的"代理者"的技术把自然人类的身体和智能当作改造乃至"替代"对象。当"人类中心主义"受到挑战后，数百年的"人文主义"，从基础性的哲学观念到基本的文本生产传播和接受方式也发生了空前变化。身处这样的"过去"与"未来"之"间"，哲学不能不有所反应。甚至可以说，这是当代哲学唯此为大的课题。

哲学尤其是哲学史研究一向将"过去的学问"放在首位，因为在数千年人类经验中，"过去"具有首要的意义。"过去"是"因"，"现在或未来"是"果"，这大约就是孔子所说的"告诸往而知来者"的意思。① 物理时间意义上的因果律也是以"过去"为首务的，这跟本书第二章"传统与时间"中谈论的神话时间相近，在那里"过去是一件神圣的事情"——"过去是没有原因的，它是一切事物的原因。"② 然而，"过

---

① 参见《论语·学而》。
② 参见本书第二章第一节。

去"的神圣地位如今被"未来"取代了。——"'明天'是一个重大事件"，"未来"成为"现在"一切批判和筹划的"原因"！[①] 当代空间理论谈到"涡旋效应"，每个"涡旋"（如黑洞）都以其巨大的引力让周边的空间形成折叠或褶皱。"未来"就是这样的"涡旋"或"黑洞"，它使我们的"当下"和"过去"发生折叠或褶皱。而使得"未来"获得这种"倒果为因"地位的首要力量就是当代"科技"！对科技发展的洞察或可使人达到"知远之近，知风之自，知微之显"的境地。[②] 从这个意义来说，虽然技术哲学一向被视为哲学的一个分支，但这样的学科定位在这个"未来决定过去"的时代已远不足以彰显当今技术哲学问题的根本性。技术哲学是当代的"第一哲学"！[③]

下面就沿着"从代理到替代的技术""人的过时性""人类中心主义的过时性""后人文时代的书写"以及"我们正进入'没有时代性的时代'"等话题展开论述。

第一节　从"代理"到"替代"的技术是当今时代面临的根本性问题

我们正在进入一个"存在就是被制造"的时代。

[①] 参见拙著《得乐园·失乐园：网络与文明的传说》，中国人民大学出版社，1997年版，第7页。

[②] 语见《中庸》。

[③] 荷兰学者E.舒尔曼在《科技文明与人类未来：在哲学深层的挑战》（李小兵等译，东方出版社，1995年版）指出，传统的"一般哲学"往往忽略技术问题，今天"技术哲学应呼吁一般哲学的关注"。参见该书第8页。

原本居于人与自然中介地位的技术系统①加速膨胀吞噬着它的两极：在对象极，古典的自然被马克思所说的"人化自然"、卡西尔的"符号化自然"或海德格尔的"座架"所替代；在主体极，技术系统从人的自然感官、自然肢体或自然智能的代理者（agent），朝着自然人以及人的中心地位的替代者（replacer）的方向发展。尽管从"代理"到"替代"的进程在现实层面尚未完成，甚至远未完成，但它在观念上早已发生：与当今一日千里的人工智等高端人类制造品相比，传说中作为"上帝造物"的人本身日益无奈地表现出"过时性"。

从"替代"角度追问技术的本质和人的未来，迫使人们思考以下的根本性问题：现代技术从哪些方面显示出对人的"替代"？生物工程或人工智能的加速发展是否意味着人类自然演化的终结并提示着"人的过时"？日益呈现"去人类中心化"取向的技术对于"人类中心论"的挑战是否意味着传统人文主义的终结并提示着"人文科学的过时"？"数字人文"是否将根本改变传统人文科学②知识的文本生产和存在形态？人类能否遏制技术的"为恶利用"？总之，日益"脱离人的控制"的技术究竟是处于一种可"回归"的"异化"状态？还是走上了一条"去人化"的不归路？

1956年，德国思想家京特·安德斯（Günther Anders）推出了文集

---

① 本文谈论的现代技术系统。限于篇幅，对古代时代工具技术和现代技术系统不作专门说明，相关论述参见《科学时代与人类未来》中的"现代技术与古典技术的比较"。此外刘易斯·芒德福在《技术与文明》（陈允明等译，中国建筑工业出版社，2009年版）中对技术的多个时代进行了专业系统的描述，他说"中世纪人与现代人之间，不是程度的差别，而是类别的差别"。参见该书第18页。

② Human sciences汉译有"人文科学""人文学科"或"人文学"等，本文基本使用"人文科学"。

Die Antiquiertheit des Menschen 第一卷，[1]其主旨是审视现代技术对人类未来的影响。该文集多次再版并获奖，2010年中译本《过时的人》（全二卷）问世。严格说来，书名翻译得并不准确，Die Antiquiertheit des Menschen 直译应是"人的过时性"或"人的过时状态"。但对大众而言，"过时的人"确实比"人的过时性"更容易得到世人的关注理解。

"过时的人"问世之后，还出现了不少相近的命名，如"后人或后人类""人类世与后人类世"以及"智人的终结"[2]等。这些命名的出现表明，当代科技的加速发展使"未来"在人的本质追问中占据了头等重要的地位。如果说在过去的时代，"未来"一向具有反复来临的"复数形式"，那么"过时的人"或"后人类"所追问的"未来"则是那种经历后就不再经历的"单数性未来"。如果说人不可能"经历"自己的死亡，那么人类也就不会"经历"这种单数性的未来！自基督教"末世论"观念之后，还没有哪个时代对人的单数性未来如此关注。

京特·安德斯的文集第一卷收录了安德斯四篇长文，首篇文章的标题便推出了一个科技哲学的划时代隐喻——普罗米修斯的羞愧。普罗米修斯是希腊神话的创造神，他创造了人类，为人类盗取天火，教会人类生存技术。人类因为掌握了技术而从众生脱颖而出，从自然的奴仆变成它的征服者。由此普罗米修斯成为16世纪发轫的科技革命和产业革命的偶像，这些革命催生了以"人类中心论"意识为指归的进步论意识。科技进步论在20世纪上半叶达到顶点。但顶点意味着没落。安德斯写到，进入大机器时代后，人的创造物日益精细完美，终有一天，人"在自己制造的产品面前不由兴起自愧弗如的羞愧感"！这是人的羞愧，也是人的创造者和科

---

[1] 本文集第一卷的出版时间没有准确说法：作者在1979年所作的两个序中都说"近25年前"，那应该是1954年或1955年，但文集第二卷首篇文章则明确指出，第一卷出版时间是1956年。

[2] 尤瓦尔·赫拉利的新体史学著作第三卷标题是《未来简史：从智人到智神》，林俊宏译，中信出版社，2017年版。

技大神普罗米修斯的羞愧!——"今天的普罗米修斯默默地自问:'我算什么?'他觉得自己在亲手制造的机器乐园里像个侏儒,'我算老几?'"[1]

"人不如自己创造的机器",安德斯当初提出这个论断时确实惊世骇俗。因为二百年来人一直以"制造工具的动物"自居,工具技术的出现只会使人自豪,怎么会引发人的羞愧呢?但安德斯说的引发人"羞愧"的技术不是芒福德所说的"手工操作时代的自然工具",如铁锨锄头、磨坊马车等,而是具有高度自主性进化能力的机器体系。当人与这个日益精致的机器比较时,便"羞愧地"意识到以下几点:

1. 自然人体是个"有缺陷的结构"。[2]对此安德斯曾说,美容业的发达是因为许多人对自己的样貌缺乏信心。当然,自然人的缺陷远不止于此,他想做的事越多,其自然身体的缺陷越明显,人是个"系统性的缺陷结构"。安德斯的这个观点触发了后来科技哲学家的想象。德里达的学生贝尔纳·施蒂格勒将其三卷本著作《技术与时间》的第一卷命名为"爱比米修斯的过失"。爱比米修斯是希腊神话普罗米修斯的弟弟,正是他的"过失"使人这个造物成为"缺陷性存在",对人的自然缺陷的技术克服构成了该书的有趣讨论。[3]

2. 自然人的缺陷结构难以通过自然演化而快速改变,因为"我们的躯体是恒定的……无法每时每刻改变的",[4]相形之下,机器演化不仅迅速,而且不断加速,这构成了所谓"普罗米修斯的差异对比法则"。[5]由于人的自然演化"百年如一日",而机器的进步则"一日如百年",因

---

[1] 参见京特·安德斯:《过时的人:第一卷:论二次工业革命时期人的灵魂》,范捷平译,上海译文出版社,2010年,第5页。

[2] 同上书,第13页。

[3] 贝尔纳·斯蒂格勒:《技术与时间:1.爱比米修斯的过失》,裴程译,译林出版社,2019年版。

[4] 京特·安德斯:《过时的人:第一卷:论二次工业革命时期人的灵魂》,范捷平译,上海译文出版社,2010年,第14页。

[5] 安德斯原语是"普罗米修斯的差异",笔者在文中对它略加改造,引申为"普罗米修斯差异对比法则"。

此这种"差异对比"会日益拉大，据此机器进步取代人的演化是必然之理。

3. 机器与自然人出现了"主客异位"：自主性本是人作为主体的根本属性之一，植根于人的自由意志，但现代机器体系也日益获得了自主性，①它虽然不是植根于生命性的自由意志，但却植根于一种驱迫性的逻辑自身要求：机器按自身需求摆置需要制造的自然产品，按自身需求生成操作者的行为规范，按自身需求摆置相应的人才教育体制。面对复杂的机器系统，普通人无力评论机器，但机器则可按照自己的要求来选择人。机器变成了"类主体"。②

4. 由于不能忍受人的"缺陷结构"，旨在系统改造自然人体的"人体工程学"应运而生——"技术工程"替代了人体的"进化过程"。安德斯写道，"'人体工程学'是机器人时代的成人礼！——他是人进入机器人时代的仪式，人无非是机器人的'候选人'，人最终将成为新的机器型号。"为此，安德斯引述了尼采的一句恶狠狠的断言："人的身体是个必须克服的东西！"③

总之，"普罗米修斯的羞愧"表现了人对自己的"自然本质"（natum esse）的憎恨："人是生物进化而来的，而不是被制造出来的。自然进化物何如技术制造物？！安德斯以反讽的口气写到，"人认可了物的优越性，把自己与物等同起来，肯定了自己的物化，并将自己尚未物化的部分视为一种缺陷。"④

安德斯谈论人与机器时表现出的否定态度，令人想起法国启蒙思想家拉·梅特里1747年出版的小册子《人是机器》。学医出身的拉·梅

---

① 参见 E. 舒尔曼：《科技时代与人类未来：在哲学深层的挑战》，李小兵等译，东方出版社，1995年版，第376页。
② 京特·安德斯：《过时的人：第一卷：论二次工业革命时期人的灵魂》，范捷平译，上海译文出版社，2010年版，第21页。
③ 本段两处引文分别参见上书，第22页、第11页。
④ 同上书，第10页。

特里也是从"人体工程学"角度把人的五脏、血液循环和神经系统、四肢关节以及大脑等比喻成一架机器,他甚至同样使用了普罗米修斯的隐喻:"如果说服岗松制造一个吹笛子的人会比制造一只鸭子需要更多的技巧,那么他制造一个会说话的人,就应该需要更多的工具和技巧:这个机器今天不能再认为不可能了,特别是在一个新的普罗米修斯手里。"[①]但构成明显反差的是,拉·梅特里笔下的普罗米修斯不是"羞愧的",而是"自豪的"!因为出于他手的"人体机器"是最精密的机械,比世上任何机器(无论无机的还是有机的)都要卓越。但二百年后,京特·安德斯终结了这个神话:造物主创造的自然机器"人"远远比不了人自身创造的机器!套用拉·梅特里的笔法,安德斯文章《论普罗米修斯的羞愧》的另一个准确标题应该是:《人不如机器!》或者《人是个过时的机器!》

安德斯关于"人不如机器""过时的人"的论断表明,技术发展已经成为当今时代唯此为大的问题。他说:"与机器与人的问题相比,在'自由'与'专制'问题上争论不休的东西方世界政治'哲学'上的差异已成为次要的问题。它是个时代的问题,更是一个整体性问题。"[②]笔者据此认为,在技术发展的平台上,旧哲学关于"实体""心灵""人性"和"自由"等一系列根本话题都应该成为重新追问的对象。

第二节 "替代"主题的浮现:伊哈布·哈桑的"后人类/后人文"概念

相比于"过时的人"或"人的过时性",近几十年传播更广的说法是"后人"或"后人类"(posthuman),如凯瑟琳·海勒的《我们何以

[①] 参见拉·梅特里:《人是机器》,顾寿观译,商务印书馆,2011年版,第68页。

[②] 参见京特·安德斯:《过时的人:第一卷:论二次工业革命时期人的灵魂》,范捷平译,上海译文出版社,2010年版,第6页。

变成后人类》（1999年）、弗朗西斯·福山的《我们的后人类未来：生物技术革命的后果》（2002年）、加里·沃尔夫的《什么是后人类》（2010年）、罗西-布拉伊多蒂的《后人类》（2013年）、尤瓦尔·赫拉利的《人类简史——从智人到智神》（2015年）以及詹姆斯·亨德勒的《社会机器》（2016年）等等。从思想谱系看，提出"过时的人"的安德斯与德国现代性批判传统有千丝万缕的联系，而各种"后人类"之说则源于法国、美国上世纪60年代兴起的"后学"传统，posthuman一说的问世就是明证。

1976年，著名美国埃及裔文论家伊哈布·哈桑在威斯康星大学的"后现代行动"会议上发表了以戏剧脚本形式写成的论文《作为行动者的普罗米修斯：走向后人类文化》，[①] 该文几乎聚合了谈论后现代、后人类主题的全部话语要素。戏剧开幕出场的仍是那个普罗米修斯！不过这个神的形象充满矛盾：他馈赠给人"红色的禁果"——火。火代表着科技和想象，但这馈赠却是偷来的。显然，普罗米修斯的"火"与《旧约》伊甸园的"智慧之果"是结构相似的隐喻，它们似乎都暗示着那个卢梭式的主题：人的创造力源于罪恶。柯勒律治在此意义上称普罗米修斯是"拯救者（redeemer）与魔鬼（devil）的混合体"。[②] 不仅如此，普罗米修斯在长期制造"想象与科学、神话与技术"的分离之后，如今又让二者在新的界面再度相遇互渗（interpenetration of technology and art），这种互渗直接将人类送入了所谓"后人类时代"。关于这个时代，哈桑富于洞察地写道："我们首先需要了解，人的形式——包括人的欲望及其一切外现形式——都将经历巨变并得到重新审视。我们需要知道，随着人类主义（humanism）[③] 将自己变形为某种我们无奈地称之为后人类

[①] Ihab Hassan, "Prometheus as Performer: Toward a Posthumanist Culture?", in *The Gorgia Review*, Vol. 31, No. 4 (Winter 1977).

[②] Ihab Hassan, *The Gorgia Review*, Vol. 31, No. 4 (Winter 1977), p832.

[③] Humanism的中性翻译是"人类主义"，在哲学语境多译为"人本主义"或"人道主义"，而在文学或一般教化领域则多译为"人文主义"。

主义（posthumanism）的东西，历时500年的人类主义或许已走到终点。"①

哈桑针对"人类主义"而首次提出"后人类主义"，这个提法初看起来并无新意，它不过是把当时人们耳熟能详的"现代/后现代"的二元谈论挪用过来。但应该看到，"后人类"与"后现代"一语看似同构，却有着根本不同："后现代"意指人类的某一个阶段，但"后人类"则可能意指人类所有阶段的终结。

笔者注意到，哈桑笔下的 posthuman 一词包含着明显而重要的歧义性，它源于对"human"的不同理解：一方面，human 可以指示作为自然物种的人类整体，据此"human/posthuman"可译为"人类/后人类"，哈桑正是在这个意义上引述了法国人类学家列维-斯特劳斯在《忧郁的热带》的论述："世界开始时没有人类，终了时也不会有人类。对整个自然创生过程来说，我毕生致力于观察记录并倾力解读的制度、行为和风俗无非是昙花一现，并无意义。"②

另一方面，human 又可以指示近代以来流行的人类中心主义的观念范式，如"人道""人本"或"人文"，据此"human/posthuman"可被译为"人文/后人文"。基于这个语境，哈桑在文本里引述了福柯《词与物》中的名言："无论如何，有一点是确定的：对人类知识而言，人既不是最古老也不是最恒定的主题。我们的思想考古学表明，人是个相当晚近的发明，并且人正接近他的终点。"③

进一步观察可知，在 posthuman 一词产生之前，human 具有的歧义并未凸显，人们无论把它理解为"人类"还是"人文"都没多大问题。

---

① 参见 Ihab Hassan, *The Gorgia Review*, Vol. 31, No. 4 (Winter 1977), p843.

② 同上，p844。

③ 同上，p844。哈桑接下来说，近代以来人的形象（the particular image of human）是由笛卡尔、托马斯·摩尔、伊拉斯谟斯和蒙台涅等建构起来的。参见 p845。

但当"post-"这个前缀加给"human"，human 的歧义性就显露出来。从中文翻译来看，posthuman 译为"后人类"，凸显着"人类的过时性"，其背后隐伏的主题是现代技术对"人"的本质主义"替代"；而将其译为"后人文"，则提示着以"人类中心论"为基础的"人文精神、人文科学的过时性"，它们受到后现代话语的彻底颠覆。国内有些译者对两者的区别缺乏意识，在翻译时吃尽苦头。当然，posthuman 一词虽蕴含着歧义，但歧出的两种含义又高度相关，它们归根结底是现代技术对人"替代"的两个版本："人类的过时性"是个厚版本，"人文精神的过时性"则是个薄版本。下面，本文拟对这两个版本进行分别解读。

第三节 Posthuman 的"后人类"含义："替代"人体自然的两条技术线路

以"后人类"来诠释的 posthuman 概念，多用于表现技术对人的"身体自然"实施本质主义操作的逻辑后果，技术在此操作中实现了从人的"代理"到人的"替代"的转换。为说明这一点，有必要区别两种技术概念，即指向"身外自然"的技术与指向"身体自然"的技术。

通常印象里的技术大多作用于"身外自然"，如前现代时期的铁锹锄头和风车磨坊，再如近现代出现的射电望远镜和电子显微镜、各式发动机和大型工程机械等等。作用于"身外自然"的技术有两大关联特征：其一，它们是"人"这个零度自然工具的"延长者"，以"人体器官延长"的方式来弥补人体工具的"系统性结构缺陷"：如人手的挖掘能力低下，因而有了挖掘机和盾构机；人的视力极为有限，因而有了太空哈勃望远镜等等。高水平的现代技术将"人体器官延长"的能力发挥到极致；其二，但无论作用于"身外自然"的技术发展到何种水平或何等规模，只要它还是"人体器官的延长"，就只能是自然人体的"代理者"而非"替代者"。

现代技术对人的"替代"始于技术将人的"身体自然"本身作为改进对象或克服对象，该进程发轫于早期以人体生理组织为改造或置换对象的哪怕是极为原始和微小的外科手术。但外科手术充其量只能对人的"身体自然"进行"局部替代"，尚不足以让人的"身体自然"在技术干预下变为一个"他者"。从技术角度看，将人的"身体自然"替代为"他者"的技术路线有两条：一条以生物工程技术为代表，该技术的人体应用是以自然人的身体和大脑作为"替代性"改进对象；另一条是以数字技术为基础的人工智能技术为代表，它致力于用与人的自然智力相匹敌的"他者"即智能体来替代人的"身体自然"。更有甚者，这个智能体日益倾向于把人的"身体自然"当作意识偶然拥有的、陈旧落后的信息载体。

关于替代人的"身体自然"的两条技术路线，可以参考以色列史学家尤瓦尔·赫拉利在其通俗畅销但并非不重要的论著《未来简史》的一段论述："要理解21世纪的科技，就必须了解生物工程和计算机算法的力量，这些力量的潜能远大于蒸汽机和电报。21世纪的主要产品将会是人的身体、大脑和心灵。"[①]

1. 当代生物工程代表的"替代"技术路线

这些年来从生物技术线路解读"后人类"话题的著作不少，最有特点的是美国著名政治学家弗朗西斯·福山在2002年推出的一部看似与其专业风马牛不相及的著作《我们的后人类未来：生物技术革命的后果》。这位在冷战结束前夕以"历史的终结"论断而闻名于世的学者居然关注生物学意义的后人类话题，其理由或许可用福山在著作扉页引用的尼采论断来加以解释："政治被赋予不同意义的时代正在到来！"[②]

[①] 参见尤瓦尔·赫拉利：《未来简史：从智人到智神》，林俊宏译，中信出版集团，2017年版，第246页。
[②] 弗朗西斯·福山：《我们的后人类未来：生物技术革命的后果》，黄立志译，广西师范大学出版社，2016年版。

对福山而言,作用于人的现代生物技术给当代政治提出了重大挑战。这里所谓生物工程是涵盖微生物学、细胞学、遗传学、生物化学以及计算机、生物机械等的综合学科,其重要任务之一是通过对遗传物质的有意识操纵,定向改造生物及其功能,乃至造成新的物种。上世纪70年代后,这项技术广泛运用于医学药学、农业作物、工业材料、生态环保以及军事等领域。

福山之所以关注生物工程技术有其重要的背景:2000年,美英等国相继宣布,人类第一张基因图谱绘制完成,这正是福山撰写《我们的后人类未来:生物技术革命的后果》的时期。福山在书中单独辟出第五章谈论人体"基因工程":它通过基因层面的干预消除人的遗传疾病乃至"犯罪基因",按人的意愿改善胚胎的生理乃至智能状况,通过基因干预让人的自然寿命大幅延长,还可以协调社会人口的数量和性别比例等等。

在基因层面干预人体是对不同基因片段进行裁剪—拼接—重组,这种分子水平的操作从干预效率和彻底性上,远超传统外科医学对人体的肢体截肢和器官移植等技术。但很少有人意识到,从物理性的外科手术到分子水平上的基因裁剪重组,背后的理念其实是一个,它们都是对人的"身体自然"进行改造和"替代"。该理念至少引发三个深层问题:

其一,"人体自然"尊严的解构:即使是对人体局部组织进行"局部替代"的外科手术,在施行截肢或器官移植就已经默认了一个至今日益彰显的观念,即"人体即假体"。因为当人们说人体的任何部件都可被替代时,它同时意味着任何部件也都可成为"供体"。[①]"人体即假体"显然是对传统人体观念的颠覆。

其二,人体的同一性问题:一旦人体的部件可以替换,随后便面临

[①] 参见凯瑟琳·海勒:《我们何以成为后人类》,刘宇清译,北京大学出版社,2017年版,第4页和第154页。

那个著名的"忒休斯之舟"①问题：更换哪些部件，可以使某人依然保持为某人？更换哪些部件，可以使某人不再是某人？——这个"忒休斯人体问题"涉及"人体自身"与"他者"的最后分界问题。

其三，技术能力后果的善恶共生法则：自培根"知识就是力量"以来，人们对科学技术一直给予褒义的解释，相信任何技术能力都会天然服务于善的目的，产生善的后果。但真实的情况是，技术有多大能力服务于善，就有多大能力服务于恶的目的，产生恶的后果。②这就是所谓技术能力在后果层面的"善恶共生法则"。一旦对这个法则有所意识，"技术是否在本质上是中性的"就是个无意义的问题。

福山对"后人类技术"在后果层面的"善恶共生法则"是有朴素意识的，他在书里列举了现代生物技术可能带来的诸多恶果，如生物武器扩散、纳粹优生学和社会生物学控制的复活等。但在诸多后果中，福山著作关注的核心问题是：后人类生物技术发展会对"人性"产生哪些挑战？他说："当前生物技术带来的最显著威胁在于，它有可能改变人性因此将我们领进历史的'后人类'阶段。我会证明，人性的保留具有深远的意义，为我们作为物种的经验提供了稳定的延续性。它界定了我们最基本的价值观，限制了各种可能的政治体制。因此，一种强大到可以重塑当前体制的科技将会为自由民主及政治特性带来可能的恶性后果。"③

面对现代生物技术对人性形成的巨大挑战，面对人类技术能力带来

---

① "忒修斯之舟"是说，雅典人曾将国王忒修斯一艘战功卓著的战船当作纪念物保存下来，但数百年风雨剥蚀，船体渐朽，雅典人不得不逐一更换部件。到了公元前4世纪，希腊有哲学家就此问到：这艘不断更新的战舰是否还是忒修斯的那艘船？如果不是，那是什么时候开始的？该故事参见普鲁塔克：《希腊罗马名人传》第一章第23节，席代岳译，吉林出版集团有限责任公司，第22页。在该译本中，"忒休斯"译为"帖修斯"。

② 参见凯瑟琳·海勒：《我们何以成为后人类》，刘宇清译，北京大学出版社，2017年版，第154页。

③ 参见弗朗西斯·福山：《我们的后人类未来：生物技术革命的后果》，黄立志译，广西师范大学出版社，2017年版，第10—11页。

的"善恶共生法则",人们自然要求要遏制对生物技术的"为恶利用",而这正是福山写作《我们的后人类未来:生物技术革命的后果》一书的基本目的。他指出:"认为无法停止或控制技术进步的想法显然是错误的。……要建立一个监管体系以允许社会控制人类生物技术。"[①]该书第十章和第十一章直接探讨的是"生物技术的政治管制问题",就此来看,福山的《我们的后人类未来:生物技术革命的后果》无异于一个"后人类生物技术政治学"纲领。然而,他自己在行文中不断承认:"这并不容易"。

无论后人类生物技术可能造成哪些恶果,也不管福山期许的生物技术政治学是否可以落地(对此下文将有讨论),他的一个直觉值得高度关注:生物技术正试图终止人的自然演化进程;正试图终止人的意识和行为的教化和培养进程。

2. 当代人工智能代表的"替代"人体自然的技术路线

生物工程技术以人的"身体自然"为改造对象,把人变成"忒休斯之舟",与此并行的另一条人体"替代"技术路线是人工智能,它的逻辑目标是在人之外制造人的替代品。如果说前一条路线从人体内部"替代"人,后一条则从人体外部寻找"替代者"。更值得关注的是,这两条路线看似不同,其实彼此高度相关联动,上文提到马斯克的"脑机接口"方案即反映了这种联动,而福山在《我们的后人类的未来:生物技术革命的后果》一书也提到,"如果没有信息技术几乎同步的发展,人类基因组工程便无法记录、分类、找寻和分析人体DNA中的数十亿的碱基。生物学与信息技术的联合产生了一门新的学科——生物信息学"。[②]

人工智能是计算机科学的一个分支,旨在开发用于模拟和扩展人类智能的理论方法和技术,建立机器智能的推理和算法系统。1936年,

---

[①] 弗朗西斯·福山:《我们的后人类未来:生物技术革命的后果》,黄立志译,广西师范大学出版社,2017年版,第14—15页。

[②] 同上书,第75页。

24岁的英国人图灵提出"图灵机"的设想,这被认为是人工智能时代的发端。①不过,严格意义的人工智能公认是在1956年美国新罕布什尔州达特茅斯一次为期两个月的暑期工作坊中诞生的,参加会议10位年轻人后来都成为人工智能领域的奠基人或大师级的巨匠。会议确定了人工智能的基本研究方向,包括开发旨在模仿人脑的自动计算机;依据人脑构架研发人工神经网络;通过编程使计算机使用人类语言;让计算机学会各种棋艺;最后也是最重要的,让计算机提高学习能力,提高生成规划、处理随机事务的能力,让计算机具有创造性……②

历代精英推动人工智能加速发展,这种发展对公众而言是通过两大事件而得到关注的。1997年5月,IBM资助的团队历经十余年开发的"深蓝"（Deepblue）人工智能系统,以2胜1负3平的成绩战胜了国际象棋大师卡斯帕罗夫;2016年,谷歌公司旗下的团队又打造出"阿尔法狗"（AlphaGo）围棋程序,连续战胜中日韩围棋高手,其中2016年12月与数十位顶尖围棋高手的对弈,更是取得了60胜0负的绝对胜利。人的创造物在棋类游戏中完胜人,具有重大的象征意义。机器在数据储存、计算速度等方面的能力已远超人类。③

《社会机器》作者指出,智能技术正快速全面介入个体生活、社区治理以及人类面对的全球问题等多个层面,公共设施、代步工具、购物手段、居室设备、通讯娱乐设备、创意设计装置等将"全数落网"。④

---

① 1946年8月,34岁的图灵参加3英里长跑比赛,以15秒37夺得冠军,成绩名列当年英国第20名。但就是这样一位天才,却在1952年因同性恋受到当时法院的化学阉割处罚,成为现代生物技术的一次具有强烈隐喻性的罪恶记录,两年后年仅41岁的图灵羞愤自杀。图灵的遭遇与本文的话题高度相关。

② 参见詹姆斯·亨德勒等著:《社会机器》中的一节"人工智能简史",王晓等译,机械工业出版社,2018年版;另参见刘韩:《人工智能简史》,人民邮电出版社,2018年版。

③ 参见刘韩:《人工智能简史》,人民邮电出版社,2018年版。

④ 参见詹姆斯·亨德勒等著:《社会机器》,机械工业出版社,2018年版,第13页。

人类将进入"智能化的生存"。

但根据前述技术后果的"善恶共生法则",智能化生存带来多少诱人前景,就可能招致多大的忧虑。隐私空间压缩、黑客侵入、犯罪便利、社会按二八比例分为工作人群与无业人群、智能人伤害等新问题随之而生。但更大忧虑在于:"人工智能将终结我们的族类。"[①] 这如何理解呢?凯瑟琳·海勒早在1999年出版的《我们何以成为后人类》一书就对此给出了一条本质主义的纲领性解读:

"什么是'后人类'?不妨把它确定为以下几方面:首先,后人类观点看重(信息化的)数据形式,轻视(物质性的)事实例证。由此,由生物基质形成的具体形象就被视为历史的偶然而非生命的必然;其次,后人类观点认为,人的意识/观念只是一种偶然现象,但西方哲学却一直认为意识/观念是人格的中心……;再次,后人类观点认为,人的身体本来就是我们要学会操控的假体,因此利用另外的假体(人工智能)来扩展和代替身体,是个连续不断的过程;最后,后人类的观点通过这样那样的手段来安排和塑造人类,以便能与智能机器链接起来。在后人类看来,身体性存在与计算机仿真之间,人间关系结构与生物组织之间,机器人科技与人类目标之间,并没有本质的不同或者绝对的界限。"[②]

初次读到海勒上述论断,不免有感到震撼,但细细想来,这些观念并非横空出世,它们在人类思想史上有来有自:

其一,毕达哥拉斯"万物皆数"观念的复活:海勒笔下后人类观点的第一要义是"重视数据而不重视实物",这是对我们时代"数字为王"特点的准确概括。然而这一概括又让人想起公元前6世纪古希腊思想家毕达哥拉斯"万物皆数"的理论猜想,当这个猜想落实在当代数据使用

[①] 参见詹姆斯·亨德勒等著:《社会机器》,机械工业出版社,2018年版。
[②] 凯瑟琳·海勒:《我们何以成为后人类》,刘宇清译,北京大学出版社,2017年版,第3页。

上，就演变为赫拉利所说的"一切皆是算法"，①万事万物的区别只在于算法不同，这是一种典型的"算法本体论"。相对于毕达哥拉斯文明初期提出的"数字本体论"，"算法本体论"表现出强烈的工程学意义。

其二，"去身（物）化"与万物有灵观念的复活：无论在东方还是西方，文明早期人类的自然宗教普遍相信万物有灵、灵物二分。这个观念经过近代科学的"去魅"受到毁灭性打击。但根据"万物皆是算法"，人的意识、情感、欲望是不同算法，人、动物和植物的基因排序是不同算法，甚至宇宙万物的差别都可以用算法差异说明。这个观念借用麦克卢汉的句式表述就是"媒介即算法"②（the medium is the algorithm），它同时蕴含着"具身的偶然性"假设：人的大脑、人的身体、计算机的物理外壳以及大千世界的纷繁物态，都不过是偶然获得的外壳。用香农、明斯基等人的信念来表述：信息的存在，总要具现于特定媒介中。但信息的存在，不必局限于特定的媒介中。这里对信息、数据、算法的表述，不免让人想到那种遗世独立、轮回往生的灵魂。

其三，"人/物齐一"观念的现代版：上节的基因工程和这里的算法本体论都消除了人的"身体自然"的独特性和不可替代性。当人们要求计算机或智能机器像人一样存在时，他们无形中也就把人视为计算机或智能机器一类的东西。久而久之，自然人体不可替代的信念就成为一个幻觉。海勒的表述是："在后人类看来，人的身体性存在与计算机仿真之间、人机关系结构与生物组织之间、机器人科技与人类目标之间，并没有本质的不同或截然的界限。……如果把自由主体称为'人/人类'，那么他的继任者/替代者可以称为'后人类'。"③除了这种温和的表述，最极端的"人类替

---

① 参见尤瓦尔·赫拉利：《未来简史：从智人到智神》，林俊宏译，中信出版集团，2017年版，第273页、334页。

② 这是套用麦克卢汉的 the medium is the message（媒介即信息）的表述。

③ 凯瑟琳·海勒：《我们何以成为后人类》，刘宇清译，北京大学出版社，2017年版，第8页。

代主义"认为："设想智能机器取代人类成为这个星球最重要的生命形式。人类由此加入恐龙的队伍，成为曾经统治地球但现在已经被淘汰的物种。"①

基于"人/物齐一"观念，凯瑟琳·海勒在书中用整整一章来描述"人工生命的叙事"。计算机依照特定程序，以生物工程技术手段制造出的仿真生物乃至仿真人类，这种人工生命由所谓"湿件、硬件和软件"三部分构成，海勒说，人工生命可以是宇宙生命进化的另外一种方式。②

令人有些困惑的是，海勒在"人工生命的叙事"一章辟出一节专门谈论"人工生命的政治学"，但其中几乎完全没有提及人工生命与人类现实生命的关系问题，也没有提到任何推动或约束人工生命的政治问题。虽然如此，作者确立的议题提醒我们，"人工生命"与福山的"生物技术"一样，都会引发深层次的政治问题。

第四节 Posthuman 的"后人文"含义：
"替代"传统人文科学的两条路径

1. "人之死"：人类中心主义的终结？

上节讨论了 posthuman 概念所具有的本质主义的"后人类"含义，它表现为现代技术对作为自然族类的人的"替代"，下面考察 posthuman 的第二层含义，即标识着"人文观念的终结"的"后人文"概念。前文提到，伊哈布·哈桑在 1976 年论文提到这层意思时，曾引述了法国先知型思想家福柯 1966 年的名著《词与物》的一段话："人是个相当晚近的发明。"这句话出现在《词与物》的最后一章"人文科学"，该章的一个重大主题时常被广告式地概括为"人之死"："人终将被抹去，犹如画在海边

---

① 凯瑟琳·海勒：《我们何以成为后人类》，刘宇清译，北京大学出版社，2017年版，第382页。
② 同上书，第316页。

沙滩上的一张脸。"① 但推诸上下文，福科所说的人，不是作为自然族类的人，而是欧洲近代出现的知识型②意义的"人"。这个人在古希腊哲学一度崭露头角，随后在中世纪一切学科知识中失去了中心地位。文艺复兴和启蒙时代使"人"得到解放，他成为哲学领域的"主体"，也成为18世纪崛起的人文科学的对象。这里所谓"人文科学"，按福科的解读，是依照数学或实证科学的理性秩序而建构的，包括心理学、社会学、文学的技术分析以及神话学的技术分析等。但随着这种人文科学的成长，"与人类记忆一样古老的'大写的历史'"（包括口传记忆、神话、圣言和圣事的传播、传统的表达、对当下的批判性醒觉、对未来的预测或对回归的期待等）却走向末路。③ 更为严重的是，这个极度膨胀的"人"在尼采著作里成为上帝的弑杀者。但弑杀上帝让"人"变回一个有限者，这个有限者在上帝位子上的所思所说因而成了笑柄，换言之，"人"在弑杀上帝的同时也在哄笑中终结了自己（man has come to the end）。④ 总之，当初将人推上中心地位的知识力量就是当代让人走向终结的力量。

　　福科"人之死"所涉及的 humanism，无论被解译为人本主义、人道主义还是人文主义，其硬核都是"人类中心主义"。不少后学学者把达·芬奇1487年的素描《维特鲁威人》当作这种中心主义的图像标志，画面中央位置成"大写姿态"站立的人是科学尺度测量和描摹的对象，它无疑也是福科所说的"人文科学"的图像表达。有趣的是，1989年有好事画家依样绘制了一幅《维特鲁威机器人》画像，它与达·芬奇的原画比例完全相同，但其人物骨架是金属的，令人想到2019年以色列机器人索菲亚，它似乎提示着：当初让达·芬奇对人进行科学描绘的力

---

① Mechel Faucault, *The Order of Things: The Archeology of Human Sciences*, Routledge 1989, p422.
② 知识型（episteme）是福科的概念。
③ *The Order of Things*, p400.
④ 同上书，p418。

量就是如今让机器人索菲亚"替代"人的那个力量。

2. "后人文主义"取代"人文主义"?

福柯的"人之死"与"维特鲁威"图画的变化是"后人文主义"替代"人文主义"的形象展示。但如果追问:是什么因素让"后人文主义"成为"人文主义"的替代物?或者说,是什么因素让传统人文科学显示出"过时性"?对此,欧洲著名后现代女性主义学者布拉伊多蒂在《后人类》列出了专章:"后人类人文科学:超越理论的生命"。布拉伊多蒂所说的"理论"就是指作为人文主义学术载体的人文科学,在她看来"超越(人文科学)理论"的路径是两条:第一,上世纪下半叶以来,哲学和文学领域流行的解构色彩强烈的"去中心化"意识、女性主义、后殖民批判等多种"后学"思潮,颠覆了以"维特鲁威模型"为代表的人类中心论、理性中心论,以及由之衍生出的男权中心论、政治或文化殖民主义、欧洲中心论等观念形态;第二,除了上述各种"中心论"的解构,布拉伊多蒂还指出,人文主义主题"过时"的另外一大促因是生物科技与人工智能科技的崛起:"人文科学何去何从、何以复兴、何以避免学科死亡?所有这些问题都由于一个核心因素而加剧——'人—非人'的链接。'人—非人'的链接包含了将生物的'湿件'和非生物的'硬件'机械组装起来的复杂接口。"[①]接下来她进一步断言,"(自拉·梅特里时代起出现的)人文科学的人类中心论被一个复杂的、以科技信息为主导的知识体系所替代。……进化、认知、生物遗传和数据化等跨学科话语依靠后人类中心主义前提和技术媒介,强调以普遍生命力为中心的物种平等主义系统中的生命。后人类中心主义人文科学正在健康发展。"[②] 显然,布拉伊多蒂的意思十分明确,人文科学正经历着几百年来未有的巨大变化,它

[①] 参见罗西·布拉伊多蒂:《后人类》,宋根成译,河南大学出版社,2016年版,第213—214页。

[②] 同上书,第214页。

正在被"后人类中心主义人文科学"的全新"知识体系"所替代。

3."后人文知识生产"的几个重大特点

毫无疑问，布拉伊多蒂列举的哲学文学领域的多样"后学"思潮，以及人工生命所蕴含的超人类的"普遍生命力"和"物种平等主义"观念，勾勒出在文本主题内容层面"后人类人文科学"替代传统人文科学的基本路径。除此之外，笔者认为"后人类人文科学"还有另外一条替代传统人文科学的重要路径：伴随数字技术的高速发展，传统人文科学赖以生存的文本生产方式和传播方式发生了颠覆性改变。而这种改变应当成为当今文化哲学关注的首要问题。

2012年，一个致力于研究"数字人文"专题的美国学者团队发表了小册子《数字人文：改变知识创新与分享的游戏规则》，该书第一章的标题就是："从人文到数字人文"。[1]

"数字人文"是今天耳熟能详的语词，它在计算机领域有个更为数据化的名称"人文计算"，在充满模糊性的文化领域也有个模糊性的命名"文化科技"。但究竟什么是"数字人文"？这里有强弱两种版本的认识。弱版本的表述认为，"数字人文"中的数据是技术工具，它为人文科学提供更多更高效的研究手段。假定当今一个人文学者不会使用电脑，不会上网搜寻数据，不会制作PPT或个人公众号，他的学术生产效率会降低，学术视野会受到遮蔽，学术影响力也会大打折扣。反过来说，熟练掌握现代数字技术手段的学者则可大大提升人文学的著述效率和传播水平。然而，无论数字工具如何有效，它的使用不会改变传统人文主义的核心价值，如维护人性和人的自由、实现理性批判价值和提升人的精神素养等，正是在这个意义上，包括上述美国"数字人文"团队的个别成员都相信，数字技术嫁接到人文科学，不会对人文科学造成伤

---

[1] 参见安妮·伯迪克等著：《数字人文：改变知识创新与分享的游戏规则》，马林青等译，中国人民大学出版社，2018年版。

筋动骨的改变:"我们拒绝认为人文学处于'危机'中,部分原因在于这种所谓的危机言论已持续了一个多世纪,而实际上人文学已经经历了多次变异。……'数字人文'将当前时代视为复兴人文主义学术的难得机遇,试图通过建立数字网络环境中知识产生的新方式,以彰显当代人文主义的学术贡献。"[1]一言以蔽之,弱版本的"数字人文"观念认为,人文科学在数字时代所发生的"变异"不过是另一个"狼来了"的故事。

不过,对"数字人文"还有一种强版本的看法,认为数字技术将从人文知识的作者身份、文本生产和传播方式、文本评估和影响方式等诸方面,彻底颠覆传统人文科学。因此,"从人文到数字人文"这个标题的准确解读应该是:"从人文到(数字化的)后人文"。事实上,前述"数字人文"团队的绝大部分成员在骨子里都是从"后人文"角度去刻画"数字技术"在人文学科应用的。

其一,从知识创造主体来看,"传统人文科学是孤独天才的领地",天才的作品强调"来自个人,体现个体性"。但数字人文研究则摆脱了这种"个人—个体性"的创造状态,它多是"分布式的":"对研究课题有贡献的'作者'可能有数十个,其身份可能是大学教授、艺术家、图书馆员、程序员、实习生。"[2]这意味着"个人的—个性的作者的死亡",这应该是福科所说的"作者之死"的数字版本。

其二,古典时期资料匮乏,博闻强记是人文学者的重要功夫。图书馆系统普及后,图书馆、资料馆和教室成为人文学者的主要工作场所。在图书馆的物理空间对单一类型文本或观念的钩沉索引般的解读被称为"近距阅读";相比之下在数字化时代,网络被称为巨大的"活态"图书馆、资料馆、案例库、语料库,对这些资料的下载和处理成为所谓"远

---

[1] 安妮·伯迪克等著:《数字人文:改变知识创新与分享的游戏规则》,马林青等译,中国人民大学出版社,2018年版,第5页。

[2] 同上书,第52—53页。

距阅读"。①互联网提供的海量数据通常需要分析处理，因此建模、设立标签和数据清洗等都成为现代人文学者的必备功夫。

其三，传统人文时代的文本多是文字的，思想的逻格斯总要表现为线性的文字叙事逻辑，根据斯洛文尼亚学者艾尔雅维茨《图像时代》一书的描述，"文字反对图像"是古希腊以来的一个重要传统。②但数字互联网时代则强调文本的可视化，强调文字、图像以及一切异质文本要素多媒介多模态相互拼接的叙事，文字文本的时代被异质多媒文本所替代。

其四，传统人文时代是书写在先，评论在后，评论中被拣择出的作品再经过漫长时间的积淀，最后进入思想史成为"经典"，最后经过教育和教化系统实现对下一代的"心灵复制"。但这一"作者—书写—评论—积淀为经典"的线性过程被数字人文写作与评论、写作评论与大众传播的"同时—复式—交叉"的复线过程改变。在全民书写的时代，作品更替速度"如露亦如电"，经典形成所需要的时间积淀条件基本消失，因而"经典之死"成为"人文科学"时代终结的最重要表征。

上述几大特点远没有穷尽"数字人文"给传统"人文科学"带来的变化。仅仅"天才之死""作者之死"或"经典之死"就不难表明数百年来的人文科学面临何种挑战。孤独状态书写的天才作者与经过数代人拣择的经典是传统人文科学的肉身。"作者之死"与"经典之死"体现着人文领域的"去身化"。而一旦失去这些肉身，传统人文科学最终难免沦为孤魂野鬼。

尤为重要的是，在工程性的课题中，群体作者的、分工明确的、模块清晰的、书写与评论迭代互渗的研究，越来越接近"机器化写作"。

---

① 安妮·伯迪克等著：《数字人文：改变知识创新与分享的游戏规则》，马林青等译，中国人民大学出版社，2018年版，第32页，第40页和第50页。

② 参见艾尔雅维茨：《图像时代》，胡菊兰译，吉林人民出版社，2003年版。

事实上,"机器化写作"也恰恰是相当多"数字人文"团队的工作目标。七十多年前"图灵测试"的议题再次出现:假定一个机器具有超快运算速度、丰富完整的语料库、迭代进化的"语文评估器",那就不难想象,它输出的若干诗歌与人类作者的诗歌难分轩轾,专业评论者都很难区分:"究竟哪首诗是人类写作的?"这会是后人文时代"人文图灵测试"的一个问题!"机器化写作"孕育着人类书写不再具有唯一性。

其实,人文科学存亡问题从社会受众层面表现得更为彻底,在如今手机阅读时代,95%以上的人群的95%以上业余时间乐此不疲地接受着娱乐性的、非功利的、旋生旋灭般的碎片化和图片化阅读——传统"经典书写时代"被"微语读图时代"所取代。这提示着"传统人文阅读之死"。

值得一提的是,互联网阅读和写作有两个需要澄清的错觉:其一,人们一向认为,人脑是一切有价值思想的发源地,电脑与互联网不过是帮助实现人脑创造并传播这种创造的工具,就此而言,人脑是"本脑",电脑和互联网是"外脑"。但今天的现实是,庞大的不断接受和处理各种终端上传数据的互联网正成为碰撞速度极快、信息知识储量超大的"本脑",而每个具体作者的头脑则日益沦为可有可无的"外脑"。其二,人们通常还认为,如今生活在互联网时代的人接受的信息和知识量是前人无可比拟的,但对大量网络居民信息交换的观察表明,他们日常"信息交换"的确切含义是:只有交换,没有信息。

第五节 从"代理"到"替代"的技术提出了哪些哲学问题?

以上对"过时的人"和"后人类/后人文"(posthuman)等概念的解读旨在表明,现代技术日益显示出对人的"身体自然"以及"人类中心主义"的"替代"势头,正是它带来的"去人类中心化"或"去身(物)化"意识催生了"人的过时性"与"人文(主义)科学的过时性"等双关连带的根本性问题，它们理应成为作为"第一哲学"的技术哲学对技术进行再追问的基本线索。所谓"再追问"是说，自19世纪末技术哲学作为独立学科成形以来，人类对"技术本质"的追问从未停止，而海德格尔《技术的追问》无疑是这类追问的经典。现在的问题是，在《技术的追问》之后，我们是否有必要对技术"再追问"？

1. 对《技术的追问》的几点再思

海德格尔上世纪50年代初完成的《技术的追问》堪称经典，其重要证据就是，今日学者面对技术多半仍沿用海德格尔的追问法，多半仍用现代技术来解读海德格尔给出的"座架"（Ge-stell）隐喻，多半仍推荐海德格尔推荐的"得救之道"。笔者向来信服海德格尔在《技术的追问》中的独特追问法，认为它与《艺术作品的根源》和《物的追问》一样，具有开辟论域和重构关键概念谱系的重要意义；笔者也欣赏"座架"概念，认为这个集"摆置""订造""促逼自然"于一体的语词是海德格尔为当代哲学密语提供的最为经典的"隐喻"；笔者同时也重视海德格尔的如下看法，即以因果律和数学类精密科学为基础的现代技术在对自然进行"促逼"的同时也日益"脱离人的控制"，并且"真正的威胁已经在人的本质处触动到了人类，座架的统治地位咄咄逼人……人类也许不得去体验一种更源始的真理的呼声了"。[①] 为此，人需要得救，得救之道就藏在"技术"的古希腊母词 technē 的源始含义里，它不仅蕴含着科学知识的"解蔽"，也意味着要"使'真'进入'美'的那种产出（即艺术）"。[②] 由此，技术统治时代的得救之道是"诗"，是"诗意的栖居"。

虽然欣赏海德格尔的论述，但笔者认为今日对技术的哲学追问不能

[①] 参见马丁·海德格尔著，孙周兴选编：《海德格尔选集（下）》，上海三联书店，1996年版，第946页。

[②] 同上书，第952页。

沦为海德格尔追问的注脚，这里有三点可以进一步研究的问题：其一，海德格尔的"座架"明显是个机器时代特有的"哲学隐喻"，"座架"尽管在海德格尔特有的多重"解码性加密"论述中显得十分神秘，但它说到底就是个"机器"！是个对人类自然和社会活动有着结构性驱迫作用的机器隐喻。其二，海德格尔多次提到"座架"与"人"的关系，甚至提到"座架的威胁已经在人的本质处触动到了人类"。但在那个机器时代，他不可能预见到，当代分子层面和比特层面的技术正使"座架"变成一具"维特鲁威机器人"的骨骼，这个"湿件—硬件—软件"组合成的"机器人隐喻"意味着"人的类存在"自然演化的终结，意味着对人的"身体自然"的"替代"。可以这么说，对人的"替代"是海德格尔"座架"隐喻里隐而未显的主题；其三，海德格尔对"得救之道"的论述乌托邦色彩严重，不仅缺少论证说服力，而且体现了浓重的传统人文情愫。得救似乎就是要退回到托特瑙博格山地中的小屋？抑或就是将自己变成一个在身体和精神上都离群索居的诗人？但今天的问题是，在机器可以"作诗"的"后人文"时代，"诗人何为"？"诗意的栖居"何谓？这是值得深长思之和认真讨论的。

2. 对技术背后欲望机制的再思

海德格尔对技术本质的思考，从"技术"的词源追溯到古希腊的"四因说"，揭示了技术是一种对自然的"解蔽"，但却很少提到那个使技术不断加速发展、日益脱离人的控制并反过来对人予以宰制的动力因素——欲望。确实，要使技术受到人的控制，就不能任由它的所有部分按照自治性的法则一往无前的发展，它的发展速度应当可以减缓，可以停滞。但在现代市场和国际政治竞争双重驱迫下，技术发展除了更快，没有最快。而这背后的机制是人类群体的欲望。

西班牙思想家加赛特早在上世纪上半叶就指出：技术并非产生于人"活着"的基本需求，而产生于人想"活好"这一基本需求之外的"多余的需求"。"为什么说动物没有需求,因为它们满足于仅仅活着。而从'单纯活着'的角度看,动物无需技术。……(相比之下)人并没有'活在世上'的渴求,他是渴求'活得好'。人是这样一种动物:他单单把'客观上多余的东西'视作必需"。① 技术产生于"活得好"的欲望,这不难理解。投枪、马车、畜牧和酿酒等都不是维持人"活着"的必需,而是为了使人"活得好"。正是"活得好"的需求促成了技术"进步",促成了技术服务于人的"幸福"。但欲望是个"越吃越饿、越喝越渴"的机制,是"匮乏—满足"无穷循环后退的机制,因而它使"进步""快乐"以及快乐论基础上的"幸福"永远处于"比较级"状态。据此我们不难理解德勒兹在《反俄狄浦斯》②一书所描述的真理,资本主义就是个由欲望推动又不断生产欲望的"欲望机器"。也正是在这个意义上,我们会理解,为什么现代性技术社会会从文艺复兴和启蒙运动开始,因为那是个"欲望解放"的时代。欲望解放是"人文主义"的另一大支柱,而今天的"后人类/后人文"时代的到来,依然是欲望推动技术的产物。

有趣的是,在传统知识中,欲望是个身体性的动力机制,欲望的满足正是为了身体的满足。为此一切前现代文明的伦理和宗教都是以抑制欲望和身体需求作为其首要和基本存在条件的。然而,现代生物学发现,欲望是个源于"心脑"的东西,属于宽泛的意识领域。更为吊诡的是,欲望推动的技术的无止境发展启动了前述的"去身化"趋势,欲望意识的满足构成了"虚拟满足""虚拟快乐"的全部操作对象,虚拟快乐的人群满足于与虚拟假体、虚拟对象之间的娱乐,他自身的快乐也更加体现出"虚拟假体"的性质。

---

① 参见奥德加·加塞特《关于技术的思考》,载吴国盛编《技术哲学经典读本》,上海交通大学出版社,2008年版,第266—268页。
② Gilles Deleuze, Felix Guattari, *Anti Oedipus*, University Minnesota Press, 1983.

3. 历史的终结:"后人类/后人文"启动"非时代性的时代"

"历史的终结"本是前文提到的福山的成名作标题,他在1989年认为,现代社会中的民主制度与科技体制已经是人类所能找到的最佳形态,此后不会再有新的制度性事件出现,没有事件的历史就是终结的历史。但本文不是从这个意义谈论"历史终结"的。

我们知道,历史学的出现很早,除编年史外,前现代时期的大量历史是以政治朝代作为分期标准的。但到了"近代",历史学尤其是社会史学日益倾向于以工具技术为标志来刻画历史分期,石器时代、铜器时代、铁器时代、畜牧时代、农耕时代、机器时代等等,马克思的五种社会形态说也是如此。近几十年,随着数字技术革命的发展,关于前印刷时代、印刷术时代、纸介文本时代、数字文本时代等说法比比皆是。显然,在"历史"这个记忆体系中,"时代"是最重要的模块,而这个模块是由技术和工具进步来标志的。

但随着技术"升级"的加速,今人对"时代"一词的使用日益显示出一种"非时代性"。譬如在五种社会形态中,除资本主义社会是几百年,它前面的三种社会(原始社会、奴隶社会、封建社会)时间至少都在数千年以上。而在日本"社会5.0"计划所依据的时代划分中,狩猎时代、农耕时代,跨度也都在几千年,工业化社会几百年。但越到当代,"时代"的时间跨度越短。在前述日本五阶段技术史划分中,"社会4.0"时代是"信息社会",其跨度仅几十年。不难想象,未来几十年,手机时代、物联网时代、电子人时代、人机生命时代等各个"时代"表述会层出不穷,各领风骚三五年。"时代"这个史学分期概念日益"时尚化"。我们甚至可以猜想,未来的"时代"一词可能会被"N.0版本社会"的说法取代。如果一定说还存在着一个非修辞意义的"时代"概念,那就是"非时代性的时代"——当然,它意味着以技术为标志的"时代"命名的终结,意味着人文主义意义的"历史的终结"。

4. 人类能否避免技术的"为恶利用"？

前文提到，现代技术从后果看具有"善恶共生法则"：一项技术造成善果的能力，也可以造成同等程度的恶果。其实，这个法则还有个补充原则，即技术能力的"善恶后果不对称法则"：在人类欲望的驱使下，技术的"为善利用"是没有止境的，因为人的快乐满足没有止境；但技术能力毁灭人类整体的门槛则是有确定"阈值"的——无论核武器、生化武器，到一定程度就足以毁灭人类和人居环境。至于能毁灭一次还是能毁灭多次，没有分别。正是这个补充法则让我们意识到，当今技术在不断满足人的幸福需求的同时，在能力上早已逾越了对人类整体威胁的阈限。正因为此，避免现代技术的"为恶利用"是现代伦理学和政治学的核心话题。

1942年，科幻作家阿西莫夫曾提出"机器人三规则"：其一，机器人不得伤害人类；其二，机器人必须执行人的命令，但该命令不得与上述规范相抵触；其三，机器人在不违背上述规范前提下可以保护自己的生存。1985年，阿西莫夫又为机器人提出了一个"零度规范"，即机器人必须保护人类整体的利益。①

这些规则一望而知是"人类中心论"的。事实上，在探讨现代技术的伦理规范时，是否应当尊重"人性""人的自由和尊严"和"人类整体生存"，是对所谓"后人类/后人文"思潮的一个重大挑战。

从政治学角度看，前面提到的福科、海勒等已经提出致力于建立"锁定"后人类技术的政治学，并且对此报以乐观的想象。福山等思想家坚定的主张，"人性"依然是制定当代政治原则应当坚守的。他这里所谓的"人性"，当然也包括人类族群整体利益。更多的当代思想家，即使那些后现代思想家，在谈到人类整体时，也依然不敢让"人—物齐一"、"人与众生平等"的原则落地生根。

---

① 刘韩：《人工智能简史》，人民邮电出版社，2018年版，第82页。

还有社会层面的问题。加塞特在谈到技术与欲望时曾给出一个精彩的界定："技术就是人们为了省劲而费的劲！"[①] 由此引出两个社会后果：其一是加塞特当时就意识到的，当人们从繁重劳动下解放出来，"省下来的力气"应当用于何处？其二是今天的学者意识到的：80%之所以能过上"省劲"的生活，是因为20%的人从事"费劲"的创意和研究。进而言之，一个社会中八成人口因为各种设施日益"傻瓜化"而能力退化，而二成人口则因为不断研发而成为地球上的火星人。这个问题如何解决，这是后人文社会学面对的问题。

然而，无论后人文技术伦理、技术政治学还是技术社会学，它们都会日益面对两个难以逾越的挑战：

第一个挑战来自前述京特·安德斯提到的"普罗米修斯差异对比法则"，技术发展"一日如千年"，而人类共同体为约束技术的潜在"为恶后果"所需的规约设置时间日益赶不上技术创新速度，换句话说，伦理规则或许刚一问世就已经"过时"。这个"差异法则"今后会愈加严重。

第二个挑战来自国家科技竞争：现代技术发展的基本单位是民族国家，而国家之间的通常是白热化的竞争多半会使可能"为恶利用"的技术创新脱离伦理监控，可能会使旨在制止"为恶利用"的政治学成为画饼。

上述两个挑战所表现出的无奈，或许也从旁印证了"人的过时性"主题。实际上，传统人文主义无论在人性、自由和人的尊严等方面做出多少先天论证，但始终没有解决涉及人类整体存续的"从应当到能够"的问题。在这一点上，笔者相信，坚持几百年来人文主义的那些积极的思想价值，坚持推动和实现真正意义的"人类命运共同体"，才是遏制技术"替代"的唯一得救之道。

[①] 吴国盛编：《技术哲学经典读本》，上海交通大学出版社，2008年版，第269页。

附录1 先锋哲学：An untimely thinking[①]

一、迟到的"先锋"与"先锋"承载的多重含义

有幸参加首届"先锋哲学论坛"，进入正题前，想对"先锋哲学"的概念发点议论。

看到"先锋"二字，脑子里马上跳出两个西语单词，一个是大家耳熟能详的 Avant-garde，即"先锋派"，意指 19 世纪末 20 世纪初艺术领域里反传统反规范的潮流。这个论坛的"先锋哲学"一名，无论从物理学意义的"时间"还是从思想史意义的"时代"来看，都是对这个名称的为时过晚的借用。就此而言，它一点也不"先锋"，或者只是个"迟到的先锋"。

还有一个词是 Sturmabteilung（storm troop，纳粹的军事组织，中译为"冲锋队"）。联想到这个词，最初是出于我喜爱调侃的本性，本想用它来给"先锋"的白净面皮上涂点油彩或污迹，让它看起来生动一些。但一番检索后发现，这个联想还真不是全无来由。Sturmabteilung 这个名字产生于 1921 年，而这正是表现主义艺术大行其道的时代，这个流派摒弃传统的艺术表现规范，寻找内心激情赖以表达的色彩、旋律或叙事。并非巧合的是，"表现主义"（expressionismus）一名首先出现于 1911 年的一家德国艺术评论杂志《风暴》，而"风暴"的德语原名正是 Sturm——对，正是 10 年后纳粹冲锋队名称里使用的那个词！

再深究下去，Sturm 用于军事组织并非纳粹的首创，在此之前 3 年，也就是第一次世界大战进入尾声的 1918 年，德国军方就使用 Stur-

---

[①] 本文是 2019 年"先锋哲学论坛"的讲稿。

mtruppen 来命名它的特种部队，通译为"暴风突击队"。不难看出，Sturm 是上世纪 10 年代和 20 年代德国政治和军事领袖青睐的语词，因而带着强烈的邪恶暴力的语义色彩。

无论是第一次世界大战的德国军方，还是早期纳粹组织的那些缔造者，他们对 Sturm 一词的偏好似乎提示着他们与当时德国表现主义艺术的声气关联。然而，这种关联不限于 20 世纪初期的表现主义艺术，如果将时间再由此上溯 150 年，即回溯到 18 世纪 70 年代，我们便会发现 Sturm 正是那个相当堂皇正大的德国"狂飙突进运动"（Sturm und Drang）名称的母词——"狂飙突进"，那是德国 18 世纪启蒙运动掀起的第一次文学解放的高潮！

以上追溯不难看出，Sturm 这个词（无论被译为"先锋""冲锋""风暴或暴风"还是"狂飙"）竟然在德国近现代史上扮演了两种在道义评价上天差地别的角色：在艺术和文学史中，"狂飙"或"风暴"所标志的运动引发了艺术文学范式的颠覆性革命，大大拓展了人类视听想象空间和符号世界的边界；但到了 20 世纪上半叶的政治军事史，这个名称变成了充溢着暴力美学意味的法西斯符号！

在常人看来，将艺术文学革命与法西斯运动联想在一起似乎有些不恭，但问题恰恰在于，这两者之间或许真真切切地存在着某种内在联系。我非常喜爱的法国思想家乔治·斯坦纳在回顾 20 世纪初叶的思想史时指出，20 世纪 20 年代前后德语世界一下子涌现出大量开创纪元的思想巨著，而"这些著作与表现主义文学、艺术和音乐中蕴含的暴力美学取向存在着明显的相互影响"：

"从 1918 年到 1927 年短短 9 年间，德语世界出现了出现了不下 6 本视角新异、风格极端的著作——恩斯特·布洛赫的《乌托邦精神》（1918 年）、斯宾格勒《西方的没落》（1918 年）、卡尔·巴特《罗马书释义》（1919 年）、罗森茨威格《救赎之星》（1921 年）、海德格尔的《存在与时间》（1927 年）。还有一本……希特勒的《我的奋斗》

（1925—1927）。"

这些文本的共同特性在于，它们都是"鸿篇巨制"，都充满"末世论"的想象，都充溢着"先知般的口吻"。所有这些构成了一种强烈的"形而上学诗性话语的暴力"。斯坦纳对此解释说，一战后的德国和欧洲弥漫着对既往欧洲文明的绝望和无路可行的焦灼氛围，唯有具有暴力色彩的音响、色块、话语才能成为当时的群体无意识的有效表达，才能给大众带来思想重建的希望。而这个时代的吊诡真理，在笔者看来恰恰就是：重建就是破坏！

在艺术、政治和思想史领域普遍出现的这种"破坏性的重建"提示着一个现实，即人们试图用新的语言、新的表达来召唤一种与过去全然断裂脱节的"新天新地"——无论这个新天地带来的是艺术的繁荣还是政治上的灾难。霍夫曼斯塔尔指出："在经历了1914年到1918年的诸多事件后，人们还怎么可能继续使用那些陈旧的、用滥的和充满虚情假意的语词呢？正因为这样，通过更新语言而更新思想达到了前所未有的激进程度。"

卡尔·巴特：上帝对人说出他那亘古不变的"不"！

罗森茨威格：上帝的直接性之光以不可抗拒的力量穿透了人类意识。

海德格尔：为什么是存在而不是无（Leiniz: why is there not nothing）？

所有这些语言，确实使用的是"先知般的口吻"，它同样接近于"宣言体话语"。由此我又想到了本次"先锋哲学的发刊词"——它是"宣言"，至少是想成为《共产党宣言》《新青年发刊词》那样的宣言。而"宣言"在本质上是"注意力中心主义"的。即使是许多"反中心主义"的宣言（譬如笔者在圆明园画家村曾看到一个标志解构性绘画的《白色宣言》）也是如此。由此不难想象，群体注意力是"意义"（significance）赖以生成的基础。

以上从"先锋"一名引出的联想还彻底粉碎了我们关于"时代"的

庸常理解：通常我们喜欢从"全善全恶"的视角来谈论"时代"，因此在提出"先锋哲学"这个命名时，命名者当然希望人们联想的是那种"先锋派"艺术，它虽然反传统反规范，却因为重表现而留下了相当多创格极高的文学、绘画和音乐作品，更重要的是生成了新的规范。就此而言，"先锋派艺术"标志着一个好的艺术或思想的时代。但如果当初命名者由这个词联想到纳粹的"冲锋队"，那一定会弃之不用，至少会犹豫再三，因为那个名字代表着人类史上史无前例的反人类罪行，是无以复加的恶的时代。

然而，Sturm 一词具有的两种对立的语义色彩告诉我们，好时代和恶时代确实可能存在某种相互借用、影响和浸染关系，它们从根本上就是一个时代。常人总是出于某种同一性诉求去命名一个时代，这种同一性诉求总包含着某种"全善全恶"的评价。但真实的时代往往可能只是时间在某个点上的"多向分延"（multi-furcation）。这个"多向"不仅是专业领域意义上的，还可能是善恶评价意义上的。就如"sturm"这个词，它既可以引导艺术诸领域的革命，也可能引发政治领域的灾难，还可衍生出邪恶军事力量的象征符号体系。我们经常听到这样的说法：这是最好的时代！这是最坏的时代！但它忘了说：这就是一个时代！

"多向分延"使不同取向的思想、符号和行为的相互浸染，并可能使不同取向的想象性表达显示出相似性。比如此次"先锋哲学"的 LOGO，它的设计者宣称其创意具有强烈的解构性，但我看它肯定参照了鲁迅的"投枪"，同时还弄得很想"流星"和"闪电"——穿透荒疏语言的盔甲见到真实，这应是其中的意蕴。但 20 世纪 30 年代纳粹军事 LOGO 是高度崇尚"闪电"的，不仅表现在 Sturmabteilung 这个名称，也表现在一些以闪电为原型的标志上。

上述分析不仅是调侃，也表达了一种"无奈"：我们选用的名称和

Logo 与那些我们生来拒斥的东西类似，无非因为我们是迟到者（Later-comer, M.Levy），即迟到国家的思想共同体。我曾谈到，迟到国家思想共同体的一个普遍苦恼就是，它天生处于某种"图书馆"情境，因而其所关注的话题，无论善的还是恶的，都缺乏"先导性"。由于太长时间缺少先导性问题，人们也便缺少了"先导性意识"。而我想，这种"先导性意识"才是"先锋哲学"真正想表达的。所以我倒不在乎"先锋哲学"是否要回到活生生的生活，我想，我们是太缺少先导性意识了。

二、"untimely thinking"："作当代的非同时代人"

"先锋"无论是"先行的"还是"迟到的"，总之是与时间相关的词。由此，"先锋哲学"一名自然会引发我们对哲学与时间、哲学家与时代的理解。虽然在西语中，"时间"与"时代"都可以用一个词 Zeit 或 Time 来表达，但谈论的层面和角度可以大不相同。

严格哲学关于"时间"的谈论是形而上学的。康德将时间视为人的"内部感官的形式"，即对非广延性的内部诸表象进行直观的条件，这里的直观主体是"非人称化"的。非人称化的主观性、与外部知觉相区别的"内部直观"，这是以后许多哲学谈论时间的共同范式，这里不拟多议。但在黑格尔那里，"时间"只是观念逻辑展开的外部条件，它是后于逻辑的，甚至可以说，观念逻辑是"超时间"的。正因为此，黑格尔在《哲学史讲演录》中说："在哲学领域内劳作所取得的成就乃是真理，而真理是永恒的，它不是这时存在而他时就不复存在的东西。""'在神的面前，千年如一日。'它有充分的时间，即因它在时间之外，基因它是永恒的。"从这个意义来看，哲学在本质上是反对时间的，至少是与时间无涉的。如果接受这个看法，那么我们给"哲学"加上"先锋"的定语是个定义中的矛盾。因为，哲学不是一种"timely thinking"（时间性的思），而是一种"non-time thinking"（非时间的思）！它不会在意自己是不是"先锋"。

然而，如果哲学是非时间、超时间的，那么哲学史如何可能呢？而这恰恰是黑格尔在《哲学史讲演论》提出的问题："哲学史需要回答的第一个问题就是：哲学如何会表现为在时间上有发展，而且有一个历史？对这个问题的回答牵涉到时间的形而上学。"黑格尔的这个问题不奇怪：一方面，绝对理念是永恒的，因此在时间之外；另一方面，精神借哲学家这些个体进行自我认识却是个处于具体时间进程的历史过程。——绝对观念的展开是个肉身化的过程。正是这种"肉身化"使哲学具有了一个"历史"，而在这个历史中，"哲学家与时代"成为有意义的话题。他说："哲学家的身体在时间里生活，他们的思想原则却不随身体而去。"由此来看，黑格尔恐怕是思想史上第一个极为清晰地让"时间"从形而上学的谈论下凡为"思想史谈论"的大师。他第一个使我们可以合法性地谈论"哲学家"与"时代"。就此而言，"先锋哲学"自然就是个有效的命名。

那么"哲学家"与"时代"可以有什么关系呢？黑格尔是把哲学家当作思想领域中的"世界精神"的。哲学家表征或者应该表征时代。正是在这个意义上，马克思在《黑格尔法哲学批判导言》（又是一份宣言）说："我们德国人在思想中、在哲学中经历了自己的未来的历史。我们是当代的哲学同时代人，而不是当代的历史同时代人。"（We are philosophical contemporaries of the present without being its historical contemporaries.）显然，成为"contemporaries of the present"（当代的历史的同时代人）是马克思对思想者的要求，也是我们对哲学功能的一般理解。从这个意义看，"先锋"似乎有些多余。

Contemporary of the present，至少在后世的理解中，经常被确定为思想与时代的肯定性对应。然而尼采不这么看，我为本文随意找到的那个标题 an untimely thinking 当然就出自他的作品。是的，尼采非常喜欢使用"untimely"（德语原文为 Unzeitgemäße，通译为"不合时宜的"）这个词——他把自己四个演讲（1873 年到 1876 年）的合集命名为《不合时宜的沉思》；在他的精神生命日落黄昏的那一刻，他依然在《偶像的黄昏》（1888年）的一章标题中使用了类似的说法："Skirmishes of an Untimely Man"（一个不合时宜者的战史）。这里的"不合时宜"当然是对"时代"而言的。意大利当代思想家阿甘本在"What Is the Contemporary?"一文对此给出了极好的解读：

"尼采为我们探索上述问题的答案提供了一种最初的、暂时性的指示。在法兰西学院讲座的一则笔记中，罗兰·巴特对这个答案做出了概述：'同时代就是不合时宜。'1874年，尼采出版了《不合时宜的沉思》，在这部作品中，他试图与其生活的时代达成协议，并且就当前采取一种立场。'这沉思本身就是不合时宜的'，第二沉思的开头如此写道，'因为它试图将这个时代引以为傲的东西，即这个时代的历史文化，理解为一种疾病、一种无能和一种缺陷，因为我相信，我们都被历史的热病消耗殆尽，我们至少应该意识到这一点。'换句话说，尼采将他关于当前的'同时代性'置入一种断裂和脱节之中。真正同时代的人，真正属于其时代的人，也是那些既不与时代完全一致，也不让自己适应时代要求的人。从这个意义上而言，他们就是不相关的。然而，正是因为这种状况，正是通过这种断裂与时代错位，他们比其他人更能够感知和把握他们自己的时代。"①

那么历史上是否有通过与时代的断裂和错位而把握时代的人呢？太多了！艺术领域中的伦勃朗、梵·高，哲学领域中的笛卡尔、斯宾诺莎、克尔凯戈尔、叔本华和尼采等。由此而来的问题是，为什么这些与时代"脱节"的人会比其他人更准确地把握时代呢？一种世俗的解释是，"时

---

① "同时代性就是指一种与自己时代的奇特关系，这种关系既依附于时代，同时又与它保持距离。更确切而言，这种与时代的关系是通过脱节或时代错误而依附于时代的那种关系。过于契合时代的人，在所有方面与时代完全联系在一起的人，并非同时代人，之所以如此，确切的原因在于，他们无法审视它；他们不能死死地凝视它。"

代"向来不是编年史意义的时间表,而是一个需要不断由后世、由未来赋予意义的时间结构。因此,一些在"当世"被唾弃遗忘的人,有可能被后世重新发现并确立为圣哲。反过来情况也一样。而根据某种准宗教的解释,已存的、世俗的时代或历史无非是大量偶然的人、偶然的事件的集合,在这些人或事背后的那种"本真意义"或"本真的完整性"始终处于"待发现状态"。"待发现"的意思就是"尚未到来"(not-yet)!"尚未到来"的意思就是"终将到来"!因此,那些通过与时代断裂而把握时代的人就是让未来插入当下时代的人,这就是弥赛亚意义的时代。

我们都听说过尼采那句像谣言一样难以核实的名言:"我的时代还远未到来,有的人死后放生。"①这话的深意告诉我们,思想者有成为"当代的非同时代人"的权利和能力。正是在这个意义上,尼采提出一种"批判式的历史学":"为了能够生活,人必须拥有力量并且运用力量去打碎和分解过去;他做到这一步,乃是通过把过去拉到法庭前,严刑拷问,最后判决。任何过去的东西都是值得被判决的。"②不仅如此,尼采甚至说:"如果你们想读传记,就不要读那些'某某先生和他的时代'一类的俗套传记,而要读这样的传记——它的封面上写着'一个反对自己时代的斗士'。"③

显然,"作当代的非同时代人"或"一个反对自己时代的斗士",这大约是"先锋哲学"所期许的。它确认"打碎和分解过去"是哲学家的一种特权:打碎就是重建。唯有这样,思想才有"批判"和"开辟未来思想论域"的能力,而这两者都是哲学的重要的知识社会学特征!

需要说明,"作当代的非同时代人"并不否认"作当代的同时代人"这个说法,毋宁说是对它的一个补充。

---

① 原文是 Someone die after birth!
② 尼采:《敌基督者》:吴增定、李猛译,生活·读书·新知三联书店,2017年版,第163页。
③ 同上书,第195页。

三、进一步追问"时代":"异时代的同时代性"

以上谈到成为"当代的同时代人"或"非同时代人",下面还要谈到一种与此高度相关的现象,我称之为"异时代的同时代性"(contemporaneity of heter-chrony),它是一种"时代错构意识"(dys-chrony),其极端表现是,两个不同的甚至是彼此对立的时代,居然可以具有某种比较近似的视域和话题。

我在拙文《当启蒙遇到国际政治》提到,1941年日本发动太平洋战争之前和之后的一年,一共举办了四次总主题为"近代的超克"(超越现代性)的研讨会,其中包括1941年11月26日(太平洋战争前11天)的"世界史的立场与日本";1942年3月的"东亚共荣圈的伦理性与历史性";1942年7月的"总力战的哲学"。参加会议的成员包括《文学界》杂志同人龟井胜一郎、林房雄、三好达治、中村光夫、河上彻太郎、小林秀雄,音乐家诸井三郎,电影界人士津村秀夫,神学家吉满义彦,哲学家西谷启治,历史学家铃木成高,科学哲学家下村寅太郎,物理学家菊地正士等,都是当时日本艺术、人文和科学界的大咖。座谈会的宗旨是探讨日本知识界如何面对太平洋战争时局和世界政治道德秩序的重建问题,其话题包括:批判西方现代性文化的危机与弊病,反省明治维新以来"文明开化"式的现代化道路,重估东洋文化并以东洋精神文明克服和超越西洋物质文明的危机等等。许多论者认为,以前世界秩序的主导者是西方国家,它们凭借启蒙时代以来的科技优势,获得了君临全球的政治优势乃至文化优势。但这种近代观念在文化上显示出极大弊端,是造成近代危机的根源。[1]下村寅太郎指出:"我们所称的'近代'是由来于欧洲的,至少成为今天要超克的问题的'近代'不外乎如此。

---

[1] 以上史实参照《世界哲学》2004年第2期的相关专栏和刘岳兵:《日本近现代思想史》(世界知识出版社,2010年版),第6章,"大正时代与昭和前期的思想状况"。

因此，如果说由我们可以将近代的超克作为问题的话，那具体而言无非是与欧洲近代的对决。"① 这个对决，就本质而言是要以日本代表的东洋精神来实现对原发于欧洲的启蒙思想的超越。

今日看来，二战期间日本知识界对西方现代性、西方物质文明的讨伐具有浓厚的文化军国主义色彩。吊诡的是，他们的批判居然不是孤立的，因为那同时西方思想界也在对18世纪启蒙以及现代性诸基础观念进行自我反省和批判，其代表是上世纪30年代的法兰克福学派。不无巧合的是，这一批判的代表性著作《启蒙辩证法：哲学断片》出版于1944年，与前述日本知识界的活动大体同时，这种时间意义上的脉动关联是意味深长的，它正提示着我所说的"异时代的同时代性"，一种"时间错构意识"。

所谓"异时代"是指，二战时日本的思想群体与西方社会的思想群体分属于两个不同时代，但"同时代性"却是说，他们同时从事着主题相关、线索相连甚至声气相应的思想活动。譬如二战时期对现代性的批判，一个来自作为现代性原发地的西方世界，其对现代性的批判具有浓重的自我反省色彩，是其现代性观念史的合乎逻辑的延续。与此同时，批判还来自日本这样的后发外源型国家，对它而言，"现代性批判"在精神和价值层面等同于"外来性批判"。日本虽从外来的工具理性得到实惠，但却对伴随工具理性而来的全部观念物的外来性耿耿于怀。其现代性批判本质上是一种国别性精神为体和工具理性为用的批判，是一种阉割现代性的批判，一种解现代性批判。

需要看到的是，由于世界日益变成"同时性"的单一体系，因此分属"异时代"的不同国家思想群体会在其观念和话语上表现出越来越多的"同时代性"，譬如上世纪五六十年代西方内部开始反省欧洲中心

---

① 转引自刘岳兵：《日本近现代思想史》，世界知识出版社，2010年版，第301页。

论，后发国家相应出现"东方学"或"后殖民批判"等思潮；当法国引领后现代和文化多样性思潮登堂入室后，后发国家也普遍兴起以后现代名义张扬前现代传统的思潮。这些都是"异时代的同时代性"！不过，虽然具有"同时代性"的外观，但其"异时代"的话语特征依然明显：先导国家对现代性问题的自我反省，在后发国家中往往嬗变为对外来性的批判。

走笔到此，反对宏大叙事的人该抗议了：你这文章满篇的"当代""同时代""异时代"，这都是无效命名！没有时代，只有与个体意识相关的时间之流！

为此，我需要对"时代""同时代"这类词再作一些说明：通常所谓"时代"有两个含义：第一，它不是个别的人称主体的，而是共主体的（co-subject）；第二，它是根据某个 pattern、尺度以及相关事件来命名的时段（duration），或者按照黑格尔的说法，它是依照某个原则命名的【"每一原则在一个时间段内都曾是主导的原则"】。我前面提到，纯粹形而上学对时间的考虑通常是"非人称的"或"非个体的"，这是因为无数个体性的时间犹如无限的"瞬时"（temporal）一样，是无法穷尽把握的（这就犹如单纯水平时间的无限性是主体难以穷尽把握的一样）。由此，对"个体的瞬时"的把握只有诉诸一个意义图式结构，这个图式结构在空间的意义上就是胡塞尔在《欧洲科学的危机和超越现象学》中所提到的 Umwelt（周遭世界），在时间的意义上则可以是"时代"。——无论是周遭世界还是时代，它们都是共主体性的。因此，"时代"（无论写作 era、epoch 还是 times），在本质上就是"同时代"（the contemporary）。

"时代"是无数"个体瞬时"的共主体性命名，这一点在英文"同时代"一词暨 con-temporary 一词得到了准确地表现：con- 是集聚，而 temporal 则是各种具体的时间，除了每个个体的时间，还有技术史的时间，艺术史的时间，政治史的时间，等等。How can people put all these temporals together？这就涉及那个"使时代成为时代"的根据，是那个根据让我们可以使用这个或那个"时代"。

Contemporal 与 temporal 还有一个区别,即 temporal 在理论上完全可以是一个短暂的、瞬间的存在（instant,twinkling,Ksana）,它像一片无穷薄的"刀刃",而不是一个时段（duration）。但对于作为现象学直观对象的"体验之流"来说,我们并不是在"刀刃"上生活的。按照胡塞尔的说法,每一个"当下"都不是"刀刃"一样的东西,它是一个 duration。就是个时段,与此对应的其他时间意识,如与记忆相关的 retention 和与未来的 protention 等,都是时段。

"时代"是各个时段按照某种可把握标准而形成的集聚。虽然是集聚,但由于各个时间都有自己的路向,因此"时代"这个按某个同一性范式构成的概念（如同本文第一节所示）便同时蕴含着不同时间在某个点上的"多向分延"（multi-furcation）。正是这种"多向分延",使前面所说的"好时代"与"坏时代"的并存成为可能,使"同时代人"与"非同时代人""异时代的同时代性""同时不同代、同代不同时"等说法成为可能。它再次证实了本文上面的判断:"时代虽然是按照某一同一性图式命名的时段,但它不是高度封闭的时间之桶,如果说它是桶。那也是四面漏风的。今天,一个按某一同一性图式命名的时代,里面充满着各种"异构元素"。

当然,在时间结构的分析上,海德格尔所代表的生存论路向更加强调作为"到时"（temporalizing of temporality）结构的"未来"（Zukunft）的意义,"到时"揭示了人何以是"是其所不是,不是其所是"的超越性存在,"到时"才使"过时"成为不可避免的。"先锋哲学"所追求的就是这种到时性,就是等待我们去照面的当下。

四、"时代"谈论的终结：我们正进入"无时代性的时代"

以上满篇谈论"时代",但我在结论处却要说,我们正进入一个"无时代性的时代",进入一个日益无法有效谈论"时代"的时代。我们所谓"时代",越到当下越显示出"非时代性"(non-chronia character)。譬如以前苏联教科书常谈论"五种社会形态",除资本主义这个时代是几百年,其他四种时代(原始社会、奴隶社会、封建社会和共产主义社会),时间都在数千年以上。与此类似,日本政府2016年推出了一个"社会5.0"计划,它的依据是将社会区分为狩猎时代、农耕时代、工业化时代、信息社会时代和所谓人工智能时代。

看日本提出的这五个时代,"时代"的时间一个比一个短。其第四个时代跨度仅几十年,而第五个所谓"时代"究竟是不是个有效命名很难说,因为它可能很快就被第六个、第N个取代。从技术角度看,时代越来越短,可能会导致"时代"这一叙事修辞术语彻底消失。

关于"无时代性的时代",是我目前正在工作的课题。它的内涵是多方面的,而所有这些内涵聚焦到一起,无非陈述了一条生存论意义的看法:无论人还是时代,始终都只是"尚未"(not-yet)——"先锋哲学"要亲近的就是这个"尚未"。

附件2　"强制阐释论"与阐释的开放性[①]

张江教授2014年发表《强制阐释论》后，国内讨论文献数以千计，争鸣文集多部，[②] 在此期间张教授继续发表文章讲座访谈，除细化对"强制阐释"的阐释外，又引入"本体阐释""公共阐释"等议题，日前又发表《再论强制阐释》一文，[③] 值得关注。

阅读相关文章得到几个印象：其一，张教授几年来对"强制阐释"的四大特征的概括基本未变，对"场外征用""主观预设"等次级概念的分析批判立场未变。其二，张教授把强制阐释批判主要限定于文论领域，他关于"没有文学的文学评论"的论断赢得不少文论界作者的共鸣。其三，张教授批判"强制阐释"，旨在"本体阐释"，即将"隐藏于文本全部叙述之中的""文本的确当含义"当作阐释的核心对象。这种"原本/原义中心论"半个多世纪以来已到了"今人多不弹"的地步，读来另有新鲜之感。

另需指出，张教授的阐释研究不是在文本阐释学理论里"空转"，他的阐释学研究与当下中西思想互动的大问题密切相关，体现了文本阐

[①] 笔者一向把 Auslegung 或 interpretation 译为"解释"，并相应将 hermeneutics 译为"解释学"。由于张江教授大量文献都使用"阐释"，为方便起见，本文一概使用"阐释"一词。

[②] 王双龙主编：《阐释的限度："强制阐释论"的讨论》，中国社会科学出版社，2017年版；中国社会科学出版社重大项目出版中心编：《强制阐释争鸣（1—6卷）》，中国社会科学出版社，2019年出版。

[③] 张江：《强制阐释论》，《文学评论》2014年第6期；另参见《中国社会科学报》2014年6月17日刊发的对张江的访谈《当代文论重建路径——由"强制阐释"到"本体阐释"》。还可参见张江：《理论中心论：从没有文学的"文学理论"说起》，《文学评论》2016年第5期；张江：《公共阐释论纲》，《文学评论》2017年第6期；张江与哈贝马斯《关于公共阐释的对话》，《学术月刊》2018年8月16日微信公众号。

释学与阐释政治学①的双焦视点。为此，笔者拟跟随张教授继续探讨几个问题：

其一，如何理解强制阐释的"强制"？它能提供怎样的阐释政治学启示？

其二，如何理解强制阐释的"阐释"？张教授在此语境提出的"场外征用"的前提是否可靠？文学领域的文本阐释是否本质上是"反对场外理论"的或者说"去哲学的"？应该如何认识"局部阐释学"与"一般（哲学）阐释学"的关系？

其三，张教授提出"本体阐释"或"文本自在含义"假定并将其视为当今文本阐释研究的"出路"。它们究竟是对当代阐释学问题的克服，还是向前哲学阐释学时期那种素朴文本认识论信念的"回归"？

一、从阐释政治学看强制阐释的"强制"：后发国家能否解决"赛义德难题"？

强制阐释概念中的"强制"究竟指什么？这个疑问看似多余，因为张江教授在2014年首推《强制阐释论》时对此作了教科书式的定义："强制阐释是指，背离文本话语，消解文学指征，以前在立场和模式，对文本和文学作符合论者主观意图和结论的阐释。其基本特征有四：第一，场外征用……。"②但即使如此，笔者觉得对"强制"概念仍有进

---

① 阐释政治学可被界定为从政治批判尤其从权力批判视角出发的阐释学研究，其发生与后现代思潮相关。有文论学者指出，"比如女权主义、解构主义、后殖民理论、身份政治等学派不是文学学派而是政治学派"，"二十世纪五六十年代以来，西方文论走向政治化，强化了文学理论的政治元素维度，热衷于对民权运动、学生运动、反战、生态运动、妇女运动等社会运动发言"。（分别参见王双龙主编：《阐释的限度："强制阐释论"的讨论》，中国社会科学出版社，2017年版，第315页、319页），这些说法虽然对文学与政治的关联缺乏同情性理解，但大体可作为阐释政治学存在的证据。

② 张江：《强制阐释论》，《文学评论》2014年第6期，第5页。

一步辨析的必要。

初闻"强制阐释",笔者以为它是指某种外部力量对阐释主体的观点所施加的强制,因为日常理解中,强制对象多是人,其近义词"强迫"或"胁迫"在英语的对应译名是"compulsion"或"coercion"。后面这个译名由于约瑟夫·奈对"硬实力"概念的解读而广为人知:所谓硬实力是一种 coercive(强制性的)力量。为方便起见,笔者把"对阐释主体的强制"简称为"强制语义1"。

但稍事阅读发现,张教授的"强制"重在强调"阐释主体出于先入之见对文本本义进行扭曲",其英文的规范译法为"imposed interpretation",意指将一己之见强加于人。为作区别,笔者将其称为"强制语义2"。

上述辨析表明,张教授的"强制"概念具有双关性。一般而言,他对强制阐释诸特征如场外征用、主观预设、非逻辑证明等问题的分析主要是围绕"强制语义2"展开的,据此而来的对"无关文学的文学理论"等现象的批评亦是中肯而切中时弊的。但笔者也注意到,张教授也相当注重在"强制语义1"的含义上使用"强制"概念,他说:"改革开放以来,随着当代西方文论被全面、系统、细致地引介到中国,西方文论以独霸天下的姿态支配了中国文学理论的研究格局和思维方式。在大量新奇概念和范畴的挤压下,中国文论产生了'失语'的焦虑,'话语重建'成为当代中国文学理论的重大关切。"[1]显然,这里所说西方文论强势左右着中国文论群体的心理状态、思维方式和研究格局,正是在"强制语义1"的意义上谈论"强制"的。

"强制"的两种语义分属不同论域:"强制语义1"明显属于阐释政治学,它在张教授论述中体现为对西方强势话语、西方哲学的权力批判;"强制语义2"则更多属于文本阐释学论域,其议论焦点是阐释者

---

[1] 张江:《当代文论重建路径——由"强制阐释"到"本体阐释"》,《中国社会科学报》2014年6月17日。

的"前见"或"主观预设"是否具有合法性？如何认识"文本的自在含义"？这类问题不仅是我国文论领域面临的话题，也是包括发达国家在内的学术共同体的共同议题。然而，这两种强制语义在我国学界又具有强烈的相关性。按张教授的看法，数十年来我国部分文论学者之所以会对文本原意进行强制阐释，重要原因在于他们深受西方强势话语的影响。一言以蔽之，我国学界与"强制语义2"相关的现象多可归因于"强制语义1"——"强制语义1"是"强制语义2"的归因叙事。

放眼世界，这种"强制语义1"与"强制语义2"的归因相关性在后发国家中具有普遍性，我们可以将其概括为这样一个问题：后发国家的学术共同体能否摆脱发达国家学术的覆盖性影响，以重建或确立自己的学术主体性？这显然是张教授致力于探讨强制阐释的重要动机之一，他不仅提醒阐释者要尊重文本的原意，而且提醒国内阐释者要关注自己的学术主体性建构。他关于"当代文论重建路径""当代学术话语重建"等说法蕴含着"重建中国学术主体性"的绝大主题，而这一点明显得到了国内文论界多数学者的共鸣。

有必要指出，张教授梳理其思想谱系时明确将"强制阐释"归入苏珊·桑塔格、赫施和艾柯等理论一脉，认为它"是这个理论链条上的一个新节点"，[①] 而这个理论链条在笔者看来明显属于"强制语义2"的工作。考虑到张教授在"强制语义1"方面所做的努力，笔者认为亦可将其强制阐释批判归入赛义德、阿明·马鲁夫的理论脉络，这是一条阐释政治学的传统。随之而来的问题是：如何看待"学术主体性重建"？

后发国家面对西方学术一向要处理两个相关而又不相同的任务：一是全面了解借鉴西方学术；二是在借鉴其成果时要尽力保持或者致力于重建自己的学术主体性。忽略前一个任务，后发国家的理论生产会长期

[①] 王双龙主编：《阐释的限度："强制阐释论"的讨论》，中国社会科学出版社，2017年版，第313—314页。

困囿于僵化简单狭隘的格局，张教授正是在这个意义上说，"对西方文论要有敬畏之心，新时期以来的西方文论改变了中国文艺理论的研究格局，没有它，中国文艺理论的局面不会像现在这样先进、开放、深入和完整。西方文论的进步意义大于消极意义，这是必须充分肯定的"。① 但如忽略后一任务，后发国家的学术群体或会沦为发达国家先导学术的"模仿者"或"复制者"。为此，时时呼唤或提醒学界的"自主性"意识构成了后发国家知识群体的一大特征。笔者以为，上述两点任务体现了一种"后发国家的启蒙辩证法"。②

然而过去半个多世纪的事实表明，后发国家学术界对于"是否应当重建学术主体性"早已不存在重大争议，最大的挑战来自"如何能够重建学术主体性"。简言之，能否实现"从应当到能够"的转变才是问题的关键。

上世纪70年代末，巴勒斯坦裔美籍学者赛义德推出批判西方学术中心论的里程碑著作《东方学》。该书梳理了西方二百年来"东方学"的建构历程，指出所谓"东方"是西方学术群体集体想象的产物："这里的关键是，亚洲通过欧洲的想象说话并且由于欧洲的想象才得到表述。"③西方对东方的想象包含两层意义：其一是日常印象建构，东方被视为异域、怪异和偏执落后的象征；其二则是关于东方的学术语言的建构，在"东方学"话语中，事实上的东方并不是一种"直接在场"（presence），而是一种诉诸特定表象、特定概念系统和特定经典叙事的"间接在场"（re-presence）。④这后一点最让人头疼，因为即使是一个东方人，如果不借助西方人建构的东方学叙事，便不能有效谈论自己的思想和文

---

① 王双龙主编：《阐释的限度："强制阐释论"的讨论》，中国社会科学出版社，2017年版，第318页。
② 参见李河：《当启蒙遇到国际政治——后发国家的启蒙辩证法》，《求是学刊》，2016年第5期。
③ 爱德华·W.萨义德：《东方学》，王宇根译，三联书店，2007年版，第70页。
④ 同上书，第28页。

化！后发国家知识群体能否在思想和学术上变"间接在场"为"直接在场"？能否从对于西方的"被动方"变为平等的"主体方"？笔者将这些问题称为"赛义德难题"，而这也应该是张教授指出我国学术共同体的"失语症焦虑"的根由所在。

"赛义德难题"的关键在个"难"字：一方面，《东方学》的出版大大推动了全球范围内批判"西方中心论"或"后殖民文化"的浪潮，为第三世界国家的文化自主提供了强势的合法性论证；但另一方面，后发国家知识群体能否将东方这个地理意义上的"日出之地"变为精神上的"日出之地"？能否在重建学术主体性方面实现从"应当"到"能够"的转变？这对世界上绝大多数后发国家都是个难以跨越的"鸿沟"或"卡夫丁大峡谷"！

骨感的现实是，尽管赛义德等人大大唤起了后发国家知识群体的自主性意识，但几十年来，在赛义德提到的众多国家地区，如埃及、土耳其、巴勒斯坦、伊朗、印度等，学术主体性重建进展甚微。笔者近年多次参加后发国家的学术论坛，感觉不少学者虽表现出强烈的学术主体性重建意识，却往往将主体意识简单归结为地域意识或国别意识。近十年来东欧、西亚和中亚等国学界热议"民族哲学"（national philosophy）议题，让人感觉仿佛只要在"哲学"前冠以国别名称，并把本国的学术史拿到国际论坛亮相，就算实现了哲学主体性的建构。但一个心照不宣的事实是，这类论坛往往是国际学界最缺乏学术深度、追问质量和反思批判精神的平台。地域或国别名称固然是有待建构的学术主体的构成要素之一，但用严格的哲学术语来说，它不是"使学术主体成为学术主体"的本质要素，这个本质要素归根结底是思想的力度和理论对他者的吸引力。单纯强调学术思想的地域归属不能保证其真正学术主体的成立自存，不能保证其学术从"间接在场"转变为"直接在场"，更大的可能性是落入学术民族主义。要使这种民族主义成为学术主体重建的桥梁而不是终点，就必须用"思想主体"概念扬弃"地域主体"概念。"主体"（subject）

在哲学上本来就意味着"自立自因自成"的理性，就此而言，思想主体性的重建才是学术主体性重建的题中应有之义。

后发国家的思想主体性重建需要哪些条件？这个论题超出了本文范围。但要判断后发国家是否实现了思想主体性，我们可以参照法国学者布尔迪厄提出的一个识别标准：看看你的文本或思想观念能否在"国际流通"中成为其他国家争相引介谈论的主题。[1]也就是说，你能否使你的学术和思想成为其他大多数人所意欲谈论的学术和思想，我想这也应当是张江教授提出"话语重建"的目的所在。这一方面需要人们以学术的、思想的自主性姿态面对自己的"实事"，另一方面需要人们把通常在"地域"意义上界定的"外来思想或学术"变为平等的对话者。

二、从文本阐释学看强制阐释的"阐释"："场内/场外"二分法的误区与"阐释学的普遍性"

现在从阐释政治学的"强制语义1"转回到文本阐释学意义的"强制语义2"，即"阐释主体出于先入之见对文本本义进行扭曲"的现象。张江教授剖析了多个以主观预设强制曲解文本的案例。在最新的文章中，他还探讨了阐释者对文本含义进行强制阐释的心理学表现和根源，此外，他一再使用詹明信套用格雷马斯符号矩阵理论强解《鸲鹆》、海德格尔误读梵·高绘画"鞋子"的案例。[2]

张教授曾澄清，他所说的"主观预设"不是伽德默尔意义的"无意识的前见"，[3]而是指阐释者"挪用""转用"或"拿来"的与对象文

---

[1] Bourdier, "The Social Conditions of the International Circulation of Ideas", in *Bourdier: A Critical Reader*, edited by R. Shusterman, Blackwell Press, 1999.

[2] 这两个案例在2014年的《强制阐释论》和2021年的《再论强制阐释》等文章中多次提到。

[3] 张江：《强制阐释论》，《文学评论》2014年第6期，第10页。

本没有直接指涉关系的外来理论，为此他提出并反复申明其"场外征用"概念："在文学领域以外，征用其他学科的理论，强制移植于文论场内。场外理论的征用，直接侵袭了文学理论及批评的本体性，文论由此偏离了文学"。按照其采访者的概括，所谓"场外征用"就是指"将非文学理论转换为文学理论"。①

"场外征用"一经提出就引发了争论。赞成者指出，"场外征用"概念对"场内/场外""文学阐释/非文学阐释"的二分切中肯綮，揭示了文论领域非文学理论话语满天飞的乱象；批评者则认为，这种二分过于生硬，本身就有"强制划分"之嫌。②笔者赞成张教授对生搬硬套外来理论现象的批判，但认为该批判不应导致对"文学阐释"与"非文学阐释"尤其是"哲学阐释"的严格二分，这个二分法不仅看起来僵化生硬，更忽略了一个重要事实：近现代阐释学的兴盛恰恰导源于阐释学从"局部学科"向"普遍学科"的转变，即从旨在探究文本原义的"阐释工艺学"向旨在探究人文学基础和人的基本生存结构的"阐释学哲学"的转变。正是这个转变带来了伽德默尔所说的"阐释学的普遍性"，这种普遍性意识与张教授的"场内/场外"二分观念，尤其是"去哲学的"阐释观念显然是不兼容的。

1. 从"反对阐释"到"场外征用"：基于"自我指涉困境"的学术诊断

张教授反对滥用外来理论进行强制阐释，这个看法不独在国内学界获得一定共鸣，在国际学界也不乏声气相通之论。前文提到，张教授在批评西方近现代文论热衷于"强制阐释"时，对苏珊·桑塔格、赫施和艾柯等人表现出相当程度的认同，笔者以为这种认同至少在理论风格上

---

① 张江：《当代文论重建路径——由"强制阐释"到"本体阐释"》，《中国社会科学报》2014年6月17日。
② 王双龙主编：《阐释的限度："强制阐释论"的讨论》，中国社会科学出版社，2017年版，第163页。

可以得证：他们都善于构造立场鲜明、好恶分明并且宣言意味十足的话语，如桑塔格的"反对阐释"、赫施的"保卫作者"、艾柯的"过度阐释"以及张教授的"强制阐释"和"公共阐释"等。但从观点的极化程度来看，张教授最接近的还是1964年的苏珊·桑塔格。

苏珊·桑塔格在1964年时尚是美国的新锐小说家，她那年发表短文《反对阐释》，"强制性地"把"阐释"（interpretation）与人们对文艺作品的"感性体验"分离开来。在她看来，阐释学家热衷于制造一种想象：仿佛文本之内另藏有一个内容世界或意义世界，阐释的目的就是将该世界从文本中发掘和解放出来："不论阐释者对文本的改动有多大，他们都必定声称自己只是读出了本来就存在于文本中的东西。……最著名最有影响的现代学说……实际上不外乎是精心谋划的阐释学体系，是侵犯性的、不虔敬的阐释理论。……去理解就是去阐释，去阐释就是去对现象进行重新陈述，实际是去为其找到一个对等物。……——为的是另建一个'意义'的影子世界。"[①] 为此桑塔格呼吁"逃避阐释"！人们"需要更多地关注艺术中的形式"，"需要为（谈论）形式准备一套描述性的词汇，而不是规范性的词汇"，[②] 需要把对作品内容的关注转化为对形式的关注——这构成了她的"新感受力"宣言。

桑塔格以决绝的姿态提出了"阐释/描述"的二分对立：其一，所谓"阐释"是个需要假定"双层文本"乃至"多层文本"的活动，其表达式被她精彩地概括为："X其实是A，Y其实是B，Z其实是C"；[③] 其二，这里的A、B、C被桑塔格认定为是对原初作品文本的背离或无视，为此她认为，应该回到X、Y、Z，即回到对文艺作品的直接感受和描述，

---

① 苏珊·桑塔格：《反对阐释》，程巍译，上海译文出版社，2018年版，第7—9页。

② 同上书，第14页。译文根据文集英文本（Susan Sontag, Against Interpretation, and Other Essays, Picador, 1966年），略作调整。

③ 同上书，第6页。

这是人们"逃避阐释"的唯一方式。①

稍作对比可见，张教授 2014 年在"场外征用"一说中承诺的"场内/场外"二分法，有意无意第承袭发挥了桑塔格 1964 年思想的余绪。虽然在那之后，国内有学者对这种二分提出质疑，但张教授初衷不改，在刚问世的《再论强制阐释》他又进行了更明确的论证："我们认为，文学是非认知的，其价值在于制造歧义；文学的感知在体验，最终寻求的是共鸣；其他门类，包括历史和哲学是认知的，其价值在于消解歧义，其感知方式是理解，最终寻求的是共识。就文、史、哲而言，文学可以不言说真理，对现象的描述和展开是多种的文学手法，隐喻的，意象的，扭曲的，折射的，且有意识地生产歧义，迫使受众获得多重感知和体验，在各自的独特语境中，与文本、作者及读者之间产生共鸣，实现文学生产和存在的意义。历史和哲学则不同。历史要发现和言说真相，哲学要发现和言说真理。对于真相和真理的理解和阐释必须是确定的，以克服和消解歧义。"②

张教授依据是否存在"认知功能"或是否"言说真理"，把"文学"与"哲学、史学"截然对立起来，这与桑塔格对"阐释/描述"的二分殊无二致，而桑塔格所说的"侵犯性的、不虔敬的阐释理论"与张江教授提到的场外理论对文学的"侵犯"在语词意象上高度一致。就此而言，张教授的"场外征用"批判简直就是桑塔格半个世纪前"反对阐释"宣言的中国版。所不同的是，那时的苏珊·桑塔格彻底拒绝对文本的任何"阐释"，而张教授认为，文学评论需要阐释，但这阐释应"内生于"文学的"场内"而非"场外"。

不过，桑塔格的"反对阐释"存在着明显的软肋。"反对阐释"本

---

① 显然，1964 年的桑塔格不太熟悉现象学的话语，否则她这个表述可以改写为：应当"悬搁"各种在先的阐释观念，"回到文本事情本身"。
② 张江：《再论强制阐释》，《中国社会科学》2021 年第 2 期，第 22 页。

身就是个高度阐释性标题，如果说其初衷是要唤起人们"回到文本的实事"，那么这个过于极化的宣言式立场同样会使它背离这个"实事"。姑且不论人们对文本是否可以实现"无阐释、无规范的描述"，仅就逻辑而言，即使文本解读中存在着那种"X 其实是 A，Y 其实是 B，Z 其实是 C"的阐释活动，也不必然排斥旨在将"X 说的是……，X 想说的是……，X 说过的是……"[①]直接呈现出来的体验和描述，不排除"新感受力"的发挥，二者其实存在着"道并行而不相悖"的可能。

或许因为意识到这一点，桑塔格在几年后（1967 年）便对其极化立场进行了调整。[②] 有趣的是，多年后《反对阐释》文集的中译者为帮助读者深入理解桑塔格的主张，在译序里对上世纪 60 年代欧美学界"高雅文化"与"大众文化"冲突的背景进行了视野宏阔而又充满细节的深描，叙述极为精彩。但这恰恰是以"深度阐释"来推荐"反对阐释"！桑塔格"反对阐释"的主张也正是通过人们不断地"深度阐释"才进入阐释学的历史。这里确乎存在着逻辑哲学所说的"自我指涉困境"，即一个主张凭借该主张所反对的方式而成就自身。这样的现象虽富于反讽意味，却是活生生的思想史现实。

同样的情况也适用于"场外征用"理论。有学者批评"场外征用"说，将文学领域与非文学领域截然二分"虽有助于表述清晰，但容易引起逻辑纠纷"，[③] 这个"逻辑纠纷"的实质就是"自我指涉困境"。张教授近年大力拒斥"场外征用"，但其赖以拯救文学及文论领域的主要理论资源其实大量来自这些领域之外。单是"场内/场外"概念中的"场"，就是个极为法国和后现代的"侵犯性"概念。

[①] 苏珊·桑塔格：《反对阐释》，程巍译，上海译文出版社，2018 年版，第 5 页，译文根据文集英文版略有调整。

[②] 参见上书"英文版自序"。

[③] 王双龙主编：《阐释的界限："强制阐释论"的讨论》，中国社会科学出版社，2017 年版，第 165 页。

笔者指出"场外征用"理论具有自我指涉困境，并不意味着否定该理论的价值。思想史的复杂性在于，不少理论恰恰是凭借其根基处的自我指涉困境才获得其独特的提问批判视角。譬如相对主义、怀疑论等具有明显的自我指涉困境，但并不妨碍它们凭借这个视角对僵化教条的绝对主义症状做出准确的诊断批判。还有一个例子，张教授曾批评德里达提出的"解构论"其实是另一种"中心论"，①这确实指出了德里达的自我指涉困境，但正是从这一起点出发，德里达才能对西方哲学做出诸如"逻格斯中心论"、"语音中心论"的诊断，这些诊断的解放性价值毋庸置疑。出于同样的理由笔者认为，虽然桑塔格的"反对阐释"与张教授的"场外征用"等虽多少存在着自我指涉困境，但正是凭借这种困境所提供的独特视角，使其能够对学术对象领域长久存在的痼疾提出如此明确的诊断。诊断不必然意味着治疗或治愈，但诊断是治疗的前提。

2."文学本位的阐释"还是"阐释学的普遍性"？

笔者肯定"强制阐释论"的诊断价值，但深感它的核心概念"场外征用"在学理上值得商榷。

首先，"场外征用"以文学领域作为划分基准。"场内"指文学，"场外"指史学、哲学等。张教授认为，文学阐释理当是文学性的，让非文学理论按其逻辑来强解文学作品就是"强制阐释"。由此可以说，他主张的是"文学本位的阐释理论"。

但张教授并不局限于狭义的文学本位，他批评"场外征用"时除列举了詹明信强解《聊斋》故事的例子外，还提到海德格尔把梵·高的绘画"鞋子"误读为"农鞋"的事例。这表明，他关注的阐释领域不仅包括文学领域的"文字文本"（verbal text），如诗歌小说作品，还包括艺术的"非文字文本"（non-verbal text），如绘画、雕塑、音乐或影视等。据此而论，他的"文学本位的阐释理论"其实是"文学艺术本位的阐释

---

① 张江：《强制阐释论》，《文学评论》2014年第6期，第17页。

理论"。

现在的问题是：应该如何看待那些"非文学的文字文本的阐释"呢？它们究竟属于"场外"还是"场内"？这一追问源于张教授对海德格尔的另一个批评。

1929年海德格尔与新康德主义大师卡西尔举行了长达三周的"达沃斯论辩"。张教授援引卡西尔对海德格尔的批评说，海德格尔在论辩中严重误解了康德，海德格尔"不再作为一个注释者，而是作为一个篡改者在说话，他仿佛在运用武力入侵康德思想体系，以便使之服务于他自己的问题"。① 这里暂且不论海德格尔是否歪批了康德，笔者注意到该例证所涉及的康德、卡西尔和海德格尔的著作无一例外都是非文学的"哲学文字文本"。那么，张教授将如何看待这些哲学的而非文学或文艺文本？它们是"场外的"还是"场内的"文本呢？我们能否使用"场外征用"理论去批评海德格尔对"场外文本"的"强制阐释"呢？"场外文本的强制阐释"与"场内文本的强制阐释"究竟有什么异同？

这个案例说明，张教授从"文学本位"设定的"场内/场外"二分法很容易遇到难以自洽的麻烦，而这倒是反证了伽德默尔的一个重要观点——"阐释学的普遍性"（Universality of Hermeneutics）。② 该观点的根本意涵在眼下的语境可理解为：阐释活动不仅发生在文学的文字文本领域，也不仅发生在艺术的非文字文本领域，还发生在非文艺的文字和

---

① 转引自张江：《再论强制阐释》，《中国社会科学》2021年第2期，第8页。严格说来，卡西尔对海德格尔的批评在相当程度上是准确的，海德格尔对康德，正如他对尼采和亚里士多德一样，往往采取一种相当海德格尔的"六经注我"的方式。但思想史的现实却是，1929年达沃斯论辩之后，海德格尔并未因受到诟病的"阐释策略"而声名狼藉，反倒是了新康德主义终结了其在哲学领域的支配性影响，这本身就是一个极具挑战意义的阐释学议题。

② 让·格朗丹：《哲学解释学导论》一书的"伽德默尔（英文版）序"，何卫平译，商务印书馆，2009年版。另可参见该书第六章第六节"解释学世界的普遍性"。此外笔者还推荐参考何卫平先生为该书所写的"译后记"，"关于解释学的普遍性的深刻沉思"。

非文字的文本领域,简言之,发生在狄尔泰所说的一切生命表达式、符号学所说的一切符号和象征以及一切非精确的、图式性知识的领域。

这种"阐释学的普遍性"在共时性的意义上可以描述为"阐释的地层学"。1969年帕尔默在其《阐释学史》一书按"编年史顺序"列出了六种类型的阐释学:作为释经学(biblical exegesis)的阐释学、作为一般语文学方法论的阐释学、作为一切语言理解科学的阐释学、作为精神科学方法论基础的阐释学、作为生存论理解现象学的阐释学、作为神话象征意义阐释体系的阐释学等。① 除此之外,笔者这些年来致力于考察的"激进的阐释学"(radical hermeneutics)大约也算阐释学的新地层。"阐释的地层学"表明近现代阐释学是个开放的领域,张教授坚守的"文艺本文的阐释理论"大约只属于上述某一个地层,与其他地层不存在排斥关系。

但正如地质学意义的"地层"是随时间进展而层累性地生成的,"阐释的地层学"也是在阐释学史的发展中逐渐获得层累性生成结构的。这个生成过程揭示着"阐释学普遍性"的一个重要内涵:阐释研究本身具有从局部技艺学科向哲学本体论学科转变的内在逻辑动力。

我们知道,与各大轴心文明的经学传统类似,西方阐释学的重要源头之一是"释经学",即正确理解《圣经》文本原本含义的技艺学。施莱尔马赫1828年将这类与特定人文阐释技术相关的研究命名为"局部或特殊阐释学"(specilized hermeneutics),它是神学或文学批评的"辅助学科",是语法学或形式逻辑的附庸,它尚未把"理解和阐释规则"研究提升为"普遍科学",即所谓"普遍阐释学"(general hermenu-

---

① Rechard E.Palmer, *Hermeneutics*, Northwestern University Press, 1969, p33.

tics）。①

在施莱尔马赫之后，阐释研究不仅探讨特定人文领域的批评技艺规范，而且日益关注阐释之成为普遍科学对象的基本理由。19世纪中叶，科学主义对人文领域的强势入侵更是倒逼人文学将阐释学问题普遍化。施莱尔马赫的再传弟子狄尔泰指出，作为阐释对象的"文本"（text）绝不限于文字文本和非文字文本，而应扩展到一切精神生活的外化表达（expression），阐释是一个生命通过移情或再体验而通达另一个生命的过程。为体现这种外延最大化的"文本"含义，狄尔泰著作中文译本特意将text从"文本"改译为"本文"。至此，狄尔泰将"本文阐释"视为与自然科学方法判然有别的精神科学或非精确科学知识的核心问题。他认为，精神科学的"阐释"（interpretation）与自然科学的"原理阐释"（explanation，通译为"说明"）大相径庭。②

到20世纪初，海德格尔在胡塞尔现象学和狄尔泰生命阐释学的双重影响下，推动阐释学从"精神科学方法论"向"本体阐释学"的转变。1923年海德格尔弗莱堡大学阐释学讲座结集的标题就冠以 Ontology—The Hermeneutics of Facticity 的标题。他用与人的在世生存密切相关的"实际性"（facticity）来置换狄尔泰的"生命意识"和胡塞尔的"纯粹意识"概念，专门探讨了"作为实际性自我阐释的阐释学""今日的被阐释的

---

① F.D.E.Schleiermacher:"General Hermeneutics", in *The Hermeneutics Reader*, edited by K.Mueller-Vollmer, Continuum·New York, 1990, p73. 此外，让·格朗丹在《哲学解释学导论》，何卫平译，商务印书馆，2009年版，第84页和第87页两次提到一个事实，hermeneutics 这个概念最早的使用者丹·豪尔在1630年出版的 Die Idee des guten Interpreten 一书已经提到，应当建立一门哲学意义的"普遍的阐释学"（einer hermeneutica generalis）。

② 原文是"We explain nature, we understand psychic life". 参见 Wilheim Dilthey, Ideas Concerning Descriptive and Analytical Psychology, in *Descriptive Psychology and Historical Understanding*, trans by Richard M. Zaner, Matinus Nijhoff/The Hague,1977, p27.

存在"以及"实际性阐释学的现象学之路"等主题。①这个叙事一直延续到《存在与时间》，海德格尔说，"此在的现象学就是诠释学。……哲学是普遍的现象学存在论；它是从此在的诠释学出发的"。总之，阐释学在海德格尔那里被理解为人的本真生存或在世之在自我展开的过程，这就是所谓"现象学—生存论—阐释学"的三位一体。②

以上的阐释学史简述盖无新意，但针对张江教授基于"文艺本位"提出的"场外征用"理论，笔者认为有必要申明阐释学从"局部科学"转变为"普遍科学"所包含的几点意味。

其一，阐释学从"局部科学"转变为"普遍科学"，意味着从附属于某个特定人文学科的阐释工艺学向承诺"阐释学普遍性"的阐释学哲学的转变，套用中国经学研究的术语，这是阐释学从"小学"到"大学"的转变。

其二，阐释学从"局部科学"转变为"普遍科学"，意味着阐释学包含但不能仅仅归结为以文本阐释为对象的研究，还应兼容乃至积极提升到那种从文本阐释来透视人的生存的本质结构的本体论层面的研究。虽然阐释学包含多个地层，但我们不妨把以文本阐释为对象的阐释学研究和本体阐释学研究视为"阐释学光谱轴"的两端。

其三，阐释学从"局部科学"转变为"普遍科学"、从"小学"转变为"大学"并不意味着阐释学哲学就是一门不需要考虑任何具体学科阐释实践的纯粹理论科学。相反，伽德默尔和利科都高度强调阐释学具有强烈的"实践知识"（phronesis）的色彩，它对特定人文学的阐释实践具有一种内在需求。

---

① 海德格尔：《存在论——实际性的解释学》，何卫平译，人民出版社2009年6月版。文中所引的几个小标题是该书的章节名称。

② 上述引文参见海德格尔：《存在与时间》，陈嘉映、王庆节译，三联书店1987年12月版，第47页。《存在与时间》中关于阐释学的集中论述见第31—34节。

基于以上理解，我们可以得出以下结论：

其一，从"阐释学的普遍性"与"阐释学的实践性"来看，张教授对"文学阐释"与"非文学阐释"的划界缺乏足够的理据。

其二，当国内越来越多的学者谈论"中国阐释学"时，应当认真追问一下，这种"中国阐释学"究竟是"小学"还是"大学"？是传统经学的辅助学科还是一种阐释学的哲学？

其三，"阐释的地层学"展示了历史上"层累性生成"的不同阐释学理论，它们的追问方向相关但又各有不同，我们应对这些理论抱有更多同情性的理解。

3. 需要同情理解当代纷纭的阐释理论

"阐释地层学"及其开放性承诺着阐释理论的多样性和相关性，因此笔者认为，张教授批评我国文论领域生搬硬套各种外来哲学理论时，重点似应放在"生搬硬套"，而不必由此构建"场内/场外"的严格二分。但张教授自2014年起不断抨击哲学阐释理论"非法"进入文学领域。他批评伽达默尔、德里达"利用文学"来建构或扩展其哲学主张，"无缝隙、无痕迹地把场外理论运用于文论场内，并实现其理论目的"。[1]而就常理而言，如果哲学理论能够与文学评论真正实现"无缝隙、无痕迹"的链接，那恰恰应是跨学科研究的至上境界。

需要说明，被张教授划归"场外"的哲学理论主要是指西方哲学，尤其是西方后现代哲学。[2]张教授对后者的印象明显不佳："20世纪30年代以来，由海德格尔、伽达默尔，以至德里达、罗蒂等重要学者所开创和发展的当代阐释学理论，深度继承和张扬了叔本华、尼采、柏格森等人生命与意志哲学的遗产，且以狄尔泰、布拉德雷的精神体验、情感

---

[1] 张江：《强制阐释论》，《文学评论》，2014年第6期，第6页。
[2] 张江教授在《强制阐释论》中指出，应该把"前置立场"与"理论指导"区别开来。文本阐释需要正确的理论指导，但反对照搬外来哲学理论来强解文本的前置立场。参见《文学评论》，2014年第6期，第10页。

意志说为根据，引导20世纪西方主流阐释学，构建起以反理性、反基础、反逻各斯中心主义为总基调，以非理性、非实证、非确定性为总目标的理论话语，使作为精神和人文科学基本呈现方式的阐释及其研究，走上一条极端相对主义和虚无主义的道路。同时，我们也看到，在半个多世纪的淘洗与磨砺中，长期流行并占据前沿地位的哲学及本体论阐释学，其基础日渐瓦解，漏洞与裂痕百出。"①

笔者一定程度上认同张教授对"西方理论左右中国文论话语"的诊断，但却认为，我们对国内学界"集体复述"现象的批判不应导致对外来哲学理论做出"全称否定判断"。对近200年来的西方各种阐释理论做出"全称否定判断"同样可能蕴含着张教授所批评的"虚无主义"态度。

毋庸置疑，不少西方现当代哲学在彼此批评的理论竞争中会表现出剑走偏锋、标新立异的极化姿态，但同样不可否认，各具极化色彩的理论在竞争中打开了多个"问题域"，生产出大量可以为其他学者挪用的"思想工具"。尼采的"重估一切价值"、弗洛伊德的"潜意识理论"、海德格尔"对存在的追问"、霍克海默阿多尔诺的"启蒙的辩证法"、维特根斯坦早期和晚期的语言哲学理论、伽德默尔的"视域融合"理论以及德里达对"逻格斯中心论"的批判等，虽然从结论上看可能各有"漏洞或裂痕"，但却为包括我们在内的现代人类反思整个西方哲学传统、反思传统形而上学的观念范式、反思现代理性的种种缺陷提供了丰富的话语资源，充实了哲学的"思想工具箱"。

需要说明，从人类思想史来看，某一学术理论的价值不仅体现在它能在多大程度上提供令人信以为真的信念，更在于它能否在论证这些信念时打开了新的问题域，提供出新的思想工具。而全部现代性的历史表明，思想工具是一切物质工具之母。一个里程碑式的思想家，无论是康德、黑格尔、马克思、胡塞尔，通常都是高效的思想工具生产者。数百

---

① 张江：《公共阐释论纲》，《文学评论》2017年第6期，2017年。

年来西方哲学之所以对我们的学界（包括文论界）总产生这样那样的"强制性"影响，也正因为它具有强大的思想工具生产力。相形之下，我们的学术传统，无论文学的还是哲学的，往往过于关注"某组信念"的真与假，不大理会其在提供思想工具方面的能力水平。其结果是我们的"思想工具箱"里除了复制来的工具以外乏善可陈，我们的理论教科书往往只是那么几条干巴巴的原理。笔者认为，这恰恰是我国学术主体性建构难以实现"从应当到能够"的重要原因。

三、对"本体阐释"或"文本自在含义"假定的评论："出路"还是"回头路"？

《强制阐释论》甫一面世还遇到一个质疑，即"强制阐释论"长于批判而弱于建设。作为回应，张教授在2014年6月接受《中国社会科学报》访谈时推出了"本体阐释"概念，指出它代表着文本阐释研究的"出路"。笔者经过对"本体阐释"及相关概念的辨析提出以下看法。

1. "本体阐释"和"文本自在含义"辨析：一条基于自然信念的认识论路线

初见"本体阐释"，笔者首先想到前面提到的 ontological hermeneutics（本体论阐释学）一语，但稍加对比发现，张教授的"本体阐释"与这种"本体论阐释学"全然不同，甚至南辕北辙。那么他的"本体阐释"究竟是什么呢？

从内涵来看，张教授指出"'本体阐释'以文本的自在性为依据。原始文本具有自在性，是以精神形态自在的独立本体，是阐释的对象"。接下来，他进一步解释"文本的自在性"概念："文本的自在性是指文本自身的确当含义是自在的。这个确当含义隐藏于文本的全部叙述之中。叙述一旦完成，其自在含义就凝固于文本，他人，包括作者无法更改。

文本的自在性对文本的阐释以规约，对文本自在含义的阐释是阐释的基本要义。"①

从实现路径来看，张教授展示了"文本阐释的三个层次"：第一层次是"核心阐释"，即"对文本自身确切含义的阐释，包括文本所确有的思想和艺术成果。就作者说，它是作者能够传递给我们，并已实际传递的全部信息。这些信息构成文本的原生话语"。第二层次是"本源阐释"，"它所阐释的是，原生话语的来源，创作者的话语动机，创作者想说、要说而未说的话语，以及产生这些动机的潜在话语的即时背景"。这是"由作者和文本背景而产生的次生话语"。第三层次是"效应阐释"，"这是对在文本传播过程中，社会和受众反应的阐释。……效应阐释是验证核心阐释确正性的必要根据"。张教授最后概括说："核心阐释是中心，辐射是本源阐释，再辐射是效应阐释。"②

张教授的以上阐述呈现出一个认识论假定：任何文本都有一个自在的、现成的、等待发现的、一经发现便可准确阐释出来的确定含义；同理，任何文本的作者都有一个自在的、现成的、等待发现的、一经发现便可准确阐释出来的确切动机或即时背景；再进一步说，任何文本都有一个自在的、现成的、等待发现的、一经发现便可准确阐释出来的社会或受众反应。总之，对阐释而言，原始文本优于阐释文本；原初作者优于包括阐释者在内的读者；原初作者的动机优于阐释者的视域等等。这一系列承诺体现着"主客二分、主观符合客观"的符合论色彩。

符合论认识论以"文本的自在含义"为核心假定，张教授将该假定作为鉴别"强制阐释"的准则。为强化人们的印象，张教授在上述不长的文字里交替使用了多个近义表述，如"文本的自在性""以精神形态

---

① 张江：《当代文论重建路径——由"强制阐释"到"本体阐释"》，《中国社会科学报》2014年6月17日。
② 同上文。

自在的独立本体""原始文本的自在性""文本自身的确当含义""文本所确有的思想和艺术成果""作者能够传递给我们,并已实际传递的全部信息""原生话语"等等。他认为,捍卫"文本的自在含义"是重建文学阐释的"出发点"和"落脚点",是确定文本阐释的正确认识路线的前提。[①] 如果说赫施提出了"保卫作者"的口号,那么张教授的主张就是"保卫文本","保卫文本的自在含义"!

毫无疑问,承诺"文本自在含义"是一种合于常识的自然信念,因此,作为阐释学来源的释经学理论无不将该信念当作其理论活动的自然前提:"文本自在含义"的唯一性和排他性是阐释者获得唯一性和排他性经义理解的唯一条件。不惟如此,在人们的日常交流中,"文本的自在含义"也往往是铁一般的事实。18世纪阐释学者J.M.克莱登尼乌斯(1710—1759)曾举例说,"某司令官从其好友处得到一张未署名的纸条,称某个要塞或会受到突袭,该司令官自然会联想到这也许是指他的要塞,为此他会提高警觉"。[②] 这个例子无疑为张教授的"文本自在含义"假定提供了古老的证言。

此外,承诺"文本自在含义"假定的阐释学还表现出鲜明的实践哲学色彩,它同时包含阐释伦理学和阐释工艺学。阐释伦理学要求阐释者以虔信的态度对待文本、文本作者和文本自身的确当含义,把"信"当作阐释者对文本含义做出如其所是阐释的伦理条件;阐释工艺学则相信,一旦阐释者开发出足够精致的阅读阐释技艺,就能将文本中的含义如其所是地发掘出来。

现代阐释学认识路线的领军人物赫施在《阐释的有效性》和《阐释

[①] "正确的路线应该以文本为出发点和落脚点,确证文本的自在含义。"参见张江:《当代文论重建路径——由"强制阐释"到"本体阐释"》,《中国社会科学报》2014年6月17日。

[②] J.M.Chladenius, "On the Concept of Interpretation", in *Hermeneutics Reader*, p55.

的目的》等著作中一方面高度强调阐释的伦理，另一方面也详尽论列了如"文本语言的语义自律信念"、阐释的"推测和假设"、阐释依据的范式、某一阐释与其他阐释的协调性问题以及阐释假设的"有效性验证"等阐释技艺问题。他列举迈克尔·文屈斯（Michael Ventris）1952 年破译米诺斯线形文字 b 的例证，证明有效的阐释技术确实存在。[1] 其实，早在赫施前一个多世纪，狄尔泰便在《与早期新教阐释学相关的施莱尔马赫阐释学体系》（1860 年）一文提到，新教第一位教会史学家弗拉修斯在 1567 年出版释经学方法论名著《圣经之钥》（Clavis Scriptuae Sacrae），从修辞学、文本学角度对《圣经》阐释技术和规则作出了"无人可以企及"的整理和概括，提出了诸如"比喻阐释法和图像阐释法"（tropes and figures），新约各福音书文体比较法、《圣经》不同语句的融贯性分析规则等，这些工作大大丰富了对《圣经》文本的研究和理解。[2]

阐释工艺学以理解、阐释和把握文本原意或自在含义为宗旨，借助语言学、语文学（philosogy）、心理学和历史学等工具对文本形成、作者意图以及文本产生背景进行深度研究，在释经学和其他人文辅助学科中取得了丰硕成果。更为重要的是，这种认识论路线还确认了"阐释之作为阐释"的一个本质规定，即"重复"（repetition）。如果没有重复，阐释与对文本的任意歪曲就没有区别了。

2. "本体阐释"和"文本自在含义"假定所面临的几个挑战

然而从阐释学史看，"本体阐释"以及"文本自在含义"的假定与其说是当代文本阐释的全新"出路"，毋宁说是向阐释学初期人们普遍持有的自然认识论信念的一条"回头路"，而阐释学从局部辅助科学向

---

[1] E.D.Hirsch,JR. *Validity in Interpretation*, Chapter5. New Haven and London, Yale University Press, 1973.

[2] Wilhelm Dilthey, "Schleiermacher's Hermeneutical System (1860), in *Hermeneutics and the Study of History* (Selected works·Volume IV), translated and edited by Rudolf A. Makreel, Princeton University Press, 1996, P35.

哲学的飞跃,其实就是对这种自然主义认识论信念的扬弃,这种扬弃的内在动因首先在于,"文本自在含义"的自然信念遇到了一系列挑战。这些挑战产生的根本原因在于,所谓"文本自在含义"或"作者动机"等从来不像物理对象那样具有明显的"在那儿特性"(thereness),因而阐释对文本含义的"重复"也从来不会像逻辑重言式的"A=A"或自然科学的重复实验那样达到"毫不走样的重复"。因此,当张教授说"文本的自在含义"是"凝固于文本,他人包括作者无法更改"的东西时,他或许低估了古今文本阐释实践多次遇到的难题:"在历史中""在世界中"的各种不可控影响因子可能会使"文本的自在含义"成为"理论上应该假设,实践上难以企及的X"。以下随机列举几例:

其一,原始文本和作者的不确定性问题:任何文明源头的文本(如《圣经》《佛经》和《论语》等)都要求后人准确把握其神圣"原义",但这些文本的形成过程和作者状况大都是传说附会多于精确记载,它们多是数代文士集体写作的产物。一些大名鼎鼎的作者如摩西、佛陀、孔子更像是包括伪托作者在内的"集体作者"的名称。19世纪德国著名思想史家策勒在《古希腊哲学史》第三卷对亚里士多德作品进行了精细考证,结论是大多冠以"亚里士多德"之名的著作实系后人伪托之作。由于原始文本和作者难以确定,后人便很难从所谓"作者意图"来断言"文本的自在含义";由于一些经典经过数代人乃至数百年的改写编纂,后人也很难对"原始作者"与"原始阐释者"做出区分,更难据此划分出哪些是"凝固于文本,他人包括作者也无权改动"的"文本的自在含义"。事实上,大多文明经典的"自在含义"往往是通过"判经"或"判教"的阐释政治活动来实现的。那种认识论意义的"文本自在含义"假定固然是经典考据的动力,但其结论往往是或然性的。

其二,"内在逻格斯"转化为"外在逻格斯"的"栖身性/间距性"问题:传统哲学多关注"逻格斯"话题,逻格斯是抽象概念、真理或尺度,中文多译为"道"。长期以来哲学家相信,逻格斯是超越于或不依赖于任何自然语言和特定文本的"真言",但阐释学哲学打破了这个"形而上学迷梦"。由于人文学领域的逻格斯不可避免地要栖身于特定时代里诉诸特定自然语言的特定文本,因此人们对文本的阐释就很难达到逻辑重言式中要求的"A=A"的地步。简言之,逻格斯对自然语言的"栖身性"同时意味着逻格斯与其具体表达之间"间距性"。① 从文本发生学来看,假定任何以真理为指向的概念和思想、任何作者的本真意图都属于斯多葛派所说的"内在逻格斯",那么其表达必然要借助诉诸特定自然语言的特定文本,这种言语构成物就是所谓"外部的逻格斯"或"说出的逻格斯";② 同理,从阐释的观点看,任何阐释语句虽然以对对象语句的逻格斯的"重复"(repetition)为宗旨,但阐释语句绝不是对对象语句的严格"复制",而只能是一种语词层面的"改写"(re-writing 或 re-wording)。改写提示着"对象文本的逻格斯"与"阐释文本的逻格斯"的"间距"。

张教授的"文本的自在含义"假定显然没有充分意识到,"栖身性"和"间距性"构成了阐释学最本质的语言问题。中国古人常说"言不尽意"或"言近旨远",大意就是指"言"与"意"的某种"间距"。假定"说出的逻格斯"是某种古代语言,那么对"文本含义"的理解必然存在所谓"以今翻古"的阐释问题;假定"说出的逻格斯"是某种外语,就必然存在着"以外翻内"的阐释问题。而中外全部翻译史表明,无论翻译者具有怎样虔诚的伦理态度和如何高超的阐释技艺,"译本"永远不能等同于"原本"。概念与自然语言的"间距"与"栖身性"展现了以自然语言为生的全部人文学(包括文史哲)所面临的生存论"实事"。

---

① 利科:《诠释学与人文科学》,孔明安等译,中国人民大学出版社,2011年版。其中第四章"间距的诠释学功能"探讨了"话语的语言实现"等多种形态的"间距"。

② 关于"内在逻格斯"与"外在逻格斯",参见让·格朗丹:《哲学解释学导论》,第一章第三节和第四节。

其三，"文本自在含义"在叙事材料选择方面遇到的难题：张教授谈到文学与史学区别时指出，"文学是非认知的，而史学是认知的"。这隐含着一个判断，"文学文本的自在含义"大体是依赖于作者意图的，即使该文本对当时的社会背景有所表达，其指称也是模糊而不明确的；但"史学文本的自在含义"则依赖于对外部事物指称的真实度，在这一点上，"史学文本的自在含义"等同于"客观历史事实"。但由此而来的问题是：一段与历史事实不符的文字记载，或者说其符合与否尚未定谳的记载，是否不具备"文本的自在含义"？事实上，当代史学阐释学揭示了一个现实，即史学文本依赖于史学家对事实材料的筛选，其相关叙事具有明确的选择性。一个最极端的例证是：公元前5世纪斯巴达城邦的历史是由其敌国雅典的史学家所撰写的，我们如何理解希罗多德《历史》或修昔底德《伯罗奔尼撒战争史》的"自在含义"呢？

列举以上事例并不是要否定"文本自在含义"假定，而是为说明，在把这个假定当作阐释学的前提之前，先要对它本身所蕴含的复杂性进行深入反思，而这个反思恰是阐释学从辅助技术科学走向哲学的起点。事实上，18世纪的克莱登尼乌斯早就指出，真正的阐释研究往往是在阐释遇到"障碍"、在阅读遇到"难懂"之处的时候才发生的。[①] 如果日常生活的一段会话或阅读面对的一段文字含义清晰，其义自见，阐释便不是大的问题。阐释之所以值得关注，套用汉语的双关表述，只是因为在多种因素的影响下，"文本的自在含义显得不那么自在"，它从"自在含义"转化为"自为含义"遇到了障碍。正是这些障碍唤起人们对"阐释"对象、阐释可能性及其技术、阐释的历史性甚至阐释的不可能性等问题进行一系列反思和追问。

---

① 让·格朗丹：《哲学解释学导论》，何卫平译，商务印书馆，2009年版，第91—93页。克莱登尼乌斯对几种类型的"难懂"的讨论。

3. 现代阐释学家对"文本"和"文本含义"等概念进行的复杂性探讨

张江教授对赫施、艾柯等现当代阐释学家充满敬意，因为他们大都对背离文本的阐释保持着高度警惕，提出"保护文本""保护文本权利"以及反对"过度阐释"等主张。但细读这些作者的文本，不难发现他们的探讨没有止步于宣示"文本自在含义"或"作者的权利"这类自然信念。事实上，他们对实现"文本权利"或"作者权利"的多方面障碍有着清晰的意识，因而其对文本—作者—阐释者关系的讨论大大超越了人们的自然信念或常识性理解。

赫施在《阐释的有效性》(1967年)第一章逐一梳理了多个反对"文本意义是作者意图的表达"的观点，如"文本完成后便与作者分离"，"文本想表达的就是它对阐释者所意味的"，"没有确定的文本含义，文本含义即使在创作过程中就是在不断改变的"，以及"作者意指的（原始）含义是无法揭示的"等。针对这些论证，赫施对"文本含义的确定性和可复制性"理念进行的多方面的辩护，其中最令人信服的论证之一是："就算原初作者（original author）被否定或被无视，对本文的任何一个阐释（constitution）所构成的含义也必定有其作者，这个作者至少是批评家本人。因此，书面阐释的全部形式或超越私人体验的任何目标都要求作者的意思既是确定的，又是可以复制的。"① 这句话精辟透彻——阐释者也是作者，因而他尊重原初作者就是尊重自己，这是阐释伦理学的基本前提。

但赫施同时也关注到，人们从一个文本或表述往往能读出多种意思，如何说明这个现象呢？赫施为此从19世纪末德语世界的哲学挪用来"含义/意味"（Sinn/Bedeutung，即 meaning/implication）二分的概念。值得注意的是，虽然赫施在"含义"之外引入"意味"是为了扩充人们对

---

① *Validity of Interpretation*, p27.

文本意义的理解,但他明显是从"原始作者侧"或"原始文本侧"立场来界定这两个概念的:"含义"(meaning)是指作者在特定"意欲类型"(willed type)框架内所给出的"语词含义"(verbal meaning),这种含义单一确定并且是可复制的。即使人们说语词的意思是随时代而改变的,那在赫施看来也不过是说,它在任何给定的瞬间是自身同一的。为表达"含义"在文本和特定意欲类型中的稳定含义,赫施赋予它 meaning-in(固有之义)的抽象表达式;而谈到"意味",赫施的首选主题词是 implication,[①] 该词通常指一个文本或表述里那些"未说出的含义"(unsaid)或"隐含之义"(connotation),这些意思有时连原作者也未意识到。一旦该文本或表述被置于特殊语境或与特殊事物关联,其隐含之义就显现出来,为此赫施赋予"意味"的抽象表达式是 meaning-to(缘起之义),他说:"文本的词义不仅可以与一切可设想的事态——如历史的、语言的、心理的、物理的、形而上的、个体的、家庭的和国家的等——建立关联,而且可以与一切与可设想的事态变化相关的时代建立关联。"[②] 值得强调的是,赫施提出的"meaning-in"和"meaning-to"两种结构的意义,很容易让人联想到 W. 本雅明提出的"文本的现世"(the life of the text)与"文本的来世"(the after-life of the text)概念,即文本不仅有与作者同时代的"现世生存",还有与不同时代、不同国家的阐释者相关联的"来世生存"。事实上,国内不少学者就将赫施的"意味"概念解读为,它是不同时代阐释者从文本中阐释出来的东西。然而这都与赫施的立场不甚一致。赫施在与"含义"与"意味"进行区别的同时强调,他所说的真正的"意味"是以确定的"含义"为前提的,换句话说,因缘而起的"意味"的"meaning-to"结构是以语词固有"含

---

① 赫施在 Validity of Interpretation 第二章的标题是"Meaning and Implication",但其具体行文中有时也使用 significance 替代 implication 一词。
② 同上书,P62.

义"的"meaning-in"结构为前提的,因此,他不能接受那种与确定的"含义"无关的"意味"。① 由此我们看到,赫施提出"意味"概念虽然保持了一定的开放性姿态,但却强调这种开放性不是任意性。

以上分析表明,赫施的主张虽与张江教授接近,但他在捍卫文本含义的同时,综合语言学、分析哲学的成果,对文本的"语词意义"、"意味"、"意欲类型"、"理解范型"（Genre）等一系列概念展开了讨论,在阅读这些讨论中读者常常会感到,那里的"文本含义"已不同于常识意义的"文本含义","作者动机"也不同于常识意义的"作者动机"。一句话,他对这些概念的深度讨论大大超越了简单立场、自然信念和常识态度。

谈到超越"文本含义"的自然信念,通常被列为赫施同道的意大利学者艾柯表现得更加明显。张江教授曾对艾柯的"过度阐释"批判立场表示赞赏,这是有道理的,因为艾柯一向以捍卫"文本权利"而著称,他在《阐释与历史》的讲座开篇对"读者中心论"观点进行了毫无不留情的嘲讽,如"对文本唯一可信的解读是'误读'";"文本只是一次'野餐会':作者带去语词,而由读者带去意义"。② 随后,他指出不能把对象文本的每一个字面意义都当作包含无限隐喻、暗示等神秘物的东西,不能把相关的阅读当作否定同一律、矛盾律、排中律以及顺承性因果观的非理性阐释,从而让"阐释成了无限的东西。那种试图去寻找一种终极意义的努力最终也不得不向这样一种观点屈服:意义没有确定性,它只是在无休无止地漂浮"。③

---

① *Validity of Interpretation*. 赫施原话是："The crucial problem…is to distinguish between possible implications that do belong to the meaning of a text and those that do not belong."

② 艾柯等著:《诠释与过度诠释》,柯里尼编,王宇根译,三联书店,2005年版,第25页。

③ 同上书,第33页。

然而，以上开篇的陈述只表明艾柯与赫施、张江教授等在"出发点"上的相近，在那之后，他走向了一条截然不同的阐释学研究方向。对"读者中心论"的批判并未使他简单返回到赫施所承诺的"作者中心论"或张教授所承诺的"文本自在含义"立场，他明确指出，相对于前两种立场，"还存在着第三种可能性：文本的意图"。"文本的意图并不能从文本的表面直接看出来。……文本的意图只是读者站在自己的位置上推测出来的。读者的积极作用主要就在于对文本的意图进行推测。文本被创造出来的目的是产生其'标准读者'（the model reader）。……标准读者的积极作用就在于能够勾勒出一个标准的作者（the model auther）。……因此，文本就不只是一个用以判断阐释合法性的工具，而是阐释在论证自己合法性的过程中逐渐建立起来的一个客体。这是一个循环的过程：被证明的东西已经成为证明的前提。我这样来界定那个古老而仍然有用的'阐释学循环'，一点儿也不感到勉强。"① 这个论述明确表明，艾柯是个建构论的"文本中心主义者"，他希望依据理性主义的"文本连贯性"原则构造出"文本意图—标准读者—标准作者"的理想阐释模式。值得指出的是，艾柯特意将该模型与所谓"经验作者"（the empirical auther）、"经验读者"（the empirical reader）区别开来，这种将"标准"（model）与"经验"（empirical）区别开来的文本讨论，更是大大超越了人们关于"文本自在性"或"文本自在含义"的自然信念，读来很有此文本大大不同于常识意义的文本的感觉。

以上对赫施、艾柯思想的管窥足以表明，他们对"文本""文本的含义"持有相当复杂的理解。其实，更为复杂的理解还来自福科、克里斯蒂娃关于"互文本性"（inter-textuality）的讨论，在那里，所谓"文本"大多不是孤立完整的言语集合，而是"在不同文本的间隙中诞生和成形

---

① 艾柯等著：《诠释与过度诠释》，柯里尼编，王宇根译，三联书店，2005年版，第68页。

（it is born and takes shape in the interval between books）"。[1] 限于篇幅，笔者对此不作展开。但总括起来，从上述例证我们可以得出以下看法：

其一，本文涉及的赫施、艾柯以及未暇讨论的贝蒂等人关于"文本""作者"等观念的讨论已远远超出早期阐释学关于"原初文本"或"文本自在含义"的自然信念。在这些思想家表面上相似的立场或宣言背后，其实隐藏着方向极为不同的阐释学研究思路。

其二，在方法论上，艾柯以及克里斯蒂娃等人的作品摆脱了从单向的"作者侧""原初文本侧"来探讨阐释问题的理路，他/她们强调"文本"是在"作者—阐释者"的对话互动中得到规定的。[2] 即使在赫施那里，"意味"（implication）、"范型"概念也以隐含的方式承认了作品含义在更大整体中可能获得的开放性理解的意义。

其三，"原初文本"或"文本的自在含义"在阐释学追问中所遇到的越来越多的"难点"，反倒日益证明了对阐释问题进行历史性、生存性追问的必要。任何有价值文本的生命周期不是与其作者相始终的，而是依其对后来阐释者的关注、追问和挪用价值而定的。《圣经·创世纪》第一章的故事本来在许多古老民族中都有其原型，[3] 但《新约》将其解读为"太初有道"，哲学家在那里看出"语言与实在的无间隔同一"，当代科技在那里看到"科学变为现实"的古老隐喻，政治学家在那里看到"语言的变乱是政治纷争的开端"。如果把所有这些阐释都说成是那

---

[1] M.Foucault, *Language, Counter-Memory, Practice*, Cornell University, p91.

[2] 克里斯蒂娃复旦大学演讲集：《主体·互文·精神分析》，祝克懿等译，三联书店，2016年版。第7页"互文性理论的产生"；第12页"互文性与对话性"；第15页"对话性与双值性"等。

[3] 美国人类学家克雷默考察古老的苏美尔神话时注意到，那里的创世神恩基就是用语词来创造世界的。其著作的俄文版注释提到："据苏美尔人的观念，'无称谓者'无法存在于世。'赋之以名''呼唤其名'，亦即使之见之于世。"参见塞·诺·克雷默：《世界古代神话》，魏庆征译，华夏出版社，1989年版，第80页注。

个连作者都不详的"创世纪"故事所固有的,未免牵强。但如果将其归于作者与阐释者的"视域融合",似乎更有说服力。

其四,笔者最后的结论是,张教授的"文本自在含义"概念对于阐释学认识论来说是个"虽然难以企及但却十分必要的"的假定,因为阐释学就其源头之义而言是以文本理解为对象的。但对"文本""文本意义"和"阐释"等一系列问题的深度追问必然使阐释学向所谓本体论层面开放,即将文本阐释乃至将阐释本身视为人与他人、人与历史以及人与自身的基本生存结构。正是在这一点上,笔者认为"强制阐释论"问题应该被"阐释的开放性"概念所扬弃。